谨以此书献给
安徽省桐城中学 120 周年华诞
以及吴氏宗族先人们！

此书由安徽省桐城中学
粤港澳大湾区校友会
赞助出版。

桐城大先生

吴汝纶

WU RU LUN

吴春生◎著

中国文史出版社

图书在版编目（CIP）数据

桐城大先生吴汝纶 / 吴春生著 . -- 北京 : 中国文史出版社 , 2021.12
ISBN 978-7-5205-3357-7

Ⅰ . ①桐… Ⅱ . ①吴… Ⅲ . ①吴汝纶（1840–1903）– 传记 Ⅳ . ① K825.6

中国版本图书馆 CIP 数据核字（2021）第 229018 号

责任编辑： 戴小璇

出版发行： 中国文史出版社
社　　址： 北京市海淀区西八里庄 69 号院　**邮编：** 100142
电　　话： 010–81136606　81136602　81136603（发行部）
传　　真： 010–81136655
印　　装： 北京温林源印刷有限公司
经　　销： 全国新华书店
开　　本： 1/16
印　　张： 20.25
字　　数： 290 千字
版　　次： 2022 年 4 月北京第 1 版
印　　次： 2022 年 4 月第 1 次印刷
定　　价： 60.00 元

写在前面的话

吴春生

一

在中国，先生二字是一种尊称。

大先生，是对有德业者的敬称。人格、品德、学业上能为人表率者称为大先生。大先生的人格风骨、思想情怀、学术自由，不失为时代之榜样，灵魂之灯塔。大先生者，不惟教人知识，更指言传身教以处世立身之道的人。

对于桐城人来说，大家都知道，吴汝纶创办了家乡的桐城中学，至今已经有一百二十年。如果说吴汝纶的贡献就是创办桐城中学，那就错了。对于桐城派而言，他是后期的大师，他亦是晚清文化巨擘，而且在国家积贫积弱的困境中，他的救亡图存的民族精神，永远都是知识分子的楷模，值得一代代的精神追认。

北京大学官网是这样介绍的：

吴汝纶（1840—1903）安徽桐城人。同治进士。1902年任京师大学堂总教习。对经学、诗赋、训诂、考据无不精通，为晚清“桐城派”的主要代表之一。曾为严复译《天演论》《原富》等作序，提倡兼收中学与西学。有《桐城吴先生全书》行世。

其实，他是晚清文人第一方阵的绝对主力，南方的文化名流与其多有交集，北方的文化圈一度更是由其领衔，是公认的古文大家、文章高手，慕名求文求序者众，甚至有人不远千里，求其一文。他曾是曾国藩、李鸿章幕府的显赫幕僚。严复、林纾是他的学生，“南开之父”、周恩来恩师严范孙也是他的弟子。近代教育家蔡元培、近代民族工业巨子张謇均是他弟子辈的友人。

吴汝纶对桐城派的贡献巨大。

桐城派大师：戴名世—方苞—刘大櫆—姚鼐—曾国藩—吴汝纶，他是这个链条中的最后一环，他传承的弟子一百一十一人，占桐城派总人数约为百分之十（据刘声木《桐城文学渊源考撰述考》统计），且不限于桐城，地域颇广，尤其是在北方文化圈。

他一生历经道、咸、同、光四朝，遭逢“三千年未有之变局”，王朝、国家及民族危机深重。他是乱世中的清醒者，风神秀骨超常伦的一代学人代表。

吴汝纶在科举路上特别顺利，所有考试都是一次性通过。纵观科举考场，从秀才、举人、进士，“一试辄中”的人可谓凤毛麟角。曾国藩考秀才考了七次，进士考了三次；李鸿章少有才名，进士考了两次才中；张之洞十六岁中举人第一名解元，少年得志，但在科场磨了十一年，二十七岁中进士第三名探花。吴汝纶在科举考场的成功，既得益于桐城派古文的娴熟，更是思维能力强大的体现。

吴汝纶一生两次大的劫难：早年太平天国内乱，晚年八国联军庚子外侮。

他是近代历史大事件的亲历者，从太平天国、捻军到边疆危机，中法战争、甲午战争、瓜分狂潮，再到戊戌维新、庚子事变，晚清许多重大历史事件，他皆耳闻目睹、亲身经历。近代史上两大著名人物：曾国藩、李鸿章，他都曾参幕辅佐，且是幕府中的风云人物。

甲午战争的失败，粉碎了晚清中国人的梦幻。

因战争失败而引发的耻辱感与激愤几乎笼罩了吴汝纶的一生。

晚清这样一个文化巨人，对于中国文化一直有着骄傲的资本，科场的异常顺遂，学霸级的考试成绩，一举登上科举考试的巅峰。吴汝纶本可以以饱学中国传统文化而自豪，充实而悠然地从事自己喜欢的文事，优雅地度过自己的一生，但是，战争毁灭了他的文化自豪感，甚至使他在眼花缭乱的西方文化面前产生了深深的文化自卑。

他朝思暮想的不是文化的传承、文化的融合问题，而是振兴国家、洗雪国耻的问题。对于一个沉沦中的国家，首先要解决的自然是自强的问题，然后才是自我文化传承的问题。

一个经历了数千年文化荣耀的国度，突然之间在一次次事关国家大局的战争中失掉了所有尊严，这种突然而致命的打击，不仅使这个东方文明古国面临着亡国灭种的深刻危机，也使传承了数千年的中华传统文化受到了中国传统知识分子的普遍怀疑。

应承京师大学堂总教习之职，赴日本考察学制，本属无奈之举，但由于遇事总是不愿苟且的吴氏作风，这无心插柳，倒成就了吴汝纶在近代教育史上的重要地位。日本人对饱学大儒的礼遇，对国人弃之如敝屣的国学的珍视，似乎让吴汝纶找回了中华文化的自信。

吴汝纶一生的文化思想演变，从表面看有着很多不可理喻的地方：他对于维新变法思潮的矛盾态度，他对于中国传统文化爱恨交加的文化情怀，他对于西方文化欲拒还迎的文化心理，尤其是作为古文大家，对于《天演论》近乎痴狂的热情，这背后就是非承平时代，知识分子深沉内心的曲折揭示。

《桐城大先生吴汝纶》以传记的形式，在晚清充满血和泪的屈辱历史中，真实再现吴汝纶傲岸而灿烂的一生，试图以有温度的文字，展现大先生光耀天地，山高水长的精神遗存。

探寻吴汝纶的内心世界，书写大先生吴汝纶，其实就是书写我们自己。

吴汝纶是桐城派古文家，且是最后的大师，随之而来的就是五四新文化运动，历史的浪潮已经盖过了桐城古文，有人认为吴汝纶一定也是“迂腐”的过时人物，跟林纾一样，被新文化运动者骂为“桐城谬种”。可是，事实并非如此，吴汝纶的思想，就是放在今天，仍然不会落伍，他是一个旧时代的新人，他的思想，他的思考，与同时代人相比，先进很多。避免愚民政策，让国家沦亡；普及中小学教育，他早在晚清就已经提出；他还曾关注拼音字母。他是一个得益于科举，深知科举之弊病，最早提出彻底废除科举的人。

一批文化人，在广东人的晚宴上，吃西洋酒食，跟懂西洋文字者学英文，吴汝纶们学了五个字母：a、e、c、o、u，这风景确实有点“晚清”特色……

二

我写作这本《桐城大先生吴汝纶》，一点也不算意外。

同为吴氏宗族，一个老祖宗从江西婺源迁移至桐城，只是分支不同，吴汝纶是高甸，我属麻溪。他们那一支到了桐城南乡，现在的枞阳，我们这一支到了桐城西乡，今天的双店松山。吴汝纶在1902年回家乡创办桐城中学之际，曾经还抽空来到双店松山（麻溪吴祠堂所在地），为亡去的家人寻访合适的墓地，在肖店游览了落凤窝（张宰相祖坟）、鲢鱼地、老鹰窠等风水之地。

我在桐城中学任教十四年，走过溪水浅浅的桐溪塥，走过半山阁前吴汝纶先生的铜像，心中时时有所思。曾几何时，有一个念头从心头忽然滚过：这有所思，定要发抒为文字才过劲。

2003年，我来到深圳市翠园中学。虽然离开了桐城，但对于吴汝纶研究的相关资料，仍然特别在意。广州暨南大学历史学院博导曾光光教授，是一个研究桐城派的专家，我在翠园中学教过的学生，曾在暨大读书，帮我联系上了豪爽的曾教授。得其赠书三部，他的著作《桐城吴汝纶研究》，对我帮助尤其大，掠美很多。

感谢北京大学中文系博导吴鸥教授，她是吴汝纶的曾孙女，吴闿生是她的祖父。我请她审阅了全部书稿。吴教授为人温婉，同她交流了很多，其中还谈到，在日本有个叫根本的老儒生，在《周易》问题上与吴汝纶辩难，且有所挑衅的细节。她告诉我，其实那个日本老儒生也没有错，只是学派的不同，是汉学和宋学之争。

吴鸥教授是北京大学中文系教授，得其曾祖吴汝纶、祖父吴闿生真传，学养深厚，曾经独立承担《吴汝纶日记尺牍》整理研究工作，参与《全宋诗》编纂，担任编委和责任编委，获第四届中国古籍奖（国家级）。

写作过程中，我把《吴汝纶全集》一直摆在案头，翻阅多遍，清苑郭立志编的《桐城吴先生年谱》都翻烂了，为的是真实再现当年吴汝纶先生的生活真相。吴汝纶研究论文、桐城派研究论文打印了一大纸箱。有趣的是我看到了安徽师范大学吴微教授的博士论文，后来又看到了他作为老师指导学生的硕士论文。致敬论文作者们，我从中收获颇多。

书稿第一章在《六尺巷文化》公众号上发表，收到了许多网友的留言，得到了很多意料之外的收获。合肥工业大学王章豹教授，看到公众号的文章后，给我提供了吴汝纶研究的诸多论文和资料，还有电子版的《桐城县志》，且热忱鼓励。

身边的朋友、同事也给我提供了诸多帮助。有的是书稿的第一读者，号称眼光犀利的“门外汉”，意见中肯，一语中的；中国最后一个状元刘春霖是吴汝纶的弟子，就是深圳市翠园中学的同事告诉我的。

网络时代，诸多便捷。许多资料的查询、摘录就不必跑图书馆了。网络上利用的资料就不再一一罗列，在此一并致谢。

最后，还要感谢不辞辛劳的中国文史出版社编辑戴小璇老师，致敬她的专业与敬业。

感谢桐城中学粤港澳大湾区校友会对本书出版的大力支持，感谢校友们、朋友们在本书出版过程中奉献的热忱。

鉴于非专业出身，水平有限，有错误肯定难免，请尽可能告诉我，以便有机会改正，有褒扬也请说出来，尽量让我知道，这个也特别重要。

大先生之风，山高水长。

世界是有趣的，学问也是有趣的。

三

永远的桐中。

半山阁前吴汝纶先生的半身铜像，威严而慈祥，眼神深邃而坚毅，他在注视着桐中的每一步发展，注视着桐中发生的每一件事情。

我在桐中任教十四年，悠游岁月，每每思及，桐中的人、事、物，时时如在昨日。

1989 年调入桐中的时候，桐溪塥还未断流，五斋还是教师宿舍，逸夫楼还没有兴建，半山阁下的小院落还有两进，前面是教务处，教务处主任是高之文、分管教学的是副校长卢声频，后面是校长室，项义发校长的办公室就在后面。

桐中后山也还是山，没有完全变为后山操场。春天来了，山坡早早就绿了；秋天到了，茅草一片金黄。对于许多桐中学子来说，后山有梦。

刚来桐中的时候，大门两侧是梧桐树，夏天浓荫蔽日，颇为有味。五洲地图碑、石柱刻那一片还比较杂乱，没有修整。

我最初任教的班级教室在银杏树前，秋天满地金黄，曾写过一篇关于银杏树的散文在《语文报》发表，后来我带的班级男生宿舍在此，月光下，踏着金黄树叶去“查岗”，偶尔听听男生们的海阔天空，也颇为有趣。

语文教研组办公室在进大门的那栋教学楼的二楼，记得隔壁数学教研组崔新国老师当年预测这栋楼一定会炸掉，底下看楼的老陈，钦佩不已。

桐中的老教师，个个满腹经纶，各有绝活，青壮年教师也是当仁不让。

那时候在桐中，除了外面有参观考察的任务，会组织一些公开课，平时都是风平浪静，同事之间极少相互听课，没有瞎折腾。所以我没有完整听过吴永清先生的课，高传明先生的课也没有听过。不过，老师上课的基本风格还是有所耳闻目睹，因为有些教室在一楼，走过来走过去，基本都听到了，就是楼上，宽阔的走廊上，也是可以清楚的感知老师课堂上的声情并茂。

我在桐中十四年，先后在校园内多个地方住过。

记得曾在净土莲社前面的旧平房住过一段时间，后面还有个小院落，跟后面的净土莲社仅一墙之隔，净土的世界也充满纷争，似乎与俗世无异，有时大清早，小尼姑们吵架，招致大尼姑一顿好骂。后来，又移居校园最西边，紧邻美学大师朱光潜的弟弟朱光泽的小院落。再后来，住在左公祠后面，新建的教师宿舍楼。不由又想起大明铁血御史左光斗书斋的对联："风云三尺剑，花鸟一床书。"左光斗祠堂，当时是校办工厂。

四

科举考试的具体细节，科场连捷的超级学霸的人格魅力，桐城派古文长什么样，在科举考场如何攻城拔寨，晚清中国历史有哪些重大事件，"中兴之臣"曾国藩去世慈禧痛哭流涕，李鸿章把袁世凯骂得狗血淋头，曾国藩躬身入局"挺经"内涵，一个傲气十足的知识分子为晚清这艘破船而力图自救的种种作为……《桐城大先生吴汝纶》为你一一道来。

深圳罗湖龙船咀头·闲散斋

2022 年 1 月 25 日

风云两甲子，弦歌越百年
——写给《桐城大先生吴汝纶》的一些话
（代序）

当我第一次听吴春生老师说他要写一本关于吴汝纶的传记，我是非常惊喜的，耳畔立马响起了桐城中学的校歌：“龙眠钟气代起人豪，莘莘学子待熏陶。仰止吴公创业劳，勉成国器望吾曹。忠诚信义校训孔昭，精神淬砺兮，永熙永朝。”

很幸运，我是安徽桐城人；很骄傲，我毕业于桐城中学。2022 年是桐城中学 120 周年校庆，我们大湾区校友会承担了一部分校庆工作。吴春生老师的《桐城大先生吴汝纶》书稿我拜读过，非常有价值，是献给母校 120 岁生日的最好礼物之一。

吴汝纶先生 1902 年创办的桐城中学，迄今为止，已经为国家培养了近 7000 名博士，为新中国输送了 10 余名院士。这些成绩的取得，先生的教育理念起了很大的作用。“勉成国器”是我们的校训，由先生亲手所题。年岁渐长，深刻体会到这四个字才是桐城中学精神的内核！

风云两甲子，弦歌越百年。“勉成国器”，这四个字刻在了所有桐城中学学子的骨子里，他们不管进入哪个行业，不管是从事什么职业，是有精神底色的，对得起这个校训。

吴汝纶先生还为亲手创办的桐城中学撰写了一幅对联：

后十百年人才奋兴胚胎于此，
合东西国学问精粹陶冶而成。

这是先生的美好愿望和期许，一代又一代的桐中人，在先生的感召下，也是一步步向着这个愿景在努力，确实也实现了先生的宏愿。

吴汝纶先生的一生，完美诠释了“鞠躬尽瘁，死而后已”。从曾国藩和李鸿章的幕僚，到深州和冀州的知州，再到主讲莲池书院，以及出任京师大学堂总教习和创办桐城中学堂，每一步都是在经世致用，用一辈子的身体力行来诠释“勉成国器”。

吴汝纶先生是桐城派后期大师，我觉得他还是让桐城派新生的奠基人。过去的桐城，被称为“文都”，现在的桐城，被誉为“院士之乡”，这个也算是桐城派的新生吧！

吴春生老师曾在桐城中学教书育人十四年，后来又来到了改革开放最前沿的深圳，在翠园中学任教。吴老师从小城到国际化大都市，从百年名校到新生代名校，体会更加深刻，对吴汝纶先生的崇敬之情也会更进一层。

我会让我的孩子记住吴汝纶先生，记住“勉成国器”，这也许是对吴汝纶先生最好的缅怀！

我孩子的孩子也会一样……

戴福全

中国民主同盟　盟员

桐城中学大湾区校友会　执行会长

深圳辰峰私募股权基金管理有限公司　创始合伙人

2021 年 11 月 12 日于深圳

目 录

C O N T E N T S

纵观科举考场，从秀才、举人、进士，“一试辄中”的人可谓凤毛麟角，吴汝纶学霸级的考试成绩，重要的是在思想上的成熟，写有“思想”的八股文，一举登上科举考试的巅峰。桐城，因为桐城派，曾经被誉为“文章甲天下”，桐城派古文是打开科举大门的利器，吴汝纶凭借满腹桐城派古文，走出桐城，走向人生更加广阔的舞台。

第二章 曾幕时光 037

在曾国藩幕府的日子，是吴汝纶一生中最快乐的时光，有良师，多益友；有高雅学术的沉静，有戎事倥偬的紧张。吴汝纶作为一个传统的知识分子，对学术的追求是高于名利的。作为桐城派的后进，能够得到当时古文领袖曾国藩的指点，能够步入曾国藩幕府这个桐城派文士的荟萃之地，是人生一大幸事。

充满理想与机会的时光总是那样短暂。

第三章 亦官亦幕 103

吴汝纶官场人事“懵懂”，但在晚清乱局中是清醒者。为官深州、冀州，代理天津知府，文教、治水、捕盗，官誉日隆，恢复文庙乐舞，均徭于亩，吴公渠，青史有声。李鸿章对以古文显扬天下的吴汝纶垂青有加，是因为其能写一手好文章，尤其擅长奏章，李鸿章的奏稿、电报，很多都是吴汝纶拟写。善于策划、计谋，这也是为李鸿章所器重的一个重要因素。

第四章 莲池岁月 167

弃官从教的吴汝纶在莲池书院，不辱使命开创新局。莲池岁月，颇显文人之清苦，但雅集文事、“觞咏唱酬”盛况空前。北方文化圈的形成，使桐城派在走向衰亡的岁月里仍然保持了一个全国性学术派别的雍容大度。痛彻骨髓的甲午之殇，为大清“裱糊匠”李鸿章洗刷骂名。吴汝纶遇到严复的《天演论》，似乎出于偶然，其实是一种必然。庚子乱局，莲池夷为废墟，若不是朋友多，转移得快，差点就丢了性命。

第五章 东瀛壮游 239

应承京师大学堂总教习之职，赴日本考察学制，本属无奈之举，但由于遇事总是不愿苟且的吴氏作风，这无心插柳，倒成就了吴汝纶在近代教育中的重要地位。日本人对饱学大儒的礼遇，对中国弃之如敝屣的国学的珍视，让吴汝纶找回了中华文化的自信。与伊藤博文一席话，“其言绝痛”，国势危殆，中国再不变化，将有亡国灭种之祸，作为一个有责任感的知识分子，如芒刺在背！

第一章　科场连捷

纵观科举考场，从秀才、举人、进士，“一试辄中”的人可谓凤毛麟角，吴汝纶学霸级的考试成绩，重要的是在思想上的成熟，写有“思想”的八股文，一举登上科举考试的巅峰。桐城，因为桐城派，曾经被誉为“文章甲天下”，桐城派古文是打开科举大门的利器，吴汝纶凭借满腹桐城派古文，走出桐城，走向人生更加广阔的舞台。

1. 兄弟二人桐城县赶考

同治二年（1863 年）农历九月的一天，天刚蒙蒙亮，安徽省桐城县南乡[①]老桥村吴牛庄（今属铜陵市枞阳县），背负行囊的兄弟二人，从一户农家走了出来。

晨风微凉。高大的枫香树，在九月纯净的天空枝桠静穆，粼粼的池塘，闪着秋的波光，四周田畈黑乎乎的静默着，抬头不远处的玉屏山，濡染出一副笔架的模糊轮廓。

哥哥吴汝经，三十一岁，弟弟吴汝纶，二十四岁。

他们这么早出门，是去桐城县赶考，他们是去考“秀才”。徒步八十多里，还要背着应考的行囊，要有足够的体力。

同治元年（1862 年），湘军攻陷安徽大部，太平军退守南京，安徽境内的战事基本结束。清政府的统治秩序在安徽又重新建立，层层筛选士子的科举考试自然也很快恢复了。

战乱将近十年，吴汝纶从一个十四岁的翩翩少年，长成了一个二十四岁的大小伙子。在松脂的熏照中，早就吃透了古文章法，摩拳擦

---

① 桐城县自南宋嘉定元年（1208 年），全县设东、南、西、北四乡。元、明、清，直到民国十八年，仍沿袭此制。东乡：在现在的枞阳县境内，辖 8 镇——汤家沟、石溪、九儿潭、源子港、横铺河、周家潭、杨家市、孙家畈。南乡：在现在的枞阳县境内，辖 9 镇——上枞阳、下枞阳、石咀头、官埠桥、会官、义津桥、破罡、罗家岭、安枫岭。北乡：在现在的枞阳、桐城市境内，辖 5 镇——孔城、钱家桥、大关、三十里铺、吕亭。西乡：在现在桐城市境内，辖 7 镇——练潭、青草塥、新安渡、挂车河、陶冲驿、天林庄、金神墩。

掌，就等着正式考试这一天了。

大哥吴汝经因为战乱，错过了人生最好的应试时光，但有机会仍然不会放弃。咸丰八年（1858年），江南处在战乱之中，大哥吴汝经通过父亲朋友的帮助，曾经在京城“异地”考了一次，只不过运气不佳，落第而归。“吾伯兄肫甫徒步入京就试”，“不中第”①。

清代的科举制度，读书人在未取得“秀才”身份之前称“童生”。“童生”成为“秀才”须经过县试、府试、院试三级考试。

吴汝纶兄弟俩大清早就出了门，到了五里拐，哥哥说：“歇一会吧。”弟弟应声道：“好。”二人放下背囊，歇息了一刻，赶忙起身赶路。到了孔城，兄弟俩知道距离县城不远了，坐在路边的树荫下，拿出母亲准备的干粮，打了一个尖。赶到桐城县城已经是下午一点多钟了。

县试在县衙门的“考棚”举行。第一场考试对于“童生”们来说最重要，四点钟，天还没亮，一声炮响震耳欲聋，这是对住在县城各处的童生发出的起床信号。一小时后，炮声第二次响起，于是童生们手拎竹篮奔赴考场。篮子里是考试必备用具，砚台、墨、笔、盒饭等物品。

吴汝纶和哥哥吴汝经早就洗漱完毕收拾停当，安静地吃完早餐，没有说一句话。哥哥神情有点紧张，弟弟则显得相当轻松，一副胜券在握的模样。

不久，随着第三声炮响，考点大门打开，童生和陪伴他们的父兄、朋友一起蜂拥进入考场，对号入座。吴汝纶兄弟俩在考场内相互对望了一眼，弟弟对哥哥点了一下头，似乎给大哥鼓劲，然后各自寻找座位，就分开了。

童生就座，陪同人员离场。考场内鸦雀无声，一瞬间沉闷的空气笼罩全场。

作为考官的知县穿着礼服，率领县学的教官和学校的生员们徐徐走出。负责人员对考生逐一点名，被点名者来到知县面前行礼，由作担保

---

①《从兄郓城知县吴君墓表》，施培毅、徐寿凯校点：《吴汝纶全集》（一），黄山书社2002年版，第119页。

人的前辈生员确认其身份后，考生再领取答题纸退回座位。答题纸也称为试卷，是用厚白纸做成的折本，纸上有用红色颜料印制的方格。待答题纸分发完毕，县学的生员们全部退场，只有作为主考官的知县和其下属的负责人员留下来。知县亲自到入口将门上锁，并加上封印，然后回到自己的座位公布考题。转眼之间已经过了七点。

第一道考题出自“四书”。考题用一张大纸写好，贴在布告板上，于考场中缓缓行进。在公布考题后大约一小时，负责人员会来巡视考生写到了哪里，然后在作答的末尾处盖上印章。

从九点到十点的这段时间里公布第二道考题。它可以细分为两道问题，第一道还是出自“四书”，另一道则是要求写一首五言诗，并指定了韵脚。加上之前的第一道题，考生到傍晚为止需要对三道问题作答。

县试一共要考五场。在首次公布成绩的翌日举行第二场考试，这一场共有三道题，一道出自“四书”，一道出自“五经”，另外还有一道诗题。在第二场成绩公布的翌日举行第三场考试，这一场除了一道“四书”题、一道诗题外，还有一道古风韵文形式的赋题。这一场成绩公布后的第二天举行第四场考试，所出的题目除了一道“四书”题和一道诗题以外，还要求做一道论题，需要对历史事件作出评论。第五场考试被称为“终场”，最为形式化，考题虽然有一道“四书”题，但成绩并不受重视，只要写下自己最想写的开头几句就行。而最重要的是后面的那道默写题，考生要准确无误地默写出雍正皇帝《圣谕广训》十六条中被指定的一条。

这样的考试拼的不仅仅是智力，书读得好，文章作得好，还要有过人的体力，没有好的体力是坚持不下来的。

吴汝纶兄弟俩先后走出考场，面带微笑，显得相当轻松，哥哥只是略显疲惫。

同治二年（1863 年）对于吴汝纶兄弟来说是幸运的一年。考秀才的第一关，兄弟俩考了个一二名。“应有司之试，与兄肫甫同案入学，县试公第一，肫甫第二。”[①]

如果要问县试的通过率如何，由于地区的不同，情况会完全不一样。各县学的入学限额是参照所在地区的文化程度和人口数决定的，“多的地方为二十五名，以下递减至四名、三名。”[②]在桐城这样文化发达的地区，报考者不光人数众多，而且能力也很强，竞争极其激烈，尤其又是历经九年战乱的第一次开考，能够脱颖而出者，可以想见是多么的幸运。

2. 吴家出了两个秀才

府试在安庆举行。

吴汝纶兄弟俩县试考出一二名后，周围都是羡慕惊讶的目光，听到的都是颂扬的话语，不过他们嘴里应承着人们的恭维，心里清楚得很，竞争才刚刚开始，一切都还是未知。到了府城安庆，住下来后，兄弟俩就开始温习带来的书籍，一刻也不敢放松，父亲在安庆的朋友更是一个也不能去拜访。兄弟俩攥紧拳头，暗下决心，考出好成绩再去见他们。

作为县试中式者的童生，汇集到府城来，考试会淘汰掉大约一半的人。考试当天，童生们一早便蜂拥到试院门前，以县为单位分组，在县学教官的带领下入场。考试的方法全部参照县试。但考试只进行三场便宣告结束。在第三场考试也就是终场，要默写《圣谕广训》中的一条。

府试的成绩公布后不久就到了院试的日期，但这个日期并不是固定的。因为它取决于作为院试负责人的学政什么时候能巡历到府。

院试要进行四场考试。“府试肫甫第一，公第二。院试公仍第一”。[③]

---

① 郭立志编撰：《桐城吴先生年谱》，雍睦堂丛书，卷一，第 4 页。

② ［日］宫崎市定：《科举》，浙江大学出版社 2018 年 12 月第一版，第 21 页。

③ 郭立志编撰：《桐城吴先生年谱》，雍睦堂丛书，卷一，第 4 页。

榜单贴出来了，他们一眼就看出写在前面的名字。兄弟俩紧紧地抱在一起，多年的愿望终于实现了。望着大红榜单上自己的姓名，哥哥偷偷地抹了一下眼睛，笑着对弟弟说：“大大[①]这回该满意了。”

经过县、府、院三级考试，吴汝纶兄弟二人同时成为秀才。

这在桐城县引起了不小的轰动。本来桐城作为文风鼎盛之地，参加科举考试的人就多，还有这些年战乱，积累了大批学子，嗷嗷待考，竞争的激烈程度远非寻常，一家居然一下子考中了两人，更让人惊叹不已。

正是秋高气爽时节，晴空一碧万里。吴家门前大枫香树上的喜鹊，一大早就叫个不停。邻居下田走过吴家门口，有人打趣地说：“喜鹊喜鹊叫喳喳，老吴家有喜事啰。”

果不其然。

县学的听差拿到考试的捷报后，便快马加鞭来到吴牛庄报喜。吴汝纶兄弟二人考试的捷报被装裱成挂轴，挂在门口，五里八乡的亲朋都来贺喜。兄弟二人在安庆还没有返回，家里已经人来客往，乡情鼎沸，喜成一片。

“童试”也称“郡试”，包括县试、府试和院试三个阶段的考试。中者为“生员”，通称“秀才”。如一考生县试、府试、院试均名列第一，称为“小三元”。吴汝纶被他大哥占了“一元”。

考中秀才即可免除差徭，官府不可随意对其用刑，遇公事可禀见知县。不仅如此，秀才是地方士绅阶层的支柱之一，他们可成为普通百姓与官府之间沟通的代言人，受到百姓的尊敬，人称“相公”。他们虽然还不是官吏，但被授予了准官吏的待遇。生员有规定的制服，他们身穿蓝地黑边的衣服，头戴雀顶，相当于官阶末位的九品官帽。

---

① 大大：桐城方言，爸爸。

3. 人生第一个贵人：方宗诚[①]

吴汝纶兄弟二人在安庆参加府试，遇到他人生第一个贵人。

吴家老二的才气在桐城父辈文人中早就传开了。方宗诚此时正在曾国藩幕府安庆忠义局纂修《两江忠义录》。“九月，应试皖城，始从方存之先生游其地，先生说，必有记。”吴汝纶随方宗诚游览安庆大观亭遗址，作《游大观亭故址记》。同游的人还有“吾邑萧君敬甫，程君曦之”。[②]

方宗诚修髯洪声，仪表堂堂。虽然已经五十六岁，依然神采飞扬。采写《两江忠义录》之暇，站立滔滔长江北岸，吟风弄月，谈古叙今，随行的青年才俊们莫不钦其风采。

大观亭，不单单指一座亭子，它是一处规模宏大的历史建筑群，同时也是安庆历史文化精髓的所在地。清朝一位叫吴名凤的文士曾这样介绍：“不尽长江滚滚东去。其能登高而揽大江之胜者，在武昌为黄鹤楼，在江州为庾楼，在安庆则为大观亭。亭据山巅，在余忠宣公墓侧，为皖江第一名胜之区。”

可惜，此时的大观亭被太平军烧毁，已经“废为军垒”。来到大观亭遗址，方宗诚给他们讲元末安庆守城官余阙的事迹。余阙率军守安庆，与红巾军激战，身先士卒，安庆城池失守，遂拔刀自刎，自沉于安庆西门外清水塘中，时年五十六岁。讲到此处，方宗诚动情地说：“老夫今年也是五十有六，我为忠宣公一哭。”方宗诚洪亮的嗓音，庄重的神情，

---

① 方宗诚（1818—1888），桐城派后期名家之一。字存之，号柏堂，安徽桐城人。太平天国时，避居鲁谼山，著《俟命录》，驰名京师。官山东枣强知县十年，政声卓著，两袖清风。同治二年（1863 年）春在安庆入曾国藩幕府，任职忠义局，撰写《两江忠义录》一书。

② 萧穆（1835—1904），桐城人（今枞阳汤沟），字敬甫，一字敬孚。清末藏书家、桐城派后期作家，二十七岁时为戴名世作《传略》，以“穷乡之寒士，后以淹雅博洽著名”。同治四年（1865 年）经曾国藩举荐，至上海制造局翻译馆任编纂，在馆三十余年。程曦之：桐城人，居李鸿章幕府，晚年入制造局翻译馆。

向围在他身旁的五个年轻人传达着中国人凌风傲霜、向死而生的最优美、最宏壮的生之弘毅及精神信仰。

长江边上观怒涛，大观亭上思幽古。方宗诚讲述着他撰写《两江忠义录》的见闻和思考，讲述着属于中国士人崇高精神气质的君子之风与铮铮铁骨。这是士绅传统教育的活教材。

方宗诚不由自主吟诵起了乡贤台湾兵备道姚莹《大观亭怀古》的诗句，并给他们讲了姚莹参加府试，太守以大观亭为题的故事。

姚莹少贫，不能应试，其祖父的亲兄弟惜抱老人（姚鼐）资助，使入场考试。当时，童生中惟刘开（孟途）有名，在县试中夺得了第一名。府试日，太守命诗题为：《大观亭怀古》。姚莹作五言律诗百韵，太守大惊："吾知桐城有一刘开，不知又有一刘开也。"遂以之为榜首，录取入府学。姚莹二十一岁参加府试，此后认识同里刘开，二人后来同为姚惜抱先生的高足。他们年少时常聚处一室，啸歌畅咏，意气奋发。①

吴汝纶听到父亲谈论过方宗诚的《俟命录》，就问起先生写作此书的缘由。方宗诚静默了片刻，回答道："《礼记·中庸》云：'上不怨天，下不尤人，故君子居易以俟命，小人行险以徼幸。'俟命，听天任命也。《孟子·尽心下》云：'君子行法，以俟命而已矣。'俟命，也可谓待天命也。"

咸丰三年（1853年）后，方宗诚于祖居地鲁洪山中避乱五载，《俟命录》即撰于此时。避乱祖居，是方宗诚一生中最重要时期之一，在此期间，奠定了他治学、治世、治军，心怀天下，内圣外王的思想基础。

方宗诚的《俟命录》研究天时、人事及致乱之源，认为士大夫修身、处事、为政之道，在于本纲常，明正学，选拔人才，效用当世。共有十卷，每卷首记世所以致乱之由，中筹拨乱之道，后记处乱之策。卷末引古人之言，则所以策励自守之道。凡卷皆有论学之语。

吴汝纶回到住处，从背囊里拿出《俟命录》，翻看到这样的文字，

① 徐珂编撰：《清稗类钞》（第二册），中华书局出版社1984年11月版，第605—606页。

不由放声诵读：

> 病夫（方宗诚自称——笔者注）性迂拙不能俯仰谐俗，又以家世清贫，数百年来，本无一命之荣禄，故亦不急求功名富贵，然颇关心世道，于君上之安危，社稷之祸福，生民之治乱，人心之邪正，学术之明晦，士气之盛衰，盖无一刻不系于心。安民之略，善世之方，灾祸之几，弥变之策，亦无一时不深心研究其极。而时人或笑其无疾而呻吟，故常隐忍不敢以告人。
>
> 迺者（犹曩者，往日——笔者注），粤贼猖披，蔓延大江南北，病夫于身家之念，久如槁木死灰矣。惟自恨食毛践土（吃的食物和居住的土地都是国君所有。封建官吏用以表示感戴君主的恩德——笔者注）二百余年，既不能荷戈从戎，效死疆场，又不能抒谋献策，殄（消灭——笔者注）兹丑类，上以报我皇上天高地厚之德，下以展吾人民胞物与之怀而亲。偾事（败事——笔者注）诸人泄泄沓沓之状，及生民死亡流漓之惨，言之心痛，不言愈痛不可支，于是病夫之病乃益革（危急——笔者注）矣。
>
> 咸丰三年正月十七日，安庆不守。千余里之内，人人惊慌失措。病夫处城市中，闻之安居不动，寂然如无事者，人益笑病夫。不知病夫之病，在国而不在身也。国事如此，尚忍为此身计乎？闭户穷居，略以平日所见，天时人事致变之由，行己立身处变之道，书之于策。倘贼至被执，不辱以死，后嗣庶有考焉。十九日，江北病夫识时年三十有六。[①]

与方宗诚游，举手投足和只言片语，家国大义的丰富痛苦与挣扎静默，让吴汝纶终于明白，父辈们心中最神圣的是什么。

① 方宗诚：《俟命录》，光绪三年（1877年）八月雕版本（复印本）。

从余阙到姚莹，再到身边侃侃而谈的方宗诚，这些前辈们是“心中有理想，眼中有光”的一群人。既充满着令人感动的魅力，也值得后来者追慕。

此前，方宗诚未睹吴汝纶之文，这一次“必有记”后，他暗暗为同邑这个青年高兴。

这次见面，方宗诚对吴汝纶欣赏有加，也有心栽培。次年五月，方宗诚将吴汝纶的文章推荐给曾国藩，曾国藩阅后很是赏识。曾国藩在同治三年（1864 年）五月二十七日的日记中记载：“中饭后，阅桐城吴汝纶所为古文，方存之荐来，以为义理、考证、词章三者皆可成就，余观之信然，不独为桐城后起之英也。”[①] 曾国藩此时就预言吴汝纶之才，非桐城宗派所能限，必有更大的发展。如果说，在吴汝纶的人生中，是曾国藩成就了他，而方宗诚则是当之无愧的引路人。

见识一下桐城派古文大师“雏声初啼”的“少作”。

游大观亭故址记[②]

余幼即知大观亭为皖城名胜之区，长而闻名贤登是亭者多吊忠宣[③]之墓，又意亭之所以名附余公而名也，独恨未得一睹其胜。今年应试皖城，始从方先生存之游。其地四山回旋，长江接天，览其风景，慨然想见当时之盛。

而亭址废为军垒，思求胜迹荡然尽矣。惟余公之墓为前中丞彭公重修，丰碑高冢一如曩昔。相与低徊凭吊，久之乃归。夫亭之废久矣，今日之游非震于其昔日之名耶？然求其胜迹，已无一存，更阅异时，谁复知有是亭者。若余公之墓，则虽无

①《曾国藩全集·日记》，岳麓书社 1994 年版，第 1024 页。

② 施培毅、徐寿凯校点：《吴汝纶全集》（一），黄山书社 2002 年版，第 247 页。

③ 余阙（1303—1358），生于庐州（今安徽合肥），元末官员。率军守安庆，与红巾军激战，身先士卒，安庆城池失守，遂拔刀自刎，自沉于安庆西门外清水塘中，时年五十六岁。谥忠宣。其与北宋包拯、明代周玺，并称“庐阳三贤”。

彭公之修治，吾知千百年后必有凭其墟而吊者矣，而中丞理墓时曾不及是亭。意者园林台榭之胜，固不如忠义之气之感人深欤？抑有所附而名者无不亡，惟其所以名者为可久耶？然则非有不朽之实，虽盛名震耀，未有不终归泯灭者也，独是亭也欤？兹游也，先生曰："必有记"，故记之。同游者：长州朱君仲峨，绩溪章君琴生，吾邑萧君敬浮、程君曦之也。

吾知千百年后必有凭其墟而吊者矣——吴汝纶。

➲译文：

我很小的时候就知道大观亭是安庆的一处名胜，长大了听说登这个亭子的名人贤达大多是去祭拜英雄余阙的，又想大观亭是因为依附余阙的名声而闻名，唯独遗憾没有一睹它的胜景。今年我去安庆考试，才跟随方先生去游览大观亭遗址。大观亭四周山地回旋，长江接天，看着周边优美的风景，很是感慨，可以想象到当时的大观亭是多么的雄伟壮阔。

大观亭在战火中毁掉成为军事营垒，想探求胜迹已经荡然无存了。只有余阙的墓冢被之前的彭中丞重新修葺，丰碑高冢如同往昔一样。我们几个人一起在墓旁徘徊流连凭吊，很久才回去。大观亭毁弃已经很久了。今天来游览难道不是震撼于它昔日的名声吗？然而探求它的胜迹，已经一点都看不到了，再过一段时日，哪里还有谁知道有这个亭子。余阙的墓，虽然没有彭公的修治，我知道千百年后一定还是有人凭吊其丘墟，而彭中丞修墓时不曾顾及这个亭子。意思是园林台榭的胜景，固然不如忠义之气感人之深呢？还是有所依附而成名的没有不消亡的，只有其自身能够闻名的才可以永久呢？然则没有不朽的内在，虽然盛名震耀，没有不最终归于泯灭的，难道只是这个亭子吗？这次游览大观亭，方先生说："一定要写一篇游记。"

所以记录下这些感想。同游的人：长州朱仲峨，绩溪章琴生，桐城萧敬浮、程曦之。

我知道千百年后一定还是有人凭吊其丘墟——吴汝纶。

大观亭因其所富含的深厚历史文化，来此凭吊观光者众。其时，大观亭建筑群，被太平军所毁，昔日盛景，已不复见。吴汝纶游览大观亭遗址后，思绪飞跃，不断地诘问追析，所论深邃。桐城古文简洁之中，凸显持论的厚重。

4. 行看黄榜点朱衣

同治三年（1864 年），吴汝纶二十五岁，这一年喜事接踵而至。

农历八月，吉日良辰，他迎来自己大喜的日子，与桐城南乡官埠桥汪家淑贞姑娘喜结良缘。大红灯笼高高挂起，婚宴喜席屋内摆不下，门前枫香树下，也摆满桌椅。贺喜的乡邻、亲朋好友，络绎不绝。

这门亲事，在考秀才之前，双方父母就已经交换了八字庚帖，男方家送聘礼，下了定。考中秀才之后，吴汝纶大门不出，二门不迈，心不旁骛，潜心攻读，他曾发誓要中了举人才结婚成家。但父母亲和女方已经催促多次，作为一个大孝子，他遵从父母之命，先把家成了。

桐城素为文化发达之乡，旧时男婚女嫁，盛行轿联。轿联一般由男方出上联，发轿时贴于轿门，女方对下联。按时俗要求，男方出上联，必备下联，以防女方对不出时取用。轿联的制作颇为讲究，众多文人常借此显示才学，使桐城的花轿门联不仅在内容上争奇斗巧，佳作迭出，而且在形式上也花样翻新，妙趣天成。

在与同里汪姑娘成婚的大喜日子，吴汝纶亲撰上联为“十三经，廿四史，十载寒窗，未脱得那领蓝衫，愧把白身偕绿鬓。”[①] 在此用“蓝衫”喻秀才，用白身喻自己功名未得，用“绿鬓”喻美貌的新婚妻子。据说汪家集思觅对，终难得佳句，也有说，眼看已经日落西山，沮丧的丈人只有发轿。出人意料的是，由哥哥背到堂上的新娘子汪淑贞一见花轿上的上联，竟然与新婚夫君心有灵犀，随口即对出了下联：“甲子年，癸酉月，甲戌良辰，且牵着这条红线，行看黄榜点朱衣。”“朱衣”指大红色的官服，即入仕、升官。

上联诉说寒窗苦读，博览群书，功名未就，实在愧对伉俪佳人的隐隐衷情，下联点明佳期良辰，定能实现蟾宫折桂的青云之志，是对夫君成就功名的期盼。

汪淑贞对夫君的期盼很快成为现实。

这年农历十一月初八日，在南京举行江南乡试。

同治三年六月（1864 年 7 月），清军攻克南京，标志着太平天国之乱的平定。大乱之后，百废待兴，但最重要的一件事，便是恢复乡试，一方面可以借此“鸠集流亡”，稳定社会局面，另一方面，更重要的是以此收拾人心，尤其是江南读书人之心，重新振作江南士气。可是时间仓促，来不及在八月举行乡试，于是，时任两江总督的曾国藩就奏请将会试改在仲冬十一月举行。时任江苏巡抚李鸿章亲自入闱监临，对此试郑重至极。这是史无前例的：一般的江南乡试都是秋闱，只有这一年的江南乡试是冬闱。

停了三科，相隔十一年之后，终于有了一科乡试，对于饱受兵燹之苦的江南士子来说，这无疑是一条大好消息，堪称喜出望外。劫后余生，还能参加这一科乡试，已是侥幸；能够考中，更是不幸中之大幸；至于名列前茅的人，绝对是幸运中之幸运。

这一次考试，吴汝纶克服种种困难，杀出重围，凭借深厚的桐城古文功底，发挥得非常得意，“中式第九名举人”。桐城才子乘新婚喜气，

① 潘忠荣：《楹联高手吴汝纶》，杨怀志、潘忠荣主编：《清代文坛盟主桐城派》，安徽人民出版社 2002 年 8 月版，第 532 页。

再次闪耀科举考场。“黎明，入贡院写榜，闱墨极佳，无一卷为庸手所能者。”①

考试结束，吴汝纶在南京参加了规模盛大的新科举人“鹿鸣宴”。大家首先朝向北京的方位，向天子谢恩，然后宴会在音乐的吹奏声中开始。这时的音乐是《诗经》中的“呦呦鹿鸣”一章，这是歌颂天子招待群臣和宾客情形的诗篇。士子们意气风发，一扫考试前的焦虑、忐忑、疲惫。觥筹交错之中，大家都儒雅、谦恭，一副读书人的派头。再也没有谁会去回想，面对秦淮河的江南贡院里，那仄逼的号舍，饱受煎熬的九天。

对于大多数没有经历极端惨况的读书人而言，要熬过三场九天的考试也殊非易事。按清朝制度，乡试从八月初九开始，每场考三天两夜，共九天六夜。这期间，考生的吃喝拉撒全都在一个高六尺、深四尺、宽三尺的号舍里（面积勉强超过一平方米）。

乡试本应在农历八月举行，但江南贡院整修使这个考试延迟到十一月，正赶上大雪纷飞的恶劣天气，数十位体弱的读书人竟被活活冻死。晚清官员张集馨在日记中写道：“接上年十二月十八日京信，南闱大雪，冻死士子及号军五十余人。”

吴汝纶在科举与婚姻上的传奇故事，真是应了古语所言：“书中自有黄金屋，书中自有颜如玉。”中国古代士子的理想可以通过一次次考试来实现，正是科举制度的长久魅力所在。

5. 差点儿成为状元

同治四年（1865年），吴汝纶二十六岁。北京城的春天，今年格外来得早。吴汝纶怀揣家乡父老的期盼，风尘仆仆赶到京城，来不及多看一眼京城三月的景色，考试的日子就到了。

---

① 郭立志编撰：《桐城吴先生年谱》，雍睦堂丛书，卷一，第5页。

三月九日、十二日、十五日，进行了三天会试，吴汝纶轻松过关。入京参加会试，仍然是“一试辄中”。

殿试在保和殿举行。四月二十一日早上，贡士们通过午门，在太和门前集合，然后分为两组，座位号为奇数的在靠东的昭德门外，偶数者在靠西的贞度门外，接受礼部官员的点名。殿试考了一天，吴汝纶轻轻松松成为“进士”，授内阁中书。①

会试取中者称“贡士”，又称为“中式进士”。“内阁中书”，这是一个掌管内廷秘书工作的职位，如果一切顺利，可以在历练几年后外放地方州任政一方。但吴汝纶并未实际到任，因为曾国藩很快就将他请调外任两江总督府幕吏。曾国藩日记中有记载，说这个才二十六岁的新科进士，古文、经文、时文都卓然不群。一方面，幕府需要精通文事的文案专吏，曾国藩后来的奏疏大多经由吴汝纶草拟，另一方面，曾国藩也想造就他，尤其对出自桐城的青年才俊似乎格外垂青。

吴汝纶本来是有机会进入前三名的，阅卷过程有个小插曲。

> 文端公倭仁见其廷试策而奇之，拔置一甲。先是，今湖广总督南皮张公（张之洞——笔者注），以第三人及第，其策不用当时体。先生所为策，其体亦异。某公曰：“此有所效而为之者”，抑置三甲，以中书用。主试某公云：“前年已拔张之

① 吴汝纶在1865年（乙丑科）会试中的名次是第八名贡士。殿试结果的进士名次则是乙丑科总第一百零四名。此观点依据黄伟（华中师范大学近代史研究所）《关于吴汝纶生平的几点考证》，《安庆师范学院学报（社会科学版）》2006年11月第6期；清承明制，科举考试用八股文，而进士分为三等：第一甲三名，即所谓的状元、榜眼、探花，赐进士及第；第二甲若干名，赐进士出身；第三甲若干名，赐同进士出身。二甲与三甲每科人数不定，但清代后期，一般分别稳定在一百名左右。查《明清进士题名录》，我们可以确知，同治四年乙丑科共有进士二百六十五名，其中第一甲三名，第二甲一百名，第三甲一百六十二名，吴汝纶的名字赫然位列第三甲第一名。

洞，今再拔此卷，则科场成例不能复维持矣。”遂抑置三甲。[①]

“先生廷对策，典实充沛，非科场所有。今在徐世昌所纂《明清八大家文钞》中所谓不用当时体者。旧例殿试策，字数、行款及抬写颂扬处，皆系预定格式，不能增减。公所为文则直抒己见，不依此例。”[②]

科举考试的八股文刻板，限制很多，士子们是“戴着镣铐跳舞”。吴汝纶果然是枚“学霸”，居然还能“直抒己见”。一是得益于古文的娴熟，二是初生牛犊不怕虎，几场考下来如履平地，自信满满。敢在科场这样的地方，剑走偏锋，这个桐城青年不仅是才气很盛，而且也颇有胆识。当年如果不是阅卷者们有所顾忌，那就是“一甲”状元、榜眼、探花中的一员了。倭仁慧眼识英才，让吴汝纶很是感激，此是后话。

还有一种可能是吴汝纶受了“试卷”上“提示语”的“诱惑”，放胆“直抒己见”。

因为殿试是天子亲任考官的考试，所以考题采用了敕语形式的策问。为了启发士子们的“思维”，开头处写有大概这样意思的话：尔等贡士能接连考中各场考试，都是天下的人才。如今参加殿试，回答朕的问题，希望能听到尔等平日的抱负。试卷结尾处的话语大概是：尔等在此良机，不要有任何顾虑，一定要坦率地写下自己的所思所想。若是客客气气、畏首畏尾，则无法充分表达出自己想说的话，或者用违心的谄媚之言来完成任务，反而是辜负了朕的厚意。

吴汝纶果然没有辜负天子的“厚意”。这份“意见报告书”写得洋洋洒洒，“典实充沛，非科场所有”。

下面摘录一段他的《对制科策》：

后世人主，不尚实学，而一切使臣之道，临民之方，治兵

---

① 贺松坡：《吴先生行状》，施培毅、徐寿凯校点：《吴汝纶全集》（四），黄山书社2002年版，第1139页。

② 郭立志编撰：《桐城吴先生年谱》，雍睦堂丛书，卷一，第5页。

之策，亦皆苟且因循之，为张皇补苴之事。……臣窃以为当今为学之患，在好为高论而实行不敦。听其言皆程朱复生，措之事则毫无实用。……盖生乎宋儒之前，于道患不能知；生乎宋儒之后，则不患不能知，惟患不能行。①

这段文字的意思是：后代的人主，不崇尚实际的学问，而且驾驭臣子的办法，管理老百姓的方法，治理军队的策略，也都只顾眼前，得过且过，敷衍了事，沿袭守旧，拖延误事，做的是张大漏缝而行填补之事。……我认为现在做学问的问题，在于喜欢高谈阔论而实际做起来却不敦实。听他说的都是犹如程颢程颐、朱熹活过来了，满嘴程朱理学，落实到具体的事情上则一点用处都没有。……大概生在宋儒之前，担心对于程朱理学不能了解，生在宋儒之后，就不担心不能了解，只忧虑不能够去实行。

翻译成现代文，再去读一下吴汝纶的“时文”，差距真的不是一般的大。

桐城派的文风，本也讲求经世致用。生于桐城，长于桐城的吴汝纶，对这种空疏无用学风的不满及用世精神，已经挣脱了程式化文本的桎梏，发出了自己的呐喊。

6. 桐城古文创造“一试辄中”的科场奇迹

吴汝纶研习桐城古文，应对科场“时文”，历经十多年的潜心磨砺。桐城先贤早就有很多好的范例，父亲吴元甲也是桐城古文高手，桐城“通衢曲巷，夜半诵书声不绝”。在这样的文化场中，天资聪颖，悟性很高的吴汝纶，如鱼得水。

出身贫苦之家的吴汝纶，在读书的路上从小就很自律，很勤苦。有

① 施培毅、徐寿凯校点：《吴汝纶全集》（一），黄山书社 2002 年版，第 369—370 页。

一天，得到一个鸡蛋，舍不得煮熟吃，拿着它到集市上换松脂，晚上读书照明用。“三更灯火五更鸡，正是男儿读书时”，颜真卿的《劝学》诗，吴汝纶不仅背得滚瓜烂熟，而且还工工整整的用正楷写好，贴在自己的书桌旁，时时警醒自己，要坚持不懈勤奋学习，不要虚度光阴，终生后悔。

在躲避太平天国战乱期间，虽然东躲西藏，也是手不释卷。有一次，跟堂兄吴康之一道上山打柴，两个少年背着柴薪，边走边比画着背诵古文。

八股文是一种命题作文，它是明代朱元璋创制的一种科举考试文体，它的题目必须从《四书》《五经》中摘取，且要模仿古人的语气，根据程颐程颢、朱熹的传注来阐发题旨。这就是一种有着特殊程式的心得体会，须先破题、承题，再起讲。其标准的正文部分，必须用有声律要求的四个有着逻辑关联的对偶段落来层层深入地阐发题旨，写出心得，要在规定的正、反、起、承、转、合的逻辑程序中将自己所领悟到的心得体会阐发无遗。

作八股文有如床铺底下抡板斧，螺蛳壳里做道场，要因难见巧，因难显才。也许是政治制度创制大师朱元璋谋虑太过周密深远，在构建八股文时配置了太多的文化要素，这些文化要素所包含的文化底蕴太过深厚。写作这样的心得体会，的确是在“别其聪明智巧之高下”，愚钝者是难以入选的。①

郭立志在《桐城吴先生年谱》中曾这样记述：“公生平于制科，一试辄中，无再应者。”吴汝纶为什么在科举路上如此顺利，个中有何缘由？

纵观科举考场，从秀才、举人、进士，“一试辄中”的人可谓凤毛麟角。

曾国藩：考秀才考了七次，进士考了三次；李鸿章：少有才名，进

① 龚笃清撰：《八股文鉴赏》，岳麓书社 2006 年 8 月版，第 4 页。

士考了两次才中；张之洞：咸丰二年（1852 年）十六岁中顺天府举人第一名解元，少年得志，但在科场磨了十一年，同治二年（1863 年），二十七岁中进士第三名探花。

据《清桐时代》（公众号）冰虹绿茶统计：明清五百年（1404—1903）间，桐城一共考出了二百四十三名进士，其中明朝八十八个，清朝一百五十五个。包括四个武进士。最好名次：状元一人，榜眼三人。

清朝全国的读书人有几百万，进士一般每三年考一次，一次录取三四百人，也就是说，全国平均每年不过才出一百多个进士。据学者何炳棣的研究：在清代，进士占人口的比例是 0.000048%。是百万分之零点八，小数点后面有四个零，比我们说的“万一”这个概率还小。

吴汝纶在科场“一试辄中”，最大的优势是他所学的、朝夕浸淫的是桐城派古文，桐城派古文就是打开科举大门的利器。

在科举时代，一个寒士要步入社会政治上层，唯一的捷径就是科举之途，而科举路上的士子多如过江之鲫，若想成为幸运者，不仅要有过人之才，还需要精于个中诀窍。显而易见，古文与八股文的特殊关联，使精于古文的桐城派人士更易于在科场得售。

桐城派古文具有鲜明的特色，内容上以宣扬程朱义理封建道德为主，形式上结构严谨，剪裁精当，文辞雅洁，平易畅达，声调抑扬，杂以说理，辅以考证。

八股文又被称为时文、制义，以与古文相对。时文虽有种种弊端，但却与古文有许多相通之处：首先，时文与古文都恪守义理；其次，在艺术手法上，时文讲究开阖、顿挫、呼应之法，在一定程度上也是对古文艺术手法的借鉴。许多士子为了避免熟滥，很自然地借鉴古文的某些艺术特征来创作时文。①

清代科举以八股文为规定的文体，故八股文成为士子们追逐功名的武器。有意思的是，八股文的风行，很大程度上又促进了古文的兴盛，

① 曾光光：《桐城吴先生研究》，黄山书社 2014 年 2 月版，第 20 页。

为桐城古文一派的崛起提供了有利的条件。

明清两代就有不少以时文标准选编、评点古文的选本。桐城派以古文名于清代，桐城派中的许多人都是科举场上的摘冠者。桐城派的创始人方苞曾以江南乡试第一而闻名一时。方苞以古文闻名，科场得售更促使士子们仿读其古文，试图从中探求到科场的敲门砖。

方苞奉命编选的《古文约选》《四书文选》，成为官方指定的教材，广为流播。古文与时文空前紧密的关系，不仅使古文成为科举道路上士子必须修习的重要内容，也极大地提高了古文的重要性与地位。桐城派在科场上的成功又反过来促进了桐城派古文的传播。

“朝为田舍郎，暮登天子堂。将相本无种，男儿当自强。”宋代汪洙《神童诗》告诉我们：王侯将相本来不是天生的富贵种，贫穷人家的孩子发愤努力，也可以成为栋梁之材，好男儿应当发愤图强。

吴汝纶凭借精熟的满腹桐城古文，走出桐城，走向人生更加广阔的舞台。

7. 呼马呼牛任自哗

父亲是个有趣的“老夫子”。

吴汝纶父亲吴元甲，虽然科举功名止步于秀才，但其实是个颇为清高的“老夫子”。

吴汝纶能够“一试辄中”，得益于他父亲吴元甲的教授，“但禀庭训，并无他师”。[①] 吴汝纶十二岁就踏上写作“制义”文之途。咸丰元年（1851 年），能“为论说之文”，其父教以制义之文。“自记制义文后云：某生二十有二年矣，自束发受书，家君教以制义之文，学之今十年，未工也。”[②] 战乱、贫苦的生活中，在父亲的教导下，直到结束战乱，科举开考，整整磨砺了十二年。

① 郭立志编撰：《桐城吴先生年谱》，雍睦堂丛书，卷一，第 5 页。

② 郭立志编撰：《桐城吴先生年谱》，雍睦堂丛书，卷一，第 2 页。

吴元甲，岁贡生[①]，乡村塾师，一介寒儒，生性恬淡耿介、清高而乐观。

少有才气，诗文的功底颇为扎实，或许是运气差了那么一点点，科举功名止步于“秀才”。“九岁能操笔为古文作《中正论》三篇，长老惊叹，既长为六皖名诸生。”也曾“少游京师”以求仕进，但未取得功名。“咸丰初元（1851 年），应孝廉方正制科，未廷试而乱作。或劝入京师，不应。”[②]因而只能客馆授徒，成一介寒士。

又是一年的年关将近，吴元甲客馆归来。水路走了换陆路，翻过几座山，又走了一天山路，终于望见家乡的炊烟。满身疲惫，解下风餐露宿的行囊，客馆微薄的收入，对于众多家口，杯水车薪。在四壁萧然的屋内，面对妻子儿女期待的目光，虽然是心怀愧疚又满是惊喜，小子们又长高了不少，一家人终于可以围坐在一起，说说笑笑，吃个团圆饭了。

过年的时候，喝了一点小酒，他在微醺之中，儿女们簇拥着，作了一首《岁尽》。诗里咏叹道：“解馆归来又一年，妻孥相对却欣然。断炊只是寻常事，赚得团圞（luán，团聚）也值钱。”其家生活窘迫，也可见其生性达观。

咸丰三年（1853 年）至咸丰十一年（1861 年）十月，桐城的东乡、南乡基本为太平军所控制，湘军与太平军多次在桐城境内交战。咸丰三年（1853 年），“桐城为贼所陷，育泉公避乱山中，公随侍读书，时官军自桐城溃，育泉公以从军之后，馆于枞阳，主人惧祸，为变姓名”。[③]有了帮助官军的“从军”经历之后，设馆的主家怕受牵连，不敢用他的

① 岁贡生：贡生，俗称“明经”，也有称“诸生”。明清两朝秀才（又称生员）成绩优异者，可入京师的国子监读书，称为贡生。每年或二三年从各府、州、县学中选送生员入国子监就读，成为岁贡。

② 吴汝纶：《家严慈六十双寿征言略》，施培毅、徐寿凯校点：《吴汝纶全集》（一），黄山书社 2002 年版，第 258 页。孝廉方正：清朝特设的制科之一，每逢皇帝即位即荐举一次，赐六品服备用。

③ 郭立志编撰：《桐城吴先生年谱》，雍睦堂丛书，卷一，第 2 页。

真名字示人，可见当时的“从军”还是有一定风险的。

咸丰十年（1860 年），湘军认识到桐城东乡、南乡在争夺安庆之战中的重要性，因此，自当年下半年，湘军与太平军在桐城东乡、南乡展开激战。至次年初，战事基本稳定。“庚申（1860 年）、辛酉（1861 年）两年，桐城被寇最甚。”吴汝纶与兄弟“奉母避乱东乡，家贫，撷野茹为食，拾薪煮药奉亲”。此间，吴元甲随军，负责“督运糗粮（干粮）”，“为乡里办贼，以军事留西乡，数月不相闻问”。[①] 国难当前，家事弃后。此所谓“舍小家保大家”。

一天，听说吴元甲要从家门口经过，家里已经揭不开锅了，家人就站在他经过的道路旁，告诉他家里的困难境况，可是他竟然不发一言，顾自而去。此时，他手里筹集有几千两银子，是给军队办粮草的经费。从军的生活条件极为艰苦，天天匆忙赶路，行无定所，晚上只能席地而卧，吃的也是粗粝的干粮，乡人抗贼而筹集的资金，都用在刀刃上，不虚糜一个小钱。[②]

“老夫子”也要懂兵法，为乡人御寇，亲手编辑一本《守望要略》。“咸丰初，皖城被寇，辑《守望要略》。及县东南乡起义勇御贼，多本其法。”[③] 这本《守望要略》，就是当时御寇的行动指南，桐城县的东乡、南乡为家乡而起事的义勇们，凭借这部兵法，取得了非常好的御寇效果。

吴元甲生性恬淡。“平居好静坐，竟月不闻疾言，口不谈人过失。”在乡村一隅安静的课生授徒，养家糊口，虽然清苦，然亦颇自得其乐。

积极用世且甘于淡泊。交往的人有当地的乡贤，和南乡的破罡胡东

① 郭立志编撰：《桐城吴先生年谱》，雍睦堂丛书，卷一，第 3 页。

② 张裕钊《吴征君墓志铭》：君家故贫窭也，以勤力所得市米，觳尽散之乡人，而妻子至采菜茹拾樗（臭椿）橡为食。又尝敛数千金馈军，家人乏食遮道告之不顾，又益纠合义勇以与贼抗，所捍百数十里，其在军席地而寝，市饼为食，不虚糜乡里一钱，不顾问家事。

③（清）马其昶撰，彭君华校点：《桐城耆旧传》，黄山书社 2013 年 7 月版，第 348 页。

潭先生最为友善，胡氏家族有名扬乡里的大孝子胡其爱，还有明末守城有功的胡文燦。不喜欢与官人往来。“是时家君教授乡里，未尝一造县庭。”“家居不好诣城市，有问者，曰：‘吾不惯与官人往来。’”①

吴元甲经常训导吴汝纶：“士人当使实出名上，无使名出实上。”告诫儿子要务真求实，不要蹈求虚名。所作诗文，随写随丢，名利心淡泊，性格颇为散淡。“每为诗文，知言者皆心服。顾不自收拾，脱稿即分散。汝纶少长，始稍搜辑箧藏之。”②

马其昶在回忆吴元甲的时候，曾有这样的记载：“育泉征君，先君所严事，其昶犹及见之。《诗》曰：虽无老成人，尚有典型。乃今不可复睹矣。”③小时候，马其昶看见父亲师事吴元甲的情形，犹在眼前，如今一切皆不可睹见。借用《诗经》的诗句表达自己的感慨，虽然身边没有年高德劭之人可以效法了，但还有成法可以依傍。这显然是对吴元甲极高的评价。

当时，很多桐城士绅都经历了这场战乱。将吴汝纶举荐给曾国藩的桐城派后期名家方宗诚亦是举家避乱桐城鲁谼山中，后出入清军大营。方宗诚此间著《俟命录》，为对付太平天国出谋划策，经时任山东布政使、安徽老乡吴廷栋举荐，为曾国藩、倭仁所知，从而进入曾国藩幕府，后出幕入仕任直隶枣强知县。二人命运的不同，除机遇因素外，与吴元甲的性格、人生追求也有很大关系。

从军而不要事功。清军占领桐城后，“及事平，有欲白家君于大吏者，谢不受。”④为家乡人，辛劳可以有，叙功可以无。张裕钊《吴

---

① 吴汝纶：《家严慈六十双寿征言略》，施培毅、徐寿凯校点：《吴汝纶全集》（一），黄山书社 2002 年版，第 257—258 页。

② 吴汝纶：《家严慈六十双寿征言略》，施培毅、徐寿凯校点：《吴汝纶全集》（一），黄山书社 2002 年版，第 257—258 页。

③（清）马其昶撰，彭君华校点：《桐城耆旧传》，黄山书社 2013 年 7 月版，第 348 页。

④ 吴汝纶：《家严慈六十双寿征言略》，施培毅、徐寿凯校点：《吴汝纶全集》（一），黄山书社 2002 年版，第 258 页。

征君墓志铭》载："当事叙筹饷之劳，君谢曰：吾邑人朘膏血剥肌髓以急国难，而吾乃以为利耶。"这里就说得更为明白，为"急国难"，邑人牺牲更多，我不能从这件事中取利。淡泊名利，耿介如此。

吴元甲自小聪慧，诗文俱佳，除了在乡里教授里党生徒，因为名声传扬，还在外客馆。

同治元年（1862年）九月，吴元甲远应江西武宁知县翁延绪之招，教授其子翁立德，一直到农历年底才回来。翁立德受教后，考取了进士。[①]

"曾文正公尝嘉其文学，客而馆之。"[②]曾国藩是因为赏识吴汝纶的文才，又得知只是受教于父亲吴元甲，因而邀为塾师，教授二儿子纪鸿和陈姓女婿。生性恬淡清高的吴元甲"不乐久处，未几遂辞去"。

吴元甲"孝悌至性"。既是个大孝子，又是个好兄弟。中了秀才后，在乡里私塾教书几十年，"脩脯入门，辄应手散尽"，教馆所得，均随手分给兄弟姊妹。兄弟们都成家立业了，要分家，吴元甲悲伤不已，卧床几天不起，到分家时，家庭全部田宅推与兄弟，自己分文不取。分家后，兄弟田宅丧失，用钱再赎买回来给兄弟。后来田宅丧尽，他再无能力赎回，就让兄弟们同一锅吃饭。

这样的一个大家庭，吃口众多，都靠吴元甲教私塾微薄的收入来维持，显然是力不从心。有时冬日，一天只吃一顿饭，大多数时候是杂粮充饥。虽然自己贫苦，但兄弟去世，侄子们都在他家养育长大成人。

有这样的父亲，背后一定站着一个伟大而坚韧的母亲。

吴汝纶的母亲是个大家闺秀，外祖父马鲁迁，"以名进士官蜀中"，家庭条件很好，马先生很喜欢这个乖巧能干的女儿，吴母嫁过来时，嫁妆自是丰厚。"吾母之来归，资送千金。自吾父推田宅与诸父，皆吾母

---

① 吴汝纶：《祭翁大家文》："大家之兄，昔官西江，宾延我君，以其子从。"郭立志编撰《桐城吴先生年谱》，雍睦堂丛书，卷一，第3页。

② 张裕钊：《吴征君墓志铭》。

私钱所购买也。”[①]吴元甲“游京师”，家里每每困顿，都是母亲悄悄拿出私房钱，渡过难关。钱用完了，就拿自己服饰去典当。“财罄，则脱服佩出质，典衣之券盈箧。”[②]祖父喜欢喝点小酒，母亲则千方百计弄点酒给祖父喝，后来实在没有东西了，只好让小叔子把自己一个心爱的小铜炉拿去给祖父换酒。祖父一次生病后，喜欢吃鳝鱼，卖鳝鱼的人天天到他家门口来，祖父去世后，母亲只要听到卖鳝鱼的叫卖声，就放声痛哭，从此，卖鳝者为之绝迹。

桐城被占期间，吴汝纶从一个十四岁的少年成长为二十二岁的青年，耳濡目染父亲的所作所为，并为《育泉诗集》作注。父亲对吴汝纶的影响是巨大的，也是全方位的，不仅教授他作“制义之文”，更多的是在人格上的熏染。父亲不顾及利害、功名，一心做事，在吴汝纶的心中刻下了不可磨灭的印记。

清苦的乡村生活，吴元甲不怨天尤人，心平气和。曾有诗句：“平生笑我非张禄，呼马呼牛任自哗。”[③]这是一幅恬淡清高而乐观的乡村绅士的自画像。

8. 桐城吴氏承继桐城派渊源有自

吴汝纶的先辈源于江西婺源。“明洪武初，吴氏自婺源一迁鄱阳，一迁桐城。迁桐城者，居峡山之高甸，有二子分其枝系，长曰荣华，次曰保庆。”[④]

吴荣华就是吴汝纶在桐城的最早祖辈。

---

① 张裕钊：《吴母马太淑人祔葬志》，（清）王文濡：《明清八大家文钞》，上海古籍出版社 2008 年 12 月版，第 360 页。

② 吴汝纶：《家严慈六十双寿征言略》，施培毅、徐寿凯校点：《吴汝纶全集》（一），黄山书社 2002 年版，第 258—259 页。

③ 郭立志编撰：《桐城吴先生年谱》，雍睦堂丛书，卷一，第 2 页。

④ 李景濂：《吴挚甫先生传》，施培毅、徐寿凯校点：《吴汝纶全集》（四），黄山书社 2002 年版，第 1126—1127 页。

吴氏在桐城祖辈中一个叫吴直的是桐城派大师刘大櫆的老师，跟方苞是中表亲戚。吴直与吴汝纶那一分支的祖辈吴大升是堂兄弟。

吴直，字生甫，乾隆丙辰年（1736年）举人，深思读书，废寝忘食，“为文希微要眇，感喟悲凉”[①]，桐城派的奠基人方苞读了老表的文章，感叹佩服不已，认为自己作文的水平达不到表哥文章的精妙。“桐城三祖”之一的刘大櫆不仅得吴直的耳提面命，还精心研读老师的《井迁文集》，文集中的文章，每篇都有刘大櫆读后的批语。

吴氏与桐城派古文早就结下解不开的渊源关系。

吴汝纶的兄弟们，自小就浸淫在这样的家族和社会关系的氛围中，桐城派的文章对于他们就如家乡的黄梅戏一样耳熟能详，开口就能吟唱，浸染其中，是身边最亲近的物事。他们兄弟，本就友睦和谐，且都颇有才名，切磋文章，彼此提点。

咸丰十年（1860年），吴汝纶二十一岁。

2月16日（正月二十五日），各路湘军联合发动反攻，太平军大战失利。3月26日，湘军大将李续宜至宿松会见曾国藩，议定曾国荃进攻安庆，多隆阿围攻桐城，李续宜驻兵青草塥策应。

这年春天，桐城南乡的战事稍微平息了一点，吴汝纶跟大哥吴汝经带着两个幼小的弟弟，步行二十里地，兄弟四人同游浮山。这年吴汝绳（字诒甫）十二岁，吴汝纯（字熙甫）八岁。

爬上浮山的妙高峰，峰下大华严寺，香客信徒，摩肩接踵。登上峰顶的“望江亭”，四山缥缈，长江如带，九华、天柱俱在望中，远观云蒸雾绕，石峰隐现，目下绝壁悬崖，如斧劈刀削。

上得浮山的最高峰，满目苍翠，心情格外舒畅，吴汝纶看着两个弟弟，开玩笑地说：“今天春游浮山，都要赋诗一首。”话音刚落，八岁的汝纯，竟然率先“高唱一绝”，吴汝纶和大哥都惊异不已。过了好久，十二岁的汝绳也作成了一首五言短古诗，且“颇得佳趣，朋辈皆激

---

① 李景濂：《吴挚甫先生传》，施培毅、徐寿凯校点：《吴汝纶全集》（四），黄山书社2002年版，第1126—1127页。

赏焉”。①

吴汝纶兄弟四人。

大哥吴汝经，字肫甫，少小便与吴汝纶共学齐名。

大弟吴汝绳，五岁能为诗，才思俊逸。吴汝纶有天下文名，别人称许他，每自谢不如，曾官山东汶上县知县，多疾，早逝。吴汝纶儿子吴闿生编撰的《晚清四十家诗钞》有其诗作。

小弟吴汝纯，字熙甫，号敛菴，自号玉屏山人，官光禄寺署正。师事其兄汝纶。私淑方苞、姚鼐，能得其大旨。与贺涛、范当世等友善，以文字相切磋。浏览载籍，颇多颖悟。笃好方苞、姚鼐之说，以古作者自期。撰《玉屏山人诗稿》《敛菴文集》。可惜，也是英年早逝。②除了同胞兄弟外，还有堂兄吴康之。

吴康之是吴汝纶大伯父的儿子，因父亲早逝，吴康之就一直跟随吴元甲生活，兄弟友睦。这也是吴家的一个才子，生活道路坎坷而艰辛。为人机灵智巧，与人交往态度谦和慷慨大方，喜欢开玩笑而不与人结仇。擅长书法，喜欢作诗。没有科举功名却官至知县，在封建社会确实是个例外。女儿吴芝瑛成为大书法家，渊源自乃父，这是后话。

咸丰八年（1858年），吴康之随大哥吴汝经徒步入京就试，吴汝经没有考中，替堂弟谋了一份抄书的差事。因为书法漂亮，诗也写得好，深得大学士宝鋆的赏识，应顺天乡试，不中。后来，做了山东巡抚谭端恪的幕客。不久，改做山东盐大使，由大使升为知县。在山东二十年，曾官宁阳、禹城、蒲台、武城、章丘、郓城知县，“所至皆有政绩，为县人称说”。③

---

① 郭立志编撰：《桐城吴先生年谱》，雍睦堂丛书，卷一，第3页。

② 刘声木撰，徐天祥校点：《桐城文学渊源考撰述考》，黄山书社2012年11月版，第106页。

③ 吴汝纶：《从兄郓城知县吴君墓表》，施培毅、徐寿凯校点：《吴汝纶全集》（一），黄山书社2002年版，第118—119页。

9. 避乱读书膜拜乡贤大侠

咸丰十年、十一年（1860 年、1861 年）这两年，“桐城被寇最甚，公亦避地他所”。

公元 1860 年是非同寻常的一年——这年，北边是打到北京的英法联军，一把火烧了圆明园。南边是湘军与太平天国在安庆展开了殊死的攻防战。这一年，烽火遮蔽了和平的天空。

咸丰十年冬天，二十一岁的吴汝纶，因为战乱，家里实在无法容身，只好背负书囊，躲避到桐城东乡横埠镇大朱庄，租住左光斗故宅一间屋子，作为避难之所。

他来到左光斗的一个叫左质夫的后人屋子里，问他借来了左光斗的书籍和手稿。手里捧读忠毅公曾经读过的书，似乎先贤的手温尚在，见到家书手稿，“益仿佛遇其为人”，面聆教诲。忠毅公书房“遗直斋”里，“风云三尺剑，花鸟一床书”的对联，落寞地泛着寒意。这是左光斗自撰的一副对联，表达了自己的人生价值取向。

一天，左质夫突然怀抱两幅画像，跑到吴汝纶的屋子里，对他说：“小伙子，来，我给你看看忠毅公父母的画像。”左质夫将画像慢慢展开并挂了起来。神情庄重的吴汝纶整了整衣衫，郑重地对着画像鞠躬、作揖，然后才迎面而视。

瞻仰过左光斗父母画像，吴汝纶转而问左质夫：“那忠毅公的画像，您有吗？”左质夫摇摇头说：“忠毅公画像，一开始是从我们左家弄丢的，多年都没音讯。后来有一年，乡里有个人怀抱一幅画，在赶路时，突然天降大雨，电闪雷鸣的，他就跑到附近一个村子里去躲雨。这家主人见他怀抱一幅画，就好奇地问怀里的画是谁的，能否打开看看，躲雨的人说：‘行。’这家主人打开一看，惊呼道：‘这不是我们祖宗忠毅公的画像吗！’大喜过望的他，便和那人商量，问能否将这幅画卖给他。后几经商讨，躲雨的人便将忠毅公的画像卖给了这家主人。忠毅公这幅失而复得的画像，便被这人小心地收藏了起来。

这画像虽不在左质夫手里，但见过画像的左质夫说：画像中的忠毅公目光如炬，站在画像正面，感觉他在注视着你；站在侧面，他还是那么威严的在注视着你。

吴汝纶不由感慨："人生百世下，追慕古贤人烈士，每恨不并世而出，得一目接光容，极其慨慕所至，虽一器一物，手泽所留遗，无不低徊珍重，摩挲不能去，况得瞻拜遗像，识其面目数百年后，其慨慕又何如也！"[①]

左光斗这位乡贤，吴汝纶自小就存崇敬、仰慕之心。这个冬天，终于有机会"靠近"这位乡贤。"庚申（1860 年）冬以乱僦居左忠毅公故宅，从左君质夫所，求公遗书而读之。"左忠毅公即左光斗，明桐城东乡人，因参劾权宦魏忠贤被诬，死于狱。后追赠太子少保，谥"忠毅"。有"铁面御史"之称。

左光斗任御史时，奸党横行京师，缴获假印七十余枚，查出假官一百余人，京城为之震惊。弹劾阉党魏忠贤，被诬下狱，受酷刑折磨致死，家人也多受牵连。差役前来逮治，家乡父老乡亲，头顶明镜，手端清水，拥立于马首号哭，声震原野，差役也为之流泪。"汝纶儿时，闻先辈谈忠毅公故事，辄自恨生晚，不及一识其面。"[②]在乡间，先贤大侠，因为是身边的豪气人物，对于成长中的青少年自会产生巨大的仰慕效应。

在左光斗故居，吴汝纶找寻先贤的生活印记，读左光斗的藏书，翻看他的手稿，感受先贤的傲骨英气。

第二年，咸丰十一年（1861 年），二十二岁的吴汝纶又到东乡躲避战祸。

桐城东乡周潭镇大山村是著名的"东乡武术"发源地，三公山下，

---

① 吴汝纶：《左忠毅公画像记》，施培毅、徐寿凯校点：《吴汝纶全集》（一），黄山书社 2002 年版，第 227 页。

② 吴汝纶：《左忠毅公画像记》，施培毅、徐寿凯校点：《吴汝纶全集》（一），黄山书社 2002 年版，第 227 页。

武侠英豪，人才辈出。

行走江湖，每个人心中都有一个武侠梦。东乡大侠章冠鏊，是个赫赫有名的传奇人物，为了乡人而敢于牺牲，豪气干云，年轻的吴汝纶心中亦很震撼。“冠鏊既卒之二年，余避乱至东乡，乡人每津津谈冠鏊事，有泣者，曰：犹记章冠鏊杀贼突围时也。”[①] 桐城东乡有尚武的传统，尤其是周潭一带，延续至今，习武风气不废。所谓“文不过南乡，武不过东乡”是也。

此间，吴汝纶作《章冠鏊传》。中间一段描述章大侠杀敌的场面，简洁而传神，尽显桐城文章之精妙。

> 贼怨东乡久，又所诛求辄不报，己未秋拥众大掠东乡，乡人聚族居者姓率其族御之。冠鏊之族数千人为前队，与贼遇，贼众且十倍章氏，他族见贼甚众，皆望风而靡，莫敢援章氏者。贼围章氏数重，章氏大困。顷之，一人带剑持矛，奋臂大呼，率众突围而出，出顷之复入，如是者三，格杀贼不可胜计，矢石火炮如雨注，不能中，出入重围中如无人，贼众辟易，不敢仰视。询之，乃冠鏊也。围竟解，章氏数千人得无恙。
>
> 贼以冠鏊故，不敢留东乡，稍稍自引去。后贼中每相与语及冠鏊，辄惊愕相顾曰：“吾有是人，天下不足争也。”冠鏊既解章氏之围，行里许，就地坐，叹曰：“吾气尽力竭，不能行，且死矣！”族人舁以行，复数十步，呕血而卒，时年已六十余矣。

10. 思想，让我们行得更远

吴汝纶在科场上的成功，更重要的是在思想上的成熟，不是仅仅文

① 吴汝纶：《章冠鏊传》，施培毅、徐寿凯校点：《吴汝纶全集》（一），黄山书社 2002 年版，第 228 页。

章技巧的问题。

清苦生活的磨砺，父亲人格的濡染，乡土、乡情、乡贤的熏陶，使他在面对人生的种种难题的时候，不得不学会独立思考。桐城派文章所蕴含的“义理”，熏染着吴汝纶的灵魂。经过这样的“千锤百炼”，他自然比那些只在科场文章技巧上打圈圈的人走得远、走得顺。尽管科举考试的“八股文”有诸多的条条框框，但有了“思想”这个灵魂，自会高人一筹，充满生机，让阅卷者在满是废话、套话的无病呻吟文章中，看到了一丝欣喜和希望。

吴汝纶在科举之路上，过关斩将，创造全胜的佳绩，这就不是所谓的运气、“祖坟冒青烟”能解释得了的。我们都知道，为文到了一定阶段，不是文辞技巧能解决的事情，思想才是根本，才是灵魂。

同治元年（1862 年），吴汝纶二十三岁，这是科举开考的前一年。“十月，吴汝纶大病，昏不知人，长时间治疗乃愈。既愈，作《呓记》。”①“昏不知人”，即不省人事，失去知觉，这是得了一个什么奇怪的病。幸运的是，经过长时间的治疗，痊愈了。病好了之后，作《呓记》，记录了自己病中的“胡思乱想”和“胡言乱语”。按照弗洛伊德理论的阐释，这是一段日有所思夜有所梦的“心路历程”。

我们来看看这篇颇有庄子寓言特色的奇妙之文。

呓记

南华子者，不知何许人。尝以病而狂惑，为呓语。既愈，而以为幻也。因有味于庄子之书，遂自号南华子。

南华子自述其呓语曰：始吾家故贫，年二十无所知名，颇能为文章，以贫故，冀投时好，其文不甚高，然竟以此取甲科，登金门，上玉堂，声名通显，得志而归。车徒供帐，震耀乡里。乡里之人以为荣，皆曰：大丈夫当如此矣。而吾亦自念，致身

① 郭立志编撰：《桐城吴先生年谱》，雍睦堂丛书，卷一，第 3 页。

青云之上，以为父母妻子光荣。回忆曩者贫贱无所知名，何啻霄壤。下视草茅寒素之士，亦不啻鸿鹄之于燕雀也。于时颇自喜。

其后官益尊，势亦盛，人之震耀而歆羡者亦众。而吾亦自顾而嘻。以为富贵快一时之欲耳，千秋万世，谁复知吾姓名者？乃发愤大肆力为文章。斯时位望既崇，无所干求于时，一意以古之立言者自期，以蕲永于后世。举向所为投时好决科名之文，悉焚弃之。于是文日有名。天下之人交口推誉。以为古之董仲舒、贾谊、司马迁、韩愈之徒复出。而吾亦自以为虽古作者不吾过也。于时益自得。顾念吾一身，前既贫且贱，又无所托以不朽，而后乃富厚极于一时，文章传于后世。志得意满，乐可知也。

吾病时大概如此，已而病稍瘥，渐觉其身故在床蓐间，又颇自疑。辄叹曰：吾非向所为贵极富溢，又能以其文名一时者欤？岂病者欤？

闲举病中语示人，皆大笑。久之病已。始知吾向之所为如是者。吾之狂惑者为之也。非其真也，幻也。于是乃爽然自失。然而方其病也，吾不自知其病也。恍惚如梦寐间，而吾又不自知其为梦也。

人世得失之遭，显晦迟速之数，岂皆吾病类也。

玉屏居士闻其言而叹曰：庄子云，必有大觉而后知此大梦。甚哉，南华子之言之有似于南华经者也。遂为之记。①

郭立志在《桐城吴先生年谱》中对这篇文章所作的按语是：“公家居近玉屏山，故尝自号玉屏居士。此文用意甚奇。生平学问志业已预定于此，而集中不载因具录之。”

① 郭立志编撰：《桐城吴先生年谱》，雍睦堂丛书，卷一，第3页。

译文：

南华子不知道他是什么人。曾经因为病了而疯癫，梦中说胡话。已经痊愈，却以为是幻觉，不相信是真实发生的。因为对庄子的书感觉有趣味，于是就自号“南华子”。

南华子讲述了他自己所说的梦话：起初，我家本来就很贫穷，二十岁了还寂寂无名，但是很会写文章，因为贫穷的缘故，希望能够投时所好，文章不甚高妙，然而竟然因此考取甲科，登金门上玉堂，声名大大显扬，得志而归家。车马熙熙，随从甚众，盛礼兴乐，陈设宴会，震耀于乡里。乡里之人以我为荣耀，都说：大丈夫就应当如此！而我也自己揣想，致身青云之上，以此让父母、妻子儿女感到荣光。回想往昔自己贫贱没有出名时的境况，何止是天上地下的分别。再朝下看草茅寒素的士人，也不止是大雁同小麻雀的区别。这时颇为自我欣赏。

此后，官越做越大，气势越来越盛，使人震撼而光耀夺目，羡慕的人也越来越多。而我也顾自而笑。认为富贵只是放纵自己一时的欲望罢了，千秋万代之后，还有谁会知道我的姓名呢？于是发愤大力写作文章。此时地位声望都已经很高，于时无所求取，专心一意以古人立言者自许，以求永垂不朽。把以前投时俗所好，在科举考场博取名次的文章，全部丢到火里焚弃。就这样文章越来越出名。天下的人交口称赞，认为是古代的董仲舒、贾谊、司马迁、韩愈们再世。而我也自认为即使古代的作者也超不过我，此时更加自鸣得意。回想我的身世，之前贫穷且低贱，又无所依托而不朽，尔后才资财丰厚富极一时，文章在后世传诵。志得意满，快乐的情形是可以想见的。

我病的时候大概这样，不久病逐渐痊愈，渐渐觉得自己身子本来睡在床上，又颇为怀疑自己。就感叹说：我不是从前大富大贵，又能够因为文章闻名当时的人吗？难道是病人吗？

闲暇时，拿病中的话语说给别人听，听者都大笑不已。很久病才好完全，才知道我从前在梦中所说的那些胡话。我疯癫的时候所做的，不是真的，是幻觉，于是就茫然自失。然而当我生病的时候，我不知道自己有病，恍惚就像在睡梦之间，而我又不知道自己是在做梦。

人世间得与失的遭遇，仕宦与隐逸、迟缓与快捷的命运，难道都与我的病相似吗？

玉屏居士听到这个话就叹息说：庄子说，只有非常清醒的人才知道人生就是一场大梦。

南华子的话同南华经非常相似。于是便写下这篇《呓记》。

此文讥讽委婉，寓意深远。这样的奇思妙想，文思颇得庄周的韵味。是对于人生志业长时间思考的累积。这是平时所思，昏病中思绪再现的结果。看似奇特，细细想来，自是在情理之中。庄子说："且有大觉而后知此其大梦也。"当人在梦中，是不知道自己在做梦的，只有真正清醒的人才知道，人生不过一场大梦。人生如梦，梦如人生。人生"病而狂惑"，才作此"呓语"，说荒唐糊涂的话。其实，一如庄子的寓言，荒谬的外壳洞穿的是残酷的现实。

此时，吴汝纶二十三岁，人生的一切都还未启航，就有这些深邃的思考，可见他早已"世事洞明"。

第二章 曾幕时光

在曾国藩幕府的日子，是吴汝纶一生中最快乐的时光，有良师，多益友；有高雅学术的沉静，有戎事倥偬的紧张。吴汝纶作为一个传统的知识分子，对学术的追求是高于名利的。作为桐城派的后进，能够得到当时古文领袖曾国藩的指点，能够步入曾国藩幕府这个桐城派文士的荟萃之地，是人生一大幸事。

充满理想与机会的时光总是那样短暂。

1. 曾国藩叹为“异材”的桐城青年

同治四年（1865 年）十月十五日，吴汝纶从京城来到徐州。

去年乡试后，得中江南乡试举人第九名，按照礼仪拜见了座主曾国藩，曾公因为五月就已经看过方宗诚推荐的吴汝纶所作的桐城古文，见面很是客气和鼓励，同时期望也很高，认为桐城文章大力发扬之，后继有人。

在京城参加完新科进士各种典礼、宴会、参拜，盘桓几个月后，北京早已是硕果满枝的金秋时节。吴汝纶办完京城的事务，告假出京。礼部给了白银三十两，要在吴牛庄吴汝纶家门口立牌坊。吴汝纶心想，还立什么牌坊，只不过是个三甲及第而已。得了内阁中书[①]这个从七品的小官。正七品岁俸四十五两[②]，按例京官取双俸，就是九十两，从七品估计要少一点。

这次考完，从京城回桐城，正好顺道徐州去看望恩师曾国藩。

自从四月二十四日清军主帅僧格林沁在山东曹州高楼寨全军覆没，

① 清朝内阁设大学士、协办大学士、学士、侍读学士、内阁侍读、内阁中书等职。内阁中书，掌管撰拟、记载、翻译、缮写之事，人员定额为满七十人，蒙十六人，汉八人，官阶为从七品。清进士参加期考以后，除择优任“翰林院庶吉士”者外，较次者部分用于内阁中书，经过一定年限，可补同知或直隶州知州，或保送充军机处章京（即大军机的僚属，俗称“小军机”）。陈茂同：《中国职官沿革史》，昆仑出版社 2013 年 1 月版，第 443 页。

② 正七品文官，岁俸四十五两，这是正俸，京官例支双俸。每正俸一两兼支米一斛。大学士、六部尚书、侍郎，俸米再加倍支给。陈茂同：《中国职官沿革史》，昆仑出版社 2013 年 1 月版，第 414 页。

其本人也毙命，捻军声威大震，清朝京师震动。五月初三日曾国藩接奉上谕，迅即督率各军赴山东一带剿捻，两江总督暂由李鸿章署理。

五月初五日至五月初七日，接连三道谕旨，令曾国藩统带各军星夜出省，赶赴山东督剿。五月初九日，曾国藩接奉谕旨，督办直隶、山东、河南三省军务，所有旗、绿营及地方文武员弁皆归节制。五月二十五日由江宁登舟启行，二十九日抵临淮关驻扎。七月二十四日，自临淮关启行，由陆路前往徐州。八月初四日，抵徐州。

曾国藩正在徐州大营忙于剿捻。

十月十五日，徐州湘军大营，吴汝纶拜见恩师。曾国藩虽然剿捻忙得焦头烂额，但他对于文章学问仍然颇为醉心。与桐城派故乡的这个新科进士，谈古文，谈经学，谈人生志趣，漫无边际无所不谈，甚为相得，不觉时间之流逝。在忙碌的公务之余，对于自己喜欢的文章、学问，有这样开心畅谈的时光，自从编练湘军以来，今天还是第一次。一老一少，颇为投缘。曾国藩当天的日记记载："吴汝纶来久谈。吴，桐城人，本年进士，年仅二十六岁，而古文、经学、时文皆卓然不群，异材也。"①

漫长的九年秀才考试生涯，是曾国藩生命中的痛苦记忆，考进士又考了三次，因此，对于科举之路如此顺畅，"一试辄中"的吴汝纶，曾国藩叹异其材的同时，就询问他的从师受学情况。吴汝纶回答："但禀庭训，并无他师。"② 曾国藩更加钦仰，因为他知道桐城派的故乡，古文高手云集，并与吴汝纶商谈，拟聘吴汝纶父亲吴元甲为儿子的老师。吴汝纶欣然乐从，说："我回去告诉父亲，想必允许。"

十七日，曾国藩在剿捻大营正式设宴款待吴汝纶，同席的还有河南开封祥符孙育均。孙育均，同治壬戌（1862 年）举人，江苏候补知县，随两江总督曾国藩军营多年，遇事敢为，识力坚定。

二十二日，早饭后，曾国藩清理了手头的公文奏牍，见了几拨客人，

① 曾国藩：同治四年十月十五日（1865 年 12 月 2 日）日记，《曾国藩全集·日记》（二），岳麓书社 1994 年版，第 1197 页。

② 郭立志撰：《桐城吴先生年谱》，雍睦堂丛书，卷一，第 5 页。

与吴汝纶谈最久。曾国藩是爱才之人，其幕府人才济济，罗尔纲先生曾感叹曾幕是晚清人才渊薮之地。曾国藩对才气横溢的吴汝纶很有期待，他对吴汝纶说："不必遽尔进京当差，明年可至余幕中专心读书，多作古文。"①

吴汝纶满怀钦敬之情的父辈方宗诚，对曾国藩"心实奉以为师"②的态度，对他影响很深，这些天，在徐州湘军大营的谈话和所见所闻，让吴汝纶更贴近了解到，曾国藩始终有一种企求人格圆满的自觉和警醒，他的内敛严谨，学术见解，都深深触动了这个处在人生关键路口的桐城青年。尤其曾国藩"劝令"他来幕府"专心读书，多作古文"，拨动了吴汝纶的心弦。

内阁中书虽是从七品京官，却是一个"候补"性质的虚职。幕府的人选有一部分是"那些虽然通过了科举考试却尚未被授予实职的'士'，……由于官员的数额总是供过于求，'候补'官可能要等好多年才能得到空缺。在这同时，他们得在一个为无职官员和落第士子提供不了几碗饭吃的世界里谋求一份差事养家糊口，而聘用落第士子和无职官员的幕府制度正好填补了这一经济需要，反过来，它又为官员的选拔准备了候选人。"③

依附官僚、名人是传统知识分子成名的捷径。晚清幕府的一大特点就是幕府宾客的职官化，幕僚不仅仅是幕主的私人宾客，往往还具有朝廷命封的正式头衔。因此，晚清幕府实际上已经成为仕进的捷径。

吴汝纶，这个来自桐城的青年，对于作为一代桐城派古文大师的曾国藩可谓心仪已久。

---

① 曾国藩：《谕纪泽纪鸿》，《曾国藩全集·家书》（二），岳麓书社1994年版，第1224—1225页。

②《柏堂集外编》（八），转引自汪长林：《方宗诚与曾国藩交游述考》，《安庆师范学院学报》2005年第2期，第55页。

③［美］K.E. 福尔索姆著，刘悦斌等译：《朋友·客人·同事——晚清的幕府制度》，中国社会科学出版社2002年版，第44—45页，转引自曾光光：《桐城吴汝纶研究》，黄山书社2014年2月版，第31页。

曾国藩对于桐城古文的钟爱可以理解为他对吴汝纶的厚爱。吴汝纶是因为古文而得到曾国藩的赏识。

吴汝纶作为一个传统的知识分子，对学术的追求在相当程度上是高于名利的。作为桐城派的后进，能够得到当时古文领袖曾国藩的指点，能够步入曾国藩幕府这个桐城派文士的荟萃之地，也不失为人生一大幸事。

吴汝纶在《祭方存之文》中说："我官中书，贫不自从，相君爱士，甄录在门，弘我道义，博我艺文，沾以微禄，使荣其亲。"[①] 其实进入曾幕，他看中的绝不是经济收入。

吴汝纶中进士后，与桐城同乡萧穆"同以文谒湘乡"，曾国藩"问萧来意，萧以谋食对"，遂经曾国藩推荐，被聘为上海制造局编纂[②]，而吴汝纶选择留居幕府。从萧穆的例子，可以看出吴汝纶仕进心气颇高。

桐城文风本也讲求经世致用，生于桐城，长于桐城的吴汝纶自然能够认可讲求实际的曾国藩和他的幕府。因此，当"力挺桐城"的曾国藩以"专心读书，多作古文"招其入幕时，吴汝纶欣然从之亦在意料之中。

晚清幕府的职责日重，办理军务、洋务、外交等事均依靠幕府。幕僚的社会地位亦大大提高，凭借实际才干和功劳可以得到幕主保荐，出幕入仕是求得仕途更快发展的捷径。曾国藩幕府在当时"宾僚尤极一时之盛"[③]，吴汝纶在与父辈朋友方宗诚交往时，耳有所闻，对于曾国藩早有钦敬之心，这次顺道亲赴徐州更是目睹其盛。

与当时许多传统士子一样，尽管国门已被坚船利炮轰开，尽管有太平天国的干扰，但吴汝纶仍然走了一条读书科举入仕的正途，读书、考试是其早期生活的主要内容。同治二年（1863 年）至同治五年（1866 年），吴汝纶参加科举考试层层选拔的三年中，其经世思想在与方宗诚、

---

① 郭立志撰：《桐城吴先生年谱》，雍睦堂丛书，卷一，第 5 页。

② 吴孟复：《文献学家萧穆年谱》，《安徽师范大学学报》1988 年第 4 期。

③ 薛福成：《叙曾文正公幕府宾僚》，《庸庵文编》（四），沈云龙主编：《近代中国史料丛刊》（正编），第 95 辑，第 943 册，台湾文海出版社 1966 年 10 月版，第 379 页。

曾国藩的相识、相交中得到印证，并促使其最终选择暂别仕途，进入曾国藩幕府。这无疑是吴汝纶人生中一次重大的选择，对其日后的学术水平的提升、仕途的发展、政治立场及人际关系交往都产生重要影响。

2. 济宁跃马扬鞭入曾幕

同治五年（1866年）四月二十九日，桐城书生吴汝纶来到山东济宁，曾国藩的主帅大营就临时设在济宁玉露禅院。在杂沓而忙乱的禅院，这个桐城青年的身影，显得有那么点不协调和形单影只，但其眉宇间睥睨世界的锐气，意气风发，毫不掩饰。

年轻气盛的吴汝纶一人赴济宁投奔曾国藩，时年二十七岁。

吴汝纶是在两江总督南洋大臣曾国藩剿捻途中于济宁正式进入幕府，开始了幕僚生涯。吴汝纶进入曾国藩幕府，可以说是一种现实理性的选择。

随着剿捻形势的紧张，曾国藩二月初九日由徐州启行赴济宁，十九日抵济宁驻扎，宿玉露禅院。

曾国藩日记记载，二十九日，“吴汝纶自桐城来，久谈”。三十日，“午正，请子密、挚甫（吴汝纶字挚甫）等中饭”。五月十五日，“见客三次，傍夕，与吴挚甫一谈”。[①] 自此吴汝纶再也不是曾国藩的“客人”，已经是幕府的正式幕僚。

济宁位于山东省西南部，东邻临沂，西与菏泽接壤，南面是枣庄和江苏徐州，北面是泰安。孔子、孟子、左丘明皆出生于此，京杭大运河促进了商品经济的繁荣。清代北方士族大家孙家大院曾走出两位状元郎，儒学文化底蕴深厚。

鲜衣怒马少年时。

在济宁的一个多月，吴汝纶“公事稀简”，属于熟悉幕府阶段，跟

① 《曾国藩全集·日记》，岳麓书社1994年版，第1259、1265页。

随幕府的幕僚们嬉戏遨游。每天晚饭后，诸客豪气万丈，跨上战马，先是垂策并辔缓行，忽然抖动缰绳，纵辔怒驰，争先恐后，一骑绝尘者，成为众人仰慕的对象。也有偶然坠马的，脚踝挂在马镫上，掉头回转过来。回到出发地，大家纷纷跳下马来，看着此人的尴尬模样，聚集在一起，放声大笑。此时的吴汝纶，是诸客中最年轻的幕僚，意气之盛，可以想象。众幕友一起策马绝尘，既不失古文人之趣，又得逞英雄气概，既有出世之飘逸，又有入世之得意，岂不快哉！

去年，吴汝纶在徐州面晤曾国藩后，盘桓几日。曾国藩派差官送他到金陵，与曾纪泽“面商一切”。吴汝纶此次过金陵，是回安徽桐城老家过年，因为快到岁末，并且与父亲商量出来赴曾国藩的“客馆”之邀。曾国藩希望吴元甲能够把自己的孩子也培养成吴汝纶那样的文章高手，可惜十九岁的曾纪鸿，少爷脾气让吴元甲很不适应，吴元甲的高标准严要求，在自己儿子身上得到了创造性的落实，而曾纪鸿的悟性哪有桐城青年那样好？因此，吴元甲越教越觉得没有意思，后来索性辞馆归家。

吴元甲的老夫子禀性是不可能有所改变的，因此师生“不能相得”，曾国藩也没有放在心上，对于吴汝纶还是一如既往的“垂爱”。此后数年中，吴汝纶几乎寸步不离地追随在曾国藩左右。

3. 醉心桐城古文的曾国藩是个好老师

茫茫人世间，吴汝纶遇见曾国藩，是一生中最大的幸运。可以预见的是，吴汝纶在曾国藩幕府中的日子必将充满希望和阳光。

曾国藩与桐城派的联系源于他对古文的喜爱。

道光二十五年（1845 年），曾国藩二十五岁，“寓长沙郡馆，会试不授，留京师读书，研究经史，尤好昌黎韩氏之文，慨然思蹑而从之，治古文词自此始。”[①] 曾国藩居京时，于古文用功甚勤，“每月中作诗、

---

① 黎庶昌：《曾国藩年谱》，岳麓书社 1986 年版，第 4 页。

古文若干篇，是为月课”[①]。对古文辞的喜爱，自然使他注目于当时影响最大的古文流派——桐城派，他曾说：“闻此间有工为古文者，就而审之，乃桐城姚郎中鼐之绪论，其言诚有可取，于是取司马迁、班固、杜甫、韩愈、欧阳修、曾巩、王安石及方苞之作，悉心而读之”。[②]当时姚门弟子梅曾亮以古文名于京师，曾国藩多次前往问学，以桐城正宗视之。作《送梅伯言归京陵》《赠梅伯言二首》等诗称赞梅曾亮。曾国藩与梅曾亮在京师过往甚密，正如王先谦所说：“昔日梅、曾诸老，声之冥合，箫管翕鸣，邈然不可复得。”[③]

曾国藩之所以与桐城派中人“声之冥合”，在于他与桐城派的学术思想主张基本相合。桐城派一方面坚守程朱义理，一方面强调经世致用。曾国藩一生坚守理学，着力发挥程朱理学中的“事功”因素，他在后期对洋务的提倡与实践就是其理学经世思想的具体化。[④]

曾国藩留吴汝纶居幕的初衷是“专心读书，多作古文”，加之剿捻不顺，亦以讲习文事排遣郁闷之情。

同治五年（1866 年）六月初七日，曾国藩一众至嘉祥拜谒曾子庙和曾子墓，吴汝纶随行前往，在拜访的过程中，曾国藩与曾子后人攀连宗亲。

八月十六日捻军突破贾鲁河、沙河防线，防河之策受到重挫。捻军大破湘军河防，曾国藩苦心经营的合围剿捻计划被捻军的攻势打得粉碎，因此，不得不承认“打捻无功”。

此时，曾国藩因病请假一个月，在营调养。九月十三日，曾国藩奏请续假一月，观望形势，以决定去留。十月十三日，因御史连章弹劾，朝廷屡次降旨切责，曾国藩以病难速愈为由，奏请开协办大学士、两江总督缺，请另选钦差大臣接办军务，自己以散员留营效力，并附片陈请

① 黎庶昌：《曾国藩年谱》，岳麓书社 1986 年版，第 7 页。

② 曾国藩：《致刘蓉》，《曾文正公全集·书札》（一），传忠书局光绪二年印本。

③ 王先谦：《〈续古文辞类纂〉序》，《葵园四种》，岳麓书社 1886 年版，第 30 页。

④ 参见曾光光著：《桐城吴汝纶研究》，黄山书社 2014 年 2 月版，第 35 页。

暂将封爵注销，以示自贬。

十一月初六日，曾国藩奉朝廷旨令回两江总督本任。吴汝纶皆跟随在曾国藩左右。

朝廷授江苏巡抚李鸿章为钦差大臣，专办剿捻事宜。

因此，吴汝纶随曾辗转剿捻期间，并未接触军政事务。曾国藩多是在公务之余找吴汝纶“闲谈文事”，特别是十月请开各缺后。

曾国藩日记清晰记录了这些“片段”：

十月十九日，因《丧服记》“衽二尺有五寸”句，制度苦思不得，又命纪鸿及吴挚甫代为筹思。……夜，将制衽法想出，挚甫亦另思得一法，各为记出。

十月二十三日，二更后，与吴挚甫久谈，教以说经之法，说话太多，舌端蹇滞。

十二月初二日，阅吴挚甫所为《明堂考》（此文已佚。吴汝纶日记：吾少时作《明堂考》，颇见赏于曾文正）。

十二月初八日，与吴挚甫一谈，渠（他）本日作《读荀子》一首（篇），甚有识量也。

二月六日，与吴挚甫谈文。

曾国藩培养人才的办法有三条：课读、历练、言传身教。[①] 曾国藩要求所有部属、僚友按其专业方向读书学习，而对自己身边的幕僚则抓得尤紧，要求尤其严格，既有布置，亦有检查。在环境较为安定，条件允许的情况下，曾国藩就对身边幕僚进行定期考试，每月两次，亲自出题，亲自阅卷，且挑出最好和最差的。人都有惰性，这些措施对于督促学习是有很大作用的。

同治元年五月初八日《曾文正公手书日记》载：“夜，接课卷二十余篇。盖余初六日出策题一首，拟告示一道，令忠义局及各员应课，至是始交卷也。粗阅一过。”赵烈文同治元年五月二十二日、二十三日在

① 参见朱东安著：《曾国藩幕府》，辽宁人民出版社 2018 年 1 月版，第 117 页。

《能静居日记》中则详细记载有按题应试的情况。二十二日记："揆帅合试幕僚，每月二期，今当第二试，应撰《对策》一首。"二十三日记："应教撰议一首……《多将军会攻金陵或援陕西议》。"

师生双方做得都很认真，曾国藩通过这种办法，既可督促幕僚读书学习，也可了解他们各自情况与水平，还能促使幕僚对现实问题积极思考，也许能够从中寻求到最佳解决方案。

在培养方向上，曾国藩亦注重因材施教，根据各人的特点进行培养。如张裕钊、吴汝纶文学基础很好，曾国藩就令其在幕中读书，专攻古文，以求更大的发展。对其"文学四弟子"中的薛福成、黎庶昌二人，曾国藩也都在文学方面进行过培养，不过与对张裕钊、吴汝纶的要求又有所不同。

对于不在身边的幕僚，曾国藩则主要采取个别谈话和通信、批示的形式，结合工作实际进行教育。于如何做事，于如何做人，不厌其烦，循循善诱，谆谆嘱咐之中，既有鼓励、鞭策，也有告诫和提醒。

曾国藩还利用幕府中的茶余饭后的闲暇，结合自己的阅历与读书心得谈古论今，内容切合实际，形式生动活泼，使幕僚潜移默化，增长学问，扩大眼界。

薛福成与李鸿章都曾谈论过关于曾国藩召幕僚"会食"及饭后讲论的情形。

薛福成《庸庵笔记》记载："傅相（李鸿章）入居幕中，文正（曾国藩）每日黎明必召幕僚会食，而江南北风气与湖南不同，日食稍晏，傅相欲遂不往。一日以头疼辞，顷之差弁络绎而来，顷之巡捕又来，曰：'必待幕僚到齐乃食'。傅相披衣踉跄而往。文正终食无言，食毕舍箸正色曰：'少荃（李鸿章）既入我幕，我有言相告：此处所尚唯一诚字而已。'遂无他言而散。"

李鸿章在事后对人说："在营中时，我老师（曾国藩）总要我辈大家同时吃饭；饭罢后，即围坐谈论，证经论史，娓娓不倦，都是于经济有益实用的话。吃一顿饭，胜过上一回课。他老人家又最爱讲笑话，讲得大家肚子都笑疼了，个个东歪西倒的。他自家偏一些不笑，以五个指头作把，只管捋须，穆然端坐。”①

曾国藩是典型的学者型官员，“闲暇如无事人，读书、属文、作擘窠大书，仍日不闲，舟车行阵之间亦然”②。吴汝纶曾跟友人程曦之在书信中说：“往时居曾相幕中，最磨折人。”③曾国藩既是吴汝纶主宾意义上的“师”，也是学问上的“业师”，在曾国藩的指导下，吴汝纶读书作文，广泛涉猎各方面书籍，学问大进。

曾国藩建议其“以朱笔注历朝舆图，一朝一部”，吴汝纶遂自同治六年（1867年）十二月起着手著《历代都邑考》，兴致甚高，每成一表，皆一一记于日记中。

曾国藩为了历练吴汝纶，亦时常让其代作一些应酬文章。如同治七年（1868年）五月，代拟复陈朴园信。陈朴园，名乔枞，侯官人，官江西，著有《今文尚书考》，父亲陈寿祺，父子皆是清代福州大藏书家。这封回信，主要是讨论《尚书》考证的学术问题。“此稿拟上后，颇为相国所赏，盖相国之不遗小善，令人心感往往类此。”④

曾国藩曾说：“吾门人可期有成者，惟张、吴两生。”⑤可见其对吴汝纶文才的肯定及期望，这是吴汝纶不断学习前进的动力，也是日后弃官从教的重要动机。

晚清之曾国藩，是一名好老师。一方面，他善于发现别人的长处；另一方面，他能够因材施教，让人对他心悦诚服。曾国藩在担任地方主考官和统率湘军期间，网罗了不少优秀人才，从他门下走出了不少卓越

① （清）吴永口述，刘治襄记：《庚子西狩丛谈》，广西师范大学出版社2008年10月版（2020年9月第2次印刷），第172页。

② 方宗诚：《节录曾文正公遗书跋》，《柏堂集后编》（六），转引自尚小明：《学人游幕与清代学术》，北京大学博士研究生学位论文，1997年，第148页。

③ 吴汝纶：《答程曦之》，施培毅、徐寿凯校点：《吴汝纶全集》（一），黄山书社2002年版，第20—21页。

④ 施培毅、徐寿凯校点：《吴汝纶全集》（一），黄山书社2002年版，第40页。

⑤《清史稿·列传二百七十三》，中华书局1977年版，第13442页。

的人物。

在曾国藩的门生中，功名成就最高者，莫过于李鸿章。曾国藩去世后，李鸿章在挽联中也自夸，“师事近三十年，薪尽火传，筑室泰为门生长。”自视为曾国藩的门人之首。

不过，虽然李鸿章在曾国藩门人中功业最高，但曾国藩的得意弟子却另有其人，其中一个便是吴汝纶。

吴汝纶没有李鸿章出名，因为他的功业不在政界，而在文坛。他的文学天赋很高，是桐城派最后的杰出人物。

4. 流连家乡山水人文：羊山矶、鳈矶

同治六年（1867 年）六月，吴汝纶从家乡返回南京，此行带着二弟诒甫，顺道游览羊山矶、鳈矶。

六月十七日，船停靠在大通，家乡有多人在此地种菜，都争着邀请吴汝纶至其家，热情好客，不容推辞。编芦苇为屋，周围是各种菜蔬的园圃，前临长江，颇有山林隐逸之趣。客至，稚子进茶，妇人做饭，老圃数人谈田间故事。有陶渊明世外桃源的意趣。在菜农老乡家吃过饭，他们用小舟送吴汝纶一行至附近的羊山矶游览。

安徽铜陵大通镇北的羊山矶，在古镇大通下游的四五里处，依万里长江，悄然耸立。

羊山矶，旧时即为“九华胜境”重要组成部分，是观赏江景的好去处。矶上曾经建有“不波亭”，石柱木栏，四角翘檐，亭中置石桌石凳。据《半部草堂》记载：该亭“在矶上最高巅，绝巘临流，颇具伟观，亭为二级”，“左右林木荫茂，幽静多佳气，仍时为具有雅兴者，一瞻顾焉。”历代文人雅士均好在此观赏江景，吟诗作赋。古镇大通曾有“澜溪八景”，羊山矶占有两席。一为“羊山塔影”，系指矶上的羊山塔（又名平安塔）。高十余米，为七级方形青砖石塔。塔顶六角高挑，覆以青灰筒瓦，底层四边敞开，每层均有门和石级，游人拾级而上，可俯览

长江。每当晨霞、夕照时分，江花胜火，樯帆竞渡，塔影映江，美不胜收。

清代铜陵有个叫杜义然的秀才，有《羊山矶》诗一首。

羊山矶

［清代］杜义然

返照澄江步晚霞，隔洲渔艇乱蒹葭。

临流盼望行吟罢，归度林皋月上斜。

注：林皋：指树林高阜，犹山林。又指快乐的山林皋壤或树林水岸。语出《庄子·知北游》：“山林与！皋壤与！使我欣欣然而乐与！”

该诗所说的是诗人于傍晚时分散步江边，悠然凝望与悠闲归栖的情形。

夕阳回照在澄静的江面上，远远地望去，在小洲那边，渔人们划着渔艇穿过蒹葭（jiān jiā，芦苇）回来了，一时激起波澜，惊扰了准备栖息的水上生灵们，于是场面有些纷乱。诗歌前两句有动有静，静中含动，而动中趋静，这是自然的脉动，因而显得分外的宁静而深沉。而诗人也仿佛将自己幻化成了大自然中的一员，他来到江边，有所凝望，且行走且沉吟。他尊重发自心底的情感，在月亮斜斜升起来的时候，又悠悠地回到自己快乐的山林皋壤。

吴汝纶他们登上羊山矶的时候，矶上的不波亭、安澜阁，关帝庙、观音堂，都是刚刚修葺的。在游览的过程中，遇有读书人，接谈良久，兴趣盎然，直至疲倦而归。

二十六日，船行过蟂矶。蟂（xiāo，类水獭，传说中的一种动物。）矶，在安徽芜湖西江中，矶高十丈，周九亩有余。与芜湖隔江相望，孤立江心，四面皆水，崖壁如削，终日为云烟水雾所缭绕，史称蟂矶为“江心第一境”。远望“万顷波光镜面开，穹窿鳌背临楼台”，近看“钟鼓乱鸣矶石浪，帆樯平掠荻芦风”，仿佛是一幅淋漓酣畅的水墨画。“蟂矶烟浪”为芜湖八景之一。

蟂矶山有蜀望台，台上建灵泽夫人祠（孙夫人庙），孙夫人，即俗传三国时孙权妹，刘备之妻。此庙相传系明代郭子章所建。内塑先主刘玄德像。郭子章著《蜀望台记》中称：“芜江有矶，矶不甚雄，耸顾独嶙峋峭丽，兀突水上，在长江孤山上，金山下，先抵狂澜，盖芜一大胜概。”又说：“矶上祠为昭烈孙夫人庙，矶即夫人死所也，夫人省母过江不得归，闻先生崩蜀，恸哭自沉此处。”

诒甫弟想上去拜谒孙夫人祠，于是吴汝纶就偕兄弟同上，吴汝纶记得甲子年（1864 年）船过蟂矶，庙已经毁坏，僧人支起茅屋一间。此次登临颇不同前。

孙夫人祠门柱有徐文长撰写的楹联：

思亲泪落吴江冷；望帝魂归蜀道难。

相传修祠工程告竣，负责修祠的人梦见孙夫人告诉他说：“楹联且缓制，须至某日时，有徐先生过此，求其撰题可矣。”到了那个日期，徐文长恰巧到了，于是援笔书成此联。《吴江冷》《蜀道难》均为乐府曲调名。对仗工整，切情、切史。

就着这个楹联，吴汝纶把古论今，叙说了一番他所知晓的山阴“奇才”徐文长。对于他的书、诗、文、画和狷介的个性都赞赏有加，推崇不已。

徐渭（1521—1593），字文长，号天池山人。明代中期文学家，书画家，绍兴府山阴（今浙江绍兴）人。徐渭曾担任胡宗宪幕僚，助其擒徐海、诱汪直。胡宗宪被下狱后，徐渭在忧惧发狂之下自杀九次却不死。后因杀继妻被下狱论死，被囚七年后，得张元忭等好友救免。此后南游金陵，北走上谷，纵观边塞险要之地，常慷慨悲歌。

果然非寻常之人。单说这上谷，军事地位就十分重要。上谷郡（今河北省张家口市怀来县小南辛堡镇大古城村），始建于战国燕昭王姬平二十九年（前 283 年），因建在大山谷上边而得名。上谷郡是燕国北疆西部第一郡。当时，燕昭王派曾在东胡做人质归来的大将秦开击败东胡，使东胡北退千余里，将燕国的北部疆土拓展至辽东。上谷郡为燕国北长城的起点。其地北以燕山屏障沙漠，南拥军都俯视中原，东扼居庸锁钥之险。

徐渭多才多艺，在诗文、戏剧、书画等各方面都独树一帜，与解缙、杨慎并称“明代三才子”。他是中国“泼墨大写意画派”创始人、“青藤画派”之鼻祖，其画能吸取前人精华而脱胎换骨，不求形似求神似，山水、人物、花鸟、竹石无所不工，以花卉最为出色，对后世画坛（如八大山人、石涛、扬州八怪等）影响极大；书善行草，写过大量诗文，被誉为“有明一代才人”；能操琴，谙音律；爱戏曲。徐渭的书法和明代早期书坛沉闷的气氛对比显得格外突出，他最擅长气势磅礴的狂草，但一般人很难看懂，用笔狼藉，他对自己的书法极为喜欢，自认为“书法第一，诗第二，文第三，画第四”。徐渭的绘画主观感情色彩强烈，笔墨挥洒放纵，从而把中国写意花鸟画推向了书写强烈思想情感的最高境界，把在生宣纸上随意控制笔墨以表现情感的写意花鸟画技巧提高到了前所未有的高度。

徐渭对明代的诗坛拟古的风潮，深致不满。他说：“鸟学人言，本性还是鸟；写诗如果一意模拟前人，学得再像，也不过是鸟学人言而已，毫无真实的价值。”徐渭自己的诗歌创作，注重表达个人对社会生活的实际情感，风格略近李贺，而终不失其为自我。

晚年乡居的日子里，徐渭越发厌恶富贵者与礼法之士，所交游的大都是过去的朋友和追随他的门生。常“忍饥月下独徘徊”，杜门谢客，据说有人来访，徐渭不愿见，便手推柴门大呼：“徐渭不在！”

晚年贫病交加，藏书数千卷也被变卖殆尽，他自称“南腔北调人”，万历二十一年（1593 年），徐渭在穷困潦倒中去世，终年七十三岁。

当他去世时，身边唯有一狗与之相伴，床上连一铺席子都没有。

吴汝纶说到这里，倍感唏嘘，一代大师，竟然如此凄惨。

这次上来游览，焕然一新。询问庙僧，才知道是彭宫保派人修葺的。三年之间，此庙两次衰颓两次兴盛，吴汝纶感慨地说："从这件事上，可以观察世事啊！"

彭宫保，即彭玉麟。宫保，太子太保、少保的通称。

站在蟂矶山，面临滔滔江水，吴汝纶又给诒甫弟弟说起了湘军"雪帅"彭玉麟的传奇。

彭玉麟（1816—1890），字雪琴，祖籍衡州府（今湖南衡阳），生于安徽省安庆府。清朝晚期军事家、书画家，人称"雪帅"，湘军水师创建人。官至两江总督兼南洋通商大臣，兵部尚书，封一等轻车都尉。光绪十六年（1890年），彭玉麟病逝于衡州湘江东岸退省庵。获赠太子太保，谥号"刚直"。

在安庆城隍庙有一副楹联，相传上联出自彭玉麟之笔，下联出自吴坤修之手。上联反映彭玉麟嫉恶如仇，斩妖伏魔，下联标志吴坤修慈悲为怀，劝恶从善，联曰：

任凭你无法无天，到此孽镜悬时，还有胆否？
须知我能宽能恕，且把屠刀放下，回转头来。

江湖上，彭玉麟颇多传奇故事。

有一次，彭玉麟巡视来到庐州，忽然有老百姓拦马喊冤，当时李氏家族权势鼎盛，李鸿章有一个侄儿仗着伯父的势力为非作歹，横行乡里。他经常夺人财物和妻女，官府从来不敢过问。倒霉的是，这个李家纨绔子弟遇见了彭玉麟，本以为借着伯父李鸿章的面子能放他一马，却没想到被下令砍了头。而且，彭玉麟还亲自给李鸿章写信，说他侄儿败坏李家声誉，已经给他处置完毕了。李鸿章接到信后，对彭玉麟也是无可奈何。

彭玉麟于军事之暇，喜绘画，以画梅名世，据称是思念梅姑之爱情之物，“老干繁枝，鳞鳞万玉，其劲挺处似童钰”。梅姑本是彭玉麟外祖母的养女竹宾，以辈分而言，可以说是彭玉麟的长辈（阿姨），较彭玉麟年长几岁，人称梅姑，据说彭玉麟称她“姑姑”，两人年纪相仿，青梅竹马，情愫渐生，至私许终身。后来，两人始终未有结合，原因表面上是八字不合，真正的理由却是辈分。后来，在彭母的主持下，梅姑嫁到姚家，四年后死于难产，彭玉麟闻讯身心俱裂，哭吟“一生知己是梅花”，并发誓要用余生画十万梅花以纪念两人之情。他每画成一幅，必盖一章曰“伤心人别有怀抱”“一生知己是梅花”。

彭玉麟说到做到，他画了整整四十年，才完成了以万幅梅花纪念梅姑的承诺，丧妻后终生未娶。他画的梅花：干如铁，枝如钢，花如泪。辞官隐居期间，一是在湖口水师昭忠祠旁边建厅，遍栽梅花，号称“梅花坞”；二是在家乡筑“退省庵”，在庵里吟诗作画。

5. 读书而不晓事皆废才

居幕府之初，吴汝纶的思想即在曾国藩的影响下开始变得敏锐开明起来。在近代中国“千年未有之大变局”激荡中，他不是一个死读书的人。

吴汝纶对晚清国内外时局的态度、立场亦受到曾国藩潜移默化的影响。居金陵之初，吴汝纶找来《通鉴》重新翻读，而此时其解读的视角已发生明显变化。吴汝纶在日记中写道：“匈奴虽绝和亲，然犹贪关市，汉亦关市不绝，此亦安边之一法。……中外相交，关市之不可绝明矣。道光中，严海禁，此大臣不读书之过也。”[1] 在对古人的思考中，得出国家必须富强的结论。富国之论，强国之策，胸中呼之欲出。批评“公

① 施培毅、徐寿凯校点：《吴汝纶全集》（四），黄山书社2002年版，第107页。

生弘、张汤皆以儒术古法缘饰，儒者之伪，盖始此也”。[①]

吴汝纶认为“荀悦精于论古，而应敌设变不如彧（yù）、攸，故读书而不晓事，皆废才也。”[②]

荀悦（148—209），字仲豫，颍川颍阴（今河南许昌）人。东汉史学家、政论家、思想家。性沉静，美姿容，尤好著述。汉灵帝时，宦官用权，读书人一般不出来做官，退身穷处，荀悦于是托病隐居，当时世人不知其才，只有他的堂弟荀彧特别称赞他，敬重他。荀彧（163—212），字文若。东汉末年政治家、战略家，曹操统一北方的首席谋臣和功臣，荀彧早年被称为“王佐之才”。

荀彧在战略方面为曹操规划制定了统一北方的蓝图和军事路线，多次修正曹操的战略方针而获其赞赏；战术上，面对吕布叛乱而保全兖州三城，奇谋遏制袁绍于官渡，险出宛、叶而间行轻进，以掩其不意奇袭荆州等诸多建树；政治上，为曹操举荐了钟繇、荀攸、陈群等大量人才。荀彧在建计、密谋、匡弼、举人等方面多有建树，被曹操称为“吾之子房”。

吴汝纶拿东汉史学家荀悦和军事家荀彧、荀攸作比，肯定后者而否定前者，可见在国家“多事之秋”，其的思考和识见是偏向务实和实用，富国、强国才是王道。空谈与无用的学问，在他眼里一文不值，直接斥为“废才”。

同治六年（1867年）七月，吴汝纶自家乡返回金陵后，开始积极到署中翻阅奏稿及公事信函，参与幕府实际工作。

吴汝纶在幕府，跟随曾国藩得到了多方面的“历练”。

吴汝纶对剿捻颇为关注，并且根据战争形势，作出了非常准确的判断。十二月，捻军余部突过六塘河，扰及扬州，曾国藩“忧灼殊甚”[③]。

吴汝纶却认为“贼自山东败窜而来，其势未盛，报者率称万余人，

---

① 施培毅、徐寿凯校点：《吴汝纶全集》（四），黄山书社2002年版，第107页。
② 施培毅、徐寿凯校点：《吴汝纶全集》（四），黄山书社2002年版，第148页。
③《曾国藩全集·日记》，岳麓书社1994年版，第1449页。

此未必然。六塘守者言百余匹，此亦未然。大约则守者之言，较报者为近理，其无万余人可决也。法宜急调水师入运河，防其渡运西窜皖鄂，而六塘则反守之。扬多支河，如此俟追兵至，可成擒矣。”①

捻军在山东打了败仗，逃窜而来，溃败的部队，锐气已挫，气势不盛。报告的人说有一万多人，估计没有，六塘的守卫说只有百余匹马，其实也不准确，大概守卫的话跟报告的人相比，更为接近事实，没有一万多人可以判定。防御的办法应该马上调水师进入运河，防备其渡过运河，西窜之皖鄂，而六塘的部队则反过来防守。扬州多支河，这样等待追捕的部队赶到，就可以擒获。

曾国藩在部署军队时，吸取了吴汝纶的意见，第二天，“扬州大获胜仗，全股扑灭”。②吴汝纶在当天的日记中记载：“闻吴观察毓兰截击败匪，颇有擒斩。私幸料事颇合。”③

回头再来看看吴汝纶七月十四日日记：

> 入幕阅署中四月以后奏稿及公事信稿，知贼在登莱，各属诸军主防守胶莱驱戮之计。按图：胶莱河上下数百里，合数省兵力扼防，而山东巡抚驻胶州；余疑此策难成，殆与去岁沙贾之防相类。大要防者横力而冲者直力，凡用横力者之不胜直力，此理易明。又扼之必死之地，是诱之战也。然自朝廷及封疆诸将帅，无不力主是策。未敢轻议，姑志所疑如此。贼若逸出，其必自胶州矣。④

这是桐城二十八岁的书生，对于战争的“论断”，“料事颇合”，绝非偶然。虽显稚嫩，但已经摆脱书生之气，有自己的独立思考，且能

① 施培毅、徐寿凯校点：《吴汝纶全集》（四），黄山书社2002年版，第375页。
② 施培毅、徐寿凯校点：《吴汝纶全集》（四），黄山书社2002年版，第375页。
③ 施培毅、徐寿凯校点：《吴汝纶全集》（四），黄山书社2002年版，第375页。
④ 施培毅、徐寿凯校点：《吴汝纶全集》（四），黄山书社2002年版，第366页。

够查看地图，推断战况，这断不是死读书者所能为。

同治六年（1867 年）九、十月间，曾国藩先后处理了广德州客民开垦案、宜荆五县田捐事、上海量丈沙田及追杨故道宿逋（宿逋：指久欠的税赋）等数件地方赋税问题。吴汝纶与黎庶昌（纯斋）、钱子密（幕府拟奏幕僚）等多有讨论，还曾力荐贵池同乡甘玉亭参与其中，曾国藩在处理这件事中的博采众议，谨慎处之的态度让吴汝纶很是感慨。处理三件地方赋税事，曾国藩答丁方伯分别不同情况，“其答亩捐，则以惧不能见信于上下；其答丈沙田，则缓而婉；其答追宿逋，则谓宜崇大体。三事皆极有权衡”。[①] 吴汝纶细致体察办事过程，极其佩服。

外事方面。九月，清政府就中英天津条约的修约问题，包括英国使者以前所要求的请觐、遣使、开矿、传教等项，饬谕督抚等疆臣大吏，筹议对策。吴汝纶遍览各督抚大臣奏疏，时而参与幕府讨论。

吴汝纶阅李鸿章来函后，赞其“毅然有所建白”，在日记中写道：“洋人未必即怀不逞，特当事太畏葸，未免为彼所慑”。上海道应保时的函件中“删改添注各款，大率所争甚细”。吴汝纶以为“洋人之意在夺我利权，我乃争之文句细微之间，此可不必”。修约时，“须分三层辩难：彼所欲增者我宜力持不许，我所欲减者宜强与相难，若彼我俱可增减者则不必预筹，可以临时定计矣”。[②] 这里的“辩难”智慧，虽属外交技巧，其实也是逻辑思维问题。

十月，阅常镇道所上换约章程谓“夷人请觐不可行，遣使外洋不可缓”，吴汝纶以为“请觐事难禁止，且亦无大妨碍；至遣使一节，尚非今日所最亟者”。[③] 阅上海道应保时来函，与其意见一致，但“开拓传教一层”，则未完全赞同。至于开矿一事，曾国藩以为“借外国开挖之器，兴中国永远之利，可准试办”，吴汝纶则以为“一准开挖，则利权

① 施培毅、徐寿凯校点：《吴汝纶全集》（四），黄山书社 2002 年版，第 368 页。
② 施培毅、徐寿凯校点：《吴汝纶全集》（四），黄山书社 2002 年版，第 367 页。
③ 施培毅、徐寿凯校点：《吴汝纶全集》（四），黄山书社 2002 年版，第 369 页。

归彼，我复何所利耶？……此层实后日无穷之患，断不可行”。[①]

十月二十五日，吴汝纶在日记中记载：

换约一事，相侯意谓入觐、遣使、传教之事，皆可不争，惟关于百姓者以全力争之。此见实为深远。余疑“遣使不得人”一说，相意以“许之而不遣，彼必不以此启衅”，此实余所不及也。[②]

吴汝纶对曾国藩钦佩之意，溢于言表。

十一月十三日日记：

晚见爵相复奏换约奏稿，服其识见之大，不愧社稷臣。

十一月十四日，曾国藩命吴汝纶校对复奏和约疏稿，吴汝纶以为：

疏末言传教事，谓：“异端教有废兴，惟周孔之道万古不磨”云云，似不必如此对较。拟请以“洋人传教，怀伺察衅隙，广布羽翼”言之，未蒙听允。然相公此奏出，自当为近日一大文字，不可及也。[③]

从这里我们也可以看出吴汝纶对于“时事”颇为关心，也颇留心思考曾国藩所办“洋务”，并且不是人云亦云，泛论之辈，遇事有思考，有主见。

这些言论，我们今天看来属稀松平常，在晚清乱局中，当属清醒者

---

① 施培毅、徐寿凯校点：《吴汝纶全集》（四），黄山书社2002年版，第370—371页。

② 施培毅、徐寿凯校点：《吴汝纶全集》（四），黄山书社2002年版，第370页。

③ 施培毅、徐寿凯校点：《吴汝纶全集》（四），黄山书社2002年版，第372页。

的真知灼见。

6. 新厅堂红喜字，归觐吴牛庄

同治七年（1868 年）闰四月，曾国藩从江宁出发，沿途视察江南水陆各营，至上海查阅江南机器制造局各项工程。

去年随曾国藩在幕府，未曾回家过年，吴汝纶趁曾国藩出行的空闲，约幕僚好友湖南浏阳李兴锐（字勉林），同坐一条往上水的船，回家看望父母亲大人。李兴锐，湖南浏阳人，咸丰八年（1858 年）入曾国藩幕府，此时奉曾国藩之命正在办理安庆大通招商局。

今年春天，父母亲实现多年的愿望，吴牛庄老屋的三间厅房终于落成。

这个老宅，早年家贫无钱购置，吴汝纶母亲见先祖对这个屋基场如此钟爱，就悄悄拿出了自己陪嫁的钱买了下来。“诛茆植竹，居之垂四十年，而厅事未作。”[①] 住了四十年的老宅，厅屋未建，实在是因为家里一贫如洗。父亲吴元甲的微薄“束脩”，除了维持一大家子的饭口，时不时地还要接济更为穷困的亲戚和朋友。

吴汝纶进入曾国藩幕府，对于家里的经济大有补益，当然也还是杯水车薪。

去年在金陵，大哥肫甫、大弟诒甫治病，也花了不少钱。大哥昏迷不醒，目瞪身僵，气息出而不纳，一日延数医，差点死掉。

全家的生活重担，落在吴汝纶身上。

回家后，看到贴在诒甫婚房窗户上的大红喜字，新媳妇又深得老母亲的欢心，吴汝纶感到欣慰。诒甫是闰四月生日，出生二十年未遇闰四月，老母亲以为很难得，又是二十岁的整生日，所以希望好好地庆祝一番。吴汝纶是个孝子，领悟老母亲的意思后，就着手操办生日酒宴，也

① 郭立志撰：《桐城吴先生年谱》，雍睦堂丛书，卷一，第 8 页。

因为自己年年奔走在外，跟兄弟相处一起，机会难得。这一晚，父母兄弟家人一起热热闹闹，举酒为觞。觥筹交错中，酣饮忘醉，度过了一个非常愉快的夜晚。

这次回家，吴汝纶非常愉快。新做了三间厅房，住了四十年都没有添置，居室得以稍宽。大弟诒甫结婚也有了自己的小窝，所以吴汝纶高兴得在诒甫二十岁生日宴上一醉方休。

快乐的时光总是很短暂，转眼就到了归程的时间，老母亲舍不得，强留了一天。小弟熙甫十六岁，自小就很聪明，八岁登浮山就“高唱一绝”，但随着年龄的增长，逐渐顽皮嬉戏，不专心读书，到现在《五经》都没有读完。在家里，父亲管束虽然没有管几个哥哥那么严格，但总还是觉得不自由，所以想跟随二哥去金陵读书，吴汝纶想在幕府忙碌之余，可以督促这个调皮的小弟读书上进，父母亲都觉得这个安排很好。

晚上九点钟上船，顺风顺水，第二天就到了大通，上岸与好友丁筠卿晤面。筠卿约了几个好友，准备了丰盛的酒菜，大家平时难得相聚，都放开酒量，推杯换盏。吴汝纶的酒量本来就不大，但是一高兴就喜欢多喝两杯，喜欢微醺状态下，朋友间的高谈阔论。今天，吴汝纶又喝醉了，与诸君放言高论，臧否人物，声如洪钟，谈到读书做学问，更是如长江之水滔滔不绝，不可遏止，兴趣甚佳。

临行，丁筠卿送给吴汝纶非常珍贵的上等茶墨。

墨，文化人都是非常讲究的。墨按原料成分大致可分为油烟墨（漆烟墨）、松烟墨、精烟墨、青墨、茶墨、朱砂墨等。松烟墨，用松枝烧烟制成，是使用最广泛的墨锭，松烟墨的特点是墨色黑，但缺少光泽，胶轻质松，入水易化。茶墨是比较特别的，松烟墨中掺入少量朱砂等颜料，墨色含黛黑或茶褐色，写出来的书法有特殊效果。

得此好墨，吴汝纶欢喜异常，准备写一首诗答谢。

从大通上船，一路顺风，至江宁镇，阻于风中，船老大为安全起见，落帆停船。等到下午一点钟，风稍稍平息一点，船再开行，晚上九点钟抵达金陵水西门。

7. 曾国藩幕府的“诗词大会”

同治七年（1868年）四月，曾国藩、吴敏树在金陵举行“簁邰（shāi tái）唱和”雅集，这是南中国文人一场诗歌水平大“考试”的盛会。

吴敏树（1805—1873），巴陵铜柈湖（今湖南岳阳）人，文学家。因有书斋建于故里南屏山，遂自号南屏，学者称南屏先生。诗文经史造诣深厚，著述丰硕。“湖南两百年文章之盛，首推曾吴。”（清・郭嵩焘语）

对于这个湖南老乡，曾国藩在京城就已经结识，同样是古文的爱好，两人惺惺相惜。后来曾国藩办湘军发达了，邀其入幕，吴敏树以“兵谋非我所习”而辞别。曾国藩曾举荐他任两广盐运使这个“肥差”，一届三年下来，至少有白银十万两，还算是“清廉之官”，吴敏树一笑了之：“我们吴家人不当盐贩子”。其不攀高枝，也不喜钱财，家里祖辈留下财富丰赡，他又生性节俭，所耗资财不多，看不惯官场，只在意自己的经史文学。

同治三年（1864年），曾国藩的湘军克复金陵城，消息传到湖南，吴敏树欣喜异常，赋诗十二首以示庆贺，然后给好友曾国藩写信，表示要去游历中国的东南地区，主要是游历古吴越地区。这个心愿，吴敏树年轻时就有，因为各种各样原因，一直未能成行。

既然把话说出去了，吴敏树心里也就有了打算，但是，他没立刻成行，而是又拖了四年，直到同治七年（1868年）正月，他大姐去世，心里很难受，大姐丧事完毕后，他动身了，从洞庭湖乘船，下长江，顺着滔滔江水，往东进发。

吴敏树乘船沿江而下，游庐山、石钟山、大小孤山和杭州西湖等江南名胜后到达金陵。

四月初二日，吴敏树来到金陵，拜见曾国藩相国，赋诗《江宁上曾相国二首》。

吴敏树远道而来，送给曾国藩的礼物就是这两首诗以及两本自己写的学术著作《诗国风原指》《春秋三传义求》，文人气十足。

时任两江总督的曾国藩亲迎至府，尊为上客，曾的帅府幕僚，众多名流及才智之士，都争先与吴敏树建交。此时的曾国藩北上“剿捻”，处处受挫，又先后三次受纠劾，皆使其难以宽怀，常思告老还乡，而为门户计又未能激流勇退，恰在此时，好友吴南屏携所著诗文一路游山玩水而来。两人十年之别，一朝相见，愁颜为之而扫，诗兴为之而生，主客同游六朝山色，襟怀清澈，赋诗唱和。

曾国藩在题为《赠吴南屏》的诗中叹曰：“苍天可补河可塞，惟有好怀不易开。”曾国藩作《喜吴南屏至》，首韵用“簁”字，结韵用“郘”字，以“春霖飒沓天如簁，大麦菸邑（菸 yū 邑：枯萎）小麦摧”联语开头，以“努力且谋千日醉，高谈巢燧及有郘”联语作结。这就是有名的金陵“簁郘韵”诗唱和的开始，这样的和诗是很难作的，吴敏树这次东游，一口气作了好几首，第一首是以“浮埃宇宙风中簁，飘落何用力与摧”联语开头，以“风诗正变十又五，请平周召终豳郘”联语作结。

五月的凌晨，江南的天气还是微寒，大家热情不减，都还在切磋曾国藩赠吴南屏诗，属和者有十多人。幕僚们知道桐城后生文才、诗才都了得，就起哄，也想趁机考考这个年轻人，要其作一首，吴汝纶推辞不过，就以《谢丁筠卿惠茶墨用相国赠吴南屏韵》为题作了一首“簁郘唱和诗”。

开头和结句是这样的：

惊涛卷雨飞如簁，轻舟劈箭风樯摧。

会浇枯肠出芒角，摩拟姚姒追娀郘。

注：簁，筛子。姚姒，指虞舜和夏禹。娀（sōng），有娀，古国名，在今山西运城一带。郘，有郘，古国名。

吴敏树东游进入浙西，用“筵部韵诗”再赋诗一首送给赵烈文和曾国藩身边的几位幕僚。这是写给吴汝纶的诗句：“桐城吾宗又标胜，方姚文格今未隤。”意思是：桐城我族人吴挚甫有高尚之道，方苞和姚鼐文章的格调至今未败坏。

那么难写的“筵部韵和诗”，吴敏树竟然写得烂熟了，他将身边的一群友人一个个加以夸赞，他们才华横溢，他们人品出众，他们中许多人和吴敏树只是初相识，竟然一见如故。

七月初四日，吴敏树重新回到金陵，又是雅集一番。同邓守之、汪梅村、莫子偲、伍嵩生、钱子密、陈啸甫、任棣香、王子云、赵惠甫、黎莼斋、薛叔壬、吴挚甫一众游玄武湖，此日相侯命劼刚（曾纪泽，曾国藩次子）为主人，途中饮宴于昭忠祠，趁着酒兴仍然泛舟清溪、秦淮，诗报劼刚即呈相侯。

七月十七日后，吴敏树金陵将归，书局诸公在飞霞阁上为其饯行。

返程途中，吴敏树在大通停留三日，远望九华，赋诗《舟中望九华二首》。途经安庆城，赋诗一首《安庆》。经过小孤山，赋《小孤山》一首。

曾国藩此诗既成，大江南北赓和者，竟达三百余人之多，海内盛传为“筵部唱和诗”，曾国藩即命付书局刻印，如此高兴，实乃少有。

吴敏树后来写作《东游草序》回忆说：

> 相国首韵用筵字，结韵部字，中间韵多非便逐押者，一时和者云属，盛有尖义之竞。相国命集其稿，将并余诸记游诗刻之，余辞谢而别。适杜子仲丹，以活字板摹古书行江汉间，乃检诗各体，凡八十四首为卷，借印二百本，以遗亲友。

曾国藩幕府，人才济济，从者如云。幕僚中有许多当时的知名文士，这些著名学者使得曾国藩幕府几乎成为晚清中国东南的学术中心。不管从年龄还是资历，吴汝纶都属小字辈，这个来自桐城乡村的青年，在曾国藩幕府中小心翼翼地体会着谈古论今、饮酒赋诗、纵横捭阖的人生新感受。

此时，中国正处于多事之秋，封疆大吏没有网罗人才的心思，贤人俊杰四海流散飘零。唯独曾国藩在江南时，大乱新定，常常招携宾客，泛舟秦淮河，徜徉玄武湖、莫愁湖之间，登临眺望钟阜、石头，流连美景之中，饮酒赋诗，嬉戏娱乐。吴汝纶于时“间厕末座，实尝躬与其盛”。

这段时间，吴汝纶在曾幕读书、作文之余，访诸同事，与各位文友幕僚交往切磋。

以吴汝纶在曾国藩幕府的角色、地位，自然与幕府核心人物交往较多，其中以与张裕钊、黎庶昌、薛福成的交往为典型，四人并称“曾门四子”，是曾国藩所创湘乡派的传承者。薛福成在回忆中写道：曾国藩“时时以文事奖励僚属，一见许余有论事才；谓莼斋生长边隅，行文颇得坚强之气，锲而不舍，均可成一家之言，……治古文辞者，如武昌张裕钊廉卿之思力精深，桐城吴汝纶挚甫之天资高隽，余与莼斋自愧弗逮远。”[①] 吴汝纶与薛福成、黎庶昌相识较早，居金陵初期，常常“偕黎莼斋、薛叔耘同行，至书坊，遍阅各肆旧书”。[②] 黎庶昌、薛福成二人又参与洋务，三人亦时常讨论时局。

吴汝纶与张裕钊相识于金陵送行前，因为直到北上赴直隶前夕，相隔八年张裕钊未与曾国藩见面。九月初一日，吴汝纶读张廉卿的文章，内心对张裕钊充满着崇敬之情，认为“所为文，多劲悍生炼，无恬俗之病，是当今的古文高手”。[③] 十月十二日夜，在金陵幕府与张裕钊谈为文之法，灯芯燃尽复又明，畅论忘返。张裕钊最爱古人文章的淡远之处，其谓文章气脉就是主旨贯注的地方，吴汝纶认为此言最是切当。其又谓为文可

① 薛福成：《拙尊园丛稿》，沈云龙主编：《近代中国史料丛刊》（正编），台湾文海出版社 1966 年 10 月版第八辑，第 76 册，第 2 页。

② 郭立志撰：《桐城吴先生年谱》，雍睦堂丛书，卷一，第 7 页。

③ 施培毅、徐寿凯校点：《吴汝纶全集》（四），黄山书社 2002 年版，第 793 页。

以归结为四个字：意、格、辞、气。吴汝纶也颇表赞同。

十月十四日，与方宗诚一谈，正好吴广庵、吴清卿两科举考试同年至，大家一起畅谈许久，后来彭侍郎来，吴汝纶向他索求父亲的寿联。十五日，又与张廉卿、方宗诚夜话，畅言文章，兼及经史，海阔天空无所不谈，收获颇丰，心情极其舒畅。[①]

8. 在曾幕躬与其盛

曾国藩为了处理各种错综复杂的军务、政务，延揽了众多的幕僚。容闳在《西学东渐记》中描述了幕府盛况：

> 当时各处军官聚于曾文正之大营者不下二百人，大半皆怀其目的而来。总督幕府中亦有百人左右。幕府外更有候补之官员、怀才之士子，凡法律、算学、天文、机器等等专门家，无不毕集，几于举全国人才之精华，汇集于此，皆曾文正公一人之声望道德及其所成就之功业足以吸引之罗致也。

曾国藩在从军、从政的过程中，设置了大批办事机构，一则治事，一则育人，不仅于战争的胜利起到了至关重要的作用，且培养出大批人才，其中不少人成为中国近代史上的著名人物。据统计，出身曾国藩幕僚而后官至三品者达五十二人，官至督抚、堂官者达二十六人。此外还有一大批学者、文学家和科学家。[②]这种现象在中国历史上可谓前无古人，后无来者。

曾国藩幕府的办事机构，大体分为军政、粮饷两类。其军政办事机构有十余个，论其职能略分为以下几种。（一）秘书处；（二）采访忠

① 施培毅、徐寿凯校点：《吴汝纶全集》（四），黄山书社2002年版，第288—289页。

② 朱东安：《曾国藩幕府》，辽宁人民出版社2018年1月版，第4页。

义局和编书局，思想文化机构；（三）营务处和采编所，军事情报机构；（四）审案局、发审局和查圩委员，司法机构；（五）善后总局及团练、保甲、田产、工程、抚恤等局，善后机构。①

秘书处，是整个幕府乃至曾系湘军的神经中枢，在军政办事机构中居于首要地位。其包括曾国藩身边的谋士和各类文案人员。曾国藩对上级的报告，对下级的指令，前后左右的联络协商，内部关系的调整，都通过这个机构进行。

秘书处的具体工作主要是草拟咨、札、函、奏，管理文书档案，人员分工明确，各有专责。另外，有时还帮助曾国藩出谋划策和调查、处理重要事件。秘书处的任职条件除"忠实可靠"外，还必须通晓政务，因为要拟好奏、咨、函、札，不仅要学识渊博，文学优长，还要有一定的政治经验，懂得公文程式，尤其是草拟奏章者必须为上上之选。"空言泛论者求之较易，拟奏拟信拟批者求之较难，即善书者亦不易。"②

由于他们工作性质重要，且与曾国藩最为接近，故在幕僚中地位最尊，待遇最好，情面最厚，随行有专门的车、船，驻扎有专门的宅院，得到保荐最易，得缺最早，其他人员望尘莫及。如左宗棠、李鸿章、钱应溥、刘蓉、郭嵩焘、吴汝纶等都曾先后在秘书处任职。

曾国藩幕府的鼎盛时期，大约为咸丰十一年（1861 年）八月进驻安庆至同治七年（1868 年）六月。

这一时期，曾国藩有权有位，有地盘，有官衙，在朝廷声望越来越高。因此，征聘日广，荐举日众，充任曾国藩幕僚一时成为升官发财的捷径。即使无做官之念者也以一与交往为荣，遂致机构设置日增，投效人员日众，拼命做官者去而复返，遁迹山林者出游幕中。曾国藩幕府中的一些重要或知名人物，如"文学四弟子"张裕钊、吴汝纶、薛福成、黎庶昌，汉学家刘毓崧、刘寿曾，数学家李善兰，科学家徐寿、华蘅芳，

① 朱东安：《曾国藩幕府》，辽宁人民出版社 2018 年 1 月，第 5—6 页。

② 曾国藩：《曾文正公全集·书札》，传忠书局，光绪二年刊，第 30 卷，第 32—33 页。

留美归国的容闳，以及后来官至军机大臣的钱应溥等，都是这一时期进入幕府的。

此时的曾国藩幕府，机构最多，人员最众，声望最高，盛极一时，无论古往今来，抑或同时流辈，都无人能与之比肩。

在幕府，曾国藩不仅看重吴汝纶的古文水平，更看重他的韬略。

吴汝纶被薛福成幕僚分类归为“从公治军书、涉危难、遇事赞画者”，属于幕府中的“高参”。

学识很高的传统知识分子大致分为两种类型：一类醉心于学术，而不屑于具体事务，或者本身缺乏处理具体事务的能力；一类则兼备经邦济世的能力，或精于政务，或精于军事，或精于文书。这类知识分子一旦走入适合的政治位置，其政治能力会很快凸显出来，甚至超出他们学识的光芒。吴汝纶就属于后一种类型的知识分子。

在曾国藩眼中，吴汝纶是一个经邦济世的良才，而非仅仅是一个舞文弄墨的文人骚客。吴汝纶古文水平很高，曾国藩在文学方面曾不无期待地说过“吾门人可期有成者，惟张、吴两生”，但在对吴汝纶、张裕钊两人的使用上，就显示出曾国藩的知人善任。张裕钊书生气太重，不能“责以公事”，而吴汝纶则“从公治军书、涉危难、遇事赞画”。吴汝纶不仅担负处理奏书文稿的重任，还曾在发审局工作。发审局是曾国藩于咸丰三年（1853 年）设置的一个幕府机构，在军中主要审理与军队有关的案件，在地方则清理历年积讼等。曾在发审局做过幕僚的有马新贻、张树声、赵烈文等人。马新贻后来成为两江总督，张树声后来曾任两江总督、江苏巡抚、两广总督，赵烈文则为曾国藩的心腹幕僚。从曾国藩给吴汝纶所安排的位置来看，前途一片光明。可惜的是曾国藩去世过早。

吴汝纶是一个言行谨慎的人，在他的笔下，很少有直白表现自己情感的文字。但他在《铜官感旧图记》中则表露出自己能有机会投奔至曾国藩麾下的欣喜，从这段文字也可以看出曾国藩在晚清时的影响力与号召力。

文正公之为人，非一世之人，千载不常遇之人也。吾生乎千载之后，而遥望千载之前有若人焉，吾不能与之周旋也，吾心戚焉。吾生乎百载数十载之后，而近在百载数十载之前有若人焉，吾亦不能与之周旋也，犹之戚焉。并吾世而生有若人焉，无千载百载数十载之相望，乃或限乎形势，或间阻乎千里百里之远，吾仍不能与之周旋也，吾心滋戚焉。若乃并吾世而生，无千载百载数十载之相望，又且不限于形势，不间阻乎千里百里之远，而获亲接其人，朝夕其左右而与之周旋，则其为幸也至矣。①

良好的心态，勤奋的态度，卓越的古文修养，自然使吴汝纶在众多幕僚中脱颖而出，成为曾国藩的心腹。曾国藩常到幕府中与吴汝纶谈论古文、经学，筹谋划策，而且常常是“久谈”，可见曾国藩当时与吴汝纶的亲密程度。能够与曾国藩频繁、长久地对话，本身就体现出对话者的分量。

吴汝纶与曾国藩关系的不断发展，使二人间“闲谈”话题逐渐深入，吴汝纶对时局的态度亦在“闲谈”中受到影响。

同治六年（1867年），曾国藩谈及“近日士大夫奢靡过于道光时”，吴汝纶先是颇为恭维地说：“道光时官场奢不可言，今则自师相提倡节俭，风气一变。”接着又说：“坐馆者需费稍多，则穷民依附者过多，一人有馆，则乡党亲戚仰给者率数十人，岁入太少，无以自给，费非尽由奢靡也。”曾国藩认为吴汝纶说得对，就说：“目前为治，须令穷民稍能自存，方为善治。”吴汝纶感叹：“此真宰相之言矣。”②

有一次，曾国藩、陈兰彬、吴汝纶三人曾“闲谈”起林则徐。林则徐不仅在今天是民族英雄，就是在当时也是声名显赫。

① 吴汝纶：《铜官感旧图记》，施培毅、徐寿凯校点：《吴汝纶全集》（一），黄山书社2002年版，第80—81页。

② 施培毅、徐寿凯校点：《吴汝纶全集》（四），黄山书社2002年版，第374页。

曾国藩感叹："论天下无真是非，名士不理事，……往时林文忠亦然，但闭户作手札、工徘语，以取悦士大夫而已。"吴汝纶觉得不可理解，反问道："林文公不能治事，于何征之？"

曾国藩说了如下一段话：

咸丰初元，阴山番子一案，当时士论皆欲杀琦善，某在刑部，尤欲深相穷治。惟穷治琦善，必须重倚林公，及详览林奏，实不足以服琦侯，因而中止。后某出京师，卒谪琦善戍边，实冤狱也。此案琦善剿杀番子千余，林文忠主和，恶琦善者必左袒林文忠。乃文忠先上两疏，皆言番子当剿，第三疏乃言当和，第四疏则敷陈善后诸策。琦善至，一意主剿，番人诉冤，琦善遂得罪，及推问，辄不服。邵位西发十九难问之，琦侯条对不屈且骂问官曰："番子所为不法，何得不剿？诸人推服林某，林固首疏请剿番者也，公等推问，多未究通狱词，惟邵君差知源委耳，公等请退，令邵君来。"问官不能难也。林公于此事既已反复于前，又复虚饰于后，何足服人！然至今有讥林公为非者，天下必从而唾骂矣。

言及虎门销烟，曾国藩又说：

林公亦不得无过。其后耆英和夷，偿烟值二千一百万，海内皆愤耆英为小人，未尝一究林公也。

陈兰彬说：

广东烧烟，文忠绐（dài 欺哄）以必归其值，及烧后忽改前议，谓传命者失实，竟不偿也。其事与张仪"商於之地"

绝相类。[1]

他们师生三人为我们揭开了一段历史真面目。

吴汝纶在日记中一一记下曾国藩所述，对其立场态度均表认可。日后吴汝纶反感清流的政治立场与曾国藩的影响密不可分。

所谓“清流”，即清朝光绪年间统治阶级内部的一个政治派别。“清流”原喻指德行高洁、勇于言事，有名望的士大夫。

十九世纪七十年代末，外国资本主义势力恣意侵略中国边疆，民族危机严重。清廷内部派系斗争愈演愈烈。一部分不掌实权的言官，从维护封建统治出发，上书言事，评议时政，弹劾大臣，使朝廷内外出现“台谏生风，争相搏击”的局面。“清流”代表人物有李鸿藻、张之洞、陈宝琛、张佩纶、张謇、翁同龢等。

言及曾国藩对林则徐的评价，不禁又让人想起李鸿章与曾国藩的一段师徒问答。

曾国藩的一个“诚”字，让李鸿章受益终生。

李鸿章说：“别人都晓得我前半部的功名事业是老师提挈的，似乎讲到洋务，老师还不如我内行。不知我办一辈子外交，没有闹出乱子，都是我老师一言指示之力。从前我老师从北洋调到南洋，我来接替北洋，当然要去拜谒请教的。老师见面之后，不待开口，就先向我问话道：‘少荃，你现在到了此地，是外交第一冲要的关键。我今国势削弱，外人方协以谋我，小有错误，即贻害大局。你与洋人交涉，打配作何主意呢？’我道：‘门生只是为此特来求教。’老师道：‘你既来此，当然必有主意，且先说与我听。’我道：‘门生也没有打什么主意。我想，与洋人交涉，不管什么，我只同他打痞子腔（痞子腔盖皖中土语，即油腔滑调之意）。’老师乃以五指捋须，良久不语，徐徐启口曰：‘呵，痞子腔，痞子腔，我不懂得如何打法，你试打与我听听？’我想不对，这话老师

① 施培毅、徐寿凯校点：《吴汝纶全集》（四），黄山书社2002年版，第378—379页。

一定不以为然，急忙改口曰：‘门生信口胡说，错了，还求老师指教。’他又捋须不已，久久始以目视我曰：‘依我看来，还是用一个诚字，诚能动物，我想洋人亦同此人情。圣人言忠信可行于蛮貊，这断不会有错的。我现在既没有实在力量，尽你如何虚强造作，他是看得明明白白，都是不中用的。不如老老实实，推诚相见，与他平情说理，虽不能占到便宜，也或不至过于吃亏。无论如何，我的信用身份，总是站得住的。脚踏实地，蹉跌亦不至过远，想来比痞子腔总靠得住一点。’我碰了这钉子，受了这一番教训，脸上着实下不去。然回心细想，我老师的话实在有理，是颠扑不破的。我心中顿然有了把握，急忙应声曰：‘是，是，门生准遵奉老师训示办理。’后来办理交涉，不论英俄德法，我只捧着这个锦囊，用一个诚字，同他相对，果然没有差错，且有很收大效的时候。古人谓一言可以终身行，真有此理。”①

曾国藩的人生经验不仅如此，他还有著名的“挺经”。

“挺经”详细记录了曾国藩在宦海沉浮中总结出的十八条心法，是其从自身的成败得失中总结出的一套独到的为人为官的基本原则和理论。

“挺经”，所谓“挺”，即势不可用尽，功不可独享，大名要推让几分，盛时要做衰时想，刚柔相济，无为而无不为；百尺竿头，不能再进一步；欠缺本身就是完美。曾国藩以盖世之功而能于众说诋毁中安然保全自身，全赖这一“挺”字。主动、积极、参与，以恬淡的出世之心来入世，在困厄中求出路，在苦斗中求挺直。如此方能在前有猛虎后有毒蛇的情况下，不受其左右，气定神闲享受人生之至高境界。

“挺经”是一种以刚劲强硬为特征的处世哲学，所谓“打脱牙，和血吞”“咬定牙根”等等，可以说就是“挺经”的注脚。

下面是关于“挺经”注解的鲜活例子：

曾国藩曾同李鸿章说过一个故事。

---

①（清）吴永口述，刘治襄记：《庚子西狩丛谈》，广西师范大学出版社 2008 年 10 月版（2020 年 9 月第 2 次印刷），第 172—173 页。

有老翁请了贵客，要留他在家午餐。早间就吩咐儿子，前往市上备办肴蔬果品，日已过午，儿子尚未还家。老翁心慌意急，亲至村口看望，见离家不远，儿子挑着菜担，在水田埂上与一个京货担子对着，彼此皆不肯让。老翁赶上前婉语曰："老哥，我家中有客，待此具餐。请你往水田里稍避一步，待他过来，你老哥也可过去，岂不是两便么？"那人说："你叫我下水，怎么他下不得呢？"……老翁一直抵说不过，于是自己挺身靠近来说："来来，然则如此办理：待我老头儿下了水田，你老哥将货担交付与我，我顶在头上，请你空身从我儿旁边岔过，再将担子奉还。何如？"当即俯身解袜脱履。其人见老翁如此，作意不过，说："既老丈如此费事，我就下了水田，让你担过去。"当即下田避让。他只挺了一挺，一场争竞就此消解。

这个故事告诉我们：大抵天下事，于局外呐喊议论，总是无益，必须躬身入局，挺膺负责，才有成事之可期。[①]

居金陵期间，吴汝纶与幕僚有着广泛的交游。在接触幕府实际工作之初，与钱子密、黎庶昌、薛福成、李佛生（沛苍）、李兴锐（勉林）交往较多。

同治六年（1867 年）末同治七年（1868 年）初，即吴汝纶居金陵半年后，与幕僚渐渐熟悉，公务之余，"游谈"日渐增多，其在日记中常有"游谈过久""客至久谈，连日为客所苦""日事嬉游，不立程课"之类的抱怨自责。

下面是吴汝纶在金陵的几个生活片段。

同治六年（1867 年）十二月初五，早晨起来，吴汝纶就急匆匆赶赴飞霞阁，应周缦云侍御招集，幕府同人小聚。农历腊月初五是苏东坡的生日，喜爱苏东坡的文人士子都要借此机会聚一聚。

同治七年（1868 年）二月，吴汝纶借得《水浒传》一阅，至三

---

①（清）吴永口述，刘治襄记：《庚子西狩丛谈》，广西师范大学出版社 2008 年 10 月版（2020 年 9 月第 2 次印刷），第 173—174 页。

月底“尚未阅毕”，在日记中自责，“盖不惟读书不能勤笃，即游戏亦久无意绪，盖怠缓之过也。又与人言好嬉笑傲睨，否则默然相对，此拙者之常态，甚乃不知而妄言，为客所轻，此大失也，须痛切戒之。”

同治七年（1868 年）五月，吴汝纶游览秦淮河，游客很多，虽然没有浮华奢侈的纨绮之盛，但颇有丝竹之乐，使人感到十分快乐。

在金陵幕府中，闲来再读《通鉴》，感慨良多。“某十二岁始为论说之文，家大人命题以《赵苞论》，某力辨程子之说引《戴记》”，如今已经过去十五年了，日月不停留，人的年岁在不断增加，学业却未见长进，回忆当时志向，“岂欲止于如此，今阅《通鉴》赵苞事，不胜感慨今昔矣”。①

9. 归家辞行北上百感交集

同治七年（1868 年），曾国藩奉命做直隶总督，吴汝纶随其北上。

要随曾国藩北上，远离家乡千里之遥，免不了有诸多顾虑，不比在江南回家探望的便捷。回家一趟可能更不容易。

九月十四日，午后带着小弟熙甫上船，踏上归家的路途。与相国约定十月初十日以前还金陵，因为行期在即。十五六两日，因为是南风不能开帆，等到十七日早，风色稍平，于是开船启行。十九日船过芜湖裕溪口，停船上岸，拜见彭侍郎，即彭玉麟，其是画梅花高手，吴元甲生平就喜欢梅花，吴汝纶请彭侍郎画梅花大轴，归以奉亲。这幅梅花大轴，一直挂在吴家厅堂里很多年。这个彭玉麟，其实也是安庆老乡，祖籍衡州府衡阳县，生于安徽安庆府，字雪琴，人称雪帅。与曾国藩、左宗棠、胡林翼并称湖湘四大名臣，湘军水师创建者、中国近代海军奠基人。官至两江总督兼南洋通商大臣、兵部尚书。彭玉麟于军事之暇，

① 施培毅、徐寿凯校点：《吴汝纶全集》（四），黄山书社 2002 年版，第 730—732 页。

绘画作诗，以画梅名世。

二十四日过竹子湖，午后到家。吴汝纶和弟弟到家后，父亲面无表情，径自出门而去，吴汝纶大出意外，惊诧莫名。老母亲在堂姐家看戏。小弟熙甫匆匆吃了点饭，去堂姐家看望母亲。此日，吴汝纶与老父谈到鸡鸣，才就枕。家里的困难，兄弟们的病情，幕府的生态，曾国藩即将北上，自己的前途……

父母亲是因为家里经济困难发生不愉快。

二十七日，吴汝纶冒着大雨，去堂姐家把母亲接回来。父母亲商量家事，虽然略无参商，没有一点不和睦的意思，但不名一钱，各种事情纷无头绪。穷人的日子百事哀。

十月二日，晨起，吴汝纶打算启程。因为记得临归时，爵相约以十月初旬到金陵，所以心情非常急切想走，看着老母亲依依不舍的样子，心里惴惴，不敢马上开口。

三日是大哥生日，家人纷纷至父母亲前贺寿。吴汝纶和大哥都急着出门，这个生日就草草的结束了。此时，李勉林专差送曾国藩幕府钱子密信来，说马新贻制军在九月二十六日接印，接任两江总督，相国拟十月十五日启程北上，嘱咐吴汝纶必须在初十日前到达金陵。此日料理行装，见老母凄然不忍别。吴汝纶心里很不好受，就安慰母亲说："北上后，仍可附西洋商船南归省亲。"母亲不让他说下去："你每次回来不过数日，我不愿你这样回来。"到了夜里，老母亲有感冒的症状，头疼发热。吴汝纶侍床下至鸡鸣。心里想，如果明天母亲的病不愈，写一封信辞谢相国，不出门了。

第二天，母亲感冒症状减轻了一些，仍然强撑起床，虽然儿行千里母担忧，但为了儿子的前途，也只好忍痛分别。吴汝纶于是赶忙派人去找可以出行的船。早饭后拜别父母就道。两弟送其到河岸，久立不离开。吴汝纶见此情景，心里默默念着："苍天若果保佑我，应当让我稍得志而归，父母还如今日之清健。"

这一趟行舟，时间紧，风色颇为不顺，因为行期在即，让吴汝纶一路焦灼万状。

四日夜宿竹子湖，风色不顺。五日，东北风大作，舟不能行，仅走十余里，宿老洲湾。六日，晨行十余里，出江至李勉林处，换炮船。行至丁家洲，共行九十里。七日行九十里至三山峡对岸芦洲中。北风大作，怒涛直上船顶，遂宿此洲。八日，阻风洲中，进退不可，忧煎万状。九日，狂风比昨天更大，江中无上水之船。约定至金陵的时间仅剩一天，而路程还有二百余里。

狂风阻隔洲中，无法开船前行，吴汝纶不由得反思自己此次出行。

风色如此不顺遂人意，难道是老大人不愿有此次行程，我离去的态度又十分坚决，是上天所不答应吗？家里有田地足够自食，侍奉双亲，教导弟弟们，自会有天伦之乐。何必行走千里依附别人，险阻备尝，而求取不需要的名位呢？

吴汝纶百感交集。日记有如下记述：

> 风色如此不顺，岂老亲不愿有此行，绝裾而出，乃天所不许乎？使余有田足自食，侍亲课弟，自有天伦之乐。胡为千里依人，备尝险阻，以求不可必之名位哉？①

十日，从丁家洲中开行，一日夜行一百五十里。李勉林提供的炮船果然好使，十一日到达金陵，终于没有耽误行期。心情抑郁多日，随着大风，所有的不快，与阴霾一扫而空。

10. 千里行程一路欢歌

在金陵的时光，是快乐的，是自由自在的。与幕友们嬉戏游玩，“畅论”文学，与曾国藩随身学习，也见识了许多官场的事情。这个桐城乡

---

① 郭立志撰：《桐城吴先生年谱》，雍睦堂丛书，卷一，第9页。

村来的青年，心性颇高，悟性也好，再加上身边的环境，真是如虎添翼，成长很快。在幕府，很快就独当一面，勇挑重担。

同治七年（1868年）十一月四日，曾国藩奉命移官直隶总督，此日北上启程。吴汝纶告别大哥出城到船。大哥吴汝经前几天从张秋军处南归，在金陵盘桓几日，送吴汝纶北上。

送别相国的队伍冠盖相接，浩浩荡荡。舟行出下关，城中官无大小，皆远送相国于此，大约出城行二十余里。其中官极尊者，合肥李相；年极高者，霍山吴侍郎；路极远者，西洋人马格里。

这一路长途跋涉，行程颇久，沿途观景逗留，历史、文物、风光、山川，曾老师带领一帮学生，对什么都感兴趣。文人士子们难得这么轻松有趣的时光。

十一月十五日，应刘省三之招观剧。刘铭传（1836—1896），字省三，自号大潜山人，因排行第六，脸上有麻点，人称刘六麻子，安徽合肥（今肥西大潜山麓）人。清朝名臣，系台湾省首任巡抚，洋务派骨干之一。唱戏的梨园子弟都是女的，歌舞表演在一艘船中进行，观者有几十人，船上还阔绰略有余地，让人颇为惊奇。据说主人为此花费了“中人之产”。据《汉书·文帝纪赞》：“百金，中人十家之产也。”那么刘铭传此次花销当为“十金”。

十九日，偕同栗諴公子（曾纪鸿）、高聚卿、欧阳健飞游览山中寺院，风尘仆仆中忽然到了一处招提。招提指的是民间私造的寺院。汉译佛经中的招提，又称招斗提舍。意译四方、四方僧、四方僧房。即招提僧均可止宿之客舍，为僧团所共有之物，可供大众共同使用。到了这处私人寺院，周围纯粹而静穆，吴汝纶感觉心为之一静。

吴汝纶记述颇为详细：

（十一月）十七日，自清江上岸登陆。二十日至郯城，自此进入山东境内。二十三日至青它寺。二十五日至嶅阳。五十里复行至新泰县。二十里自青它寺即见路西有一大山，至蒙阴大道，转西而此山尽。相国谓是蒙山。至嶅阳，见路西一石山，土人称青云山，相国谓是嶅山。行箧无书，俟考。二十六日，出新泰城北望见一山，土人称为莲花山，相国谓即新甫山。行六十五里，至羊叔子故里，俗所称羊流店也。过羊流店，望见西北大山，即徂徕山。山行四十里，至崔庄，是山始尽。泰山即直北，薄暮相国同至郊野望岱，呼居人问诸山名目，竟无人能道者。①

这是何等悠闲，与政治权力的短暂分隔，使曾国藩和他的幕僚们都恢复了传统知识分子风雅的一面。

曾师傅师徒一行，又行了十日，到达泰安地界，终于望见泰山。二十七日，未及黎明登车，吴汝纶与心怀“登山壮志”的四人，拟登前贤先哲履足的泰山。

日初出即至泰安。是日偕栗諴公子、陈容斋司马、高聚卿大令，登泰山。

始及山半，舆人畏晚欲返，余决意上山。至绝顶，下视诸峰环拱，重叠如笋衣。未入山时，北风甚劲，入山步行数里，天气融暖，如春秋佳日。至中天门，当上下之半，晴空飞雪，疑天势将变，盖阴崖积雪，因风飘荡者也。到山巅，烟云四合，噫气怒号。人凛凛若有不敢久留之势。下山则落日余霞，依然晴霁，略无变态也。因是知杜诗望岱，语简而景象涌现，该括（包罗——笔者注）无遗，真大手笔也。汶水直岱南，自山下至绝顶，峰回路转，盘曲迂绕，而前望之局势，迄不一改。汶水萦绕如带，徂徕前立，真是儿孙矣。

是游为时太促，无向导，所过山名，每不能识，归寓借泰

① 郭立志撰：《桐城吴先生年谱》，雍睦堂丛书，卷一，第9页。

安志阅之，则余所到者，于山未及五之一。拟他日南还有暇，当为十日之游。书以记之。[①]

注：栗諴（xián），曾国藩次子曾纪鸿，数学家，字栗諴，此年二十一岁。

高聚卿大令，湖南衡阳令，李榕的学生。咸丰十年（1860年）二月，太平军李秀成奇袭湘军，曾国藩困守绝望，写遗嘱给妻子，准备自杀。李榕多方开导劝慰他，始终相随，直至曾国藩脱险。他与罗江的李调元、内江的李眉生被世人称为“蜀中三李”。

吴汝纶乘兴写下的登山小记，其文辞之美，可与桐城派大师姚鼐的古文名篇《登泰山记》相辉映。

可作一点比较欣赏：姚鼐《登泰山记》

泰山之阳，汶水西流；其阴，济水东流。阳谷皆入汶，阴谷皆入济。当其南北分者，古长城也。最高日观峰，在长城南十五里。

余以乾隆三十九年十二月，自京师乘风雪，历齐河、长清，穿泰山西北谷，越长城之限，至于泰安。是月丁未，与知府朱孝纯子颍由南麓登。四十五里，道皆砌石为磴，其级七千有余。

泰山正南面有三谷。中谷绕泰安城下，郦道元所谓环水也。余始循以入，道少半，越中岭，复循西谷，遂至其巅。古时登山，循东谷入，道有天门。东谷者，古谓之天门溪水，余所不至也。今所经中岭及山巅崖限当道者，世皆谓之天门云。道中迷雾冰滑，磴几不可登。及既上，苍山负雪，明烛天南；望晚

① 郭立志撰：《桐城吴先生年谱》，雍睦堂丛书，卷一，第10页。

日照城郭，汶水、徂徕如画，而半山居雾若带然。

戊申晦，五鼓，与子颍坐日观亭，待日出。大风扬积雪击面。亭东自足下皆云漫。稍见云中白若樗蒱数十立者，山也。极天云一线异色，须臾成五采。日上，正赤如丹，下有红光，动摇承之。或曰，此东海也。回视日观以西峰，或得日，或否，绛皓驳色，而皆若偻。

亭西有岱祠，又有碧霞元君祠；皇帝行宫在碧霞元君祠东。是日，观道中石刻，自唐显庆以来，其远古刻尽漫失。僻不当道者，皆不及往。

山多石，少土；石苍黑色，多平方，少圜。少杂树，多松，生石罅，皆平顶。冰雪，无瀑水，无鸟兽音迹。至日观数里内无树，而雪与人膝齐。

桐城姚鼐记。

稍作停顿，这里有必要顺便说一说与吴汝纶一起登山的曾国藩这位二公子，也是个奇才。

我国史书典籍中有个非常鲜明的史传传统，就是按照人物特点以列传的形式归类。纵观二十四史，只有最后一部《清史稿》里辟有“畴人传”这一专题。什么是“畴人”呢？简单地说就是数学家。在近代名人中，有一位非常了不起的大数学家，他很早就计算出圆周率后一百位的数据，也是一位在中国数学史上留名的学者，他就是曾国藩的次子曾纪鸿。

他一生很短暂，才三十三岁就去世了，所以在成就和名气上远不如他哥哥外交家曾纪泽。但从他英年早逝还取得数学上很高的成就，也能看出曾家的遗传基因和早期教育的不凡。史书记载，曾纪鸿“早年与兄纪泽并精算术，尤神明于西人代数术。锐思勇进，创立新法，同辈多心折焉。”可见，学习数学的确是曾家的家风。

因为曾国藩的名望太大，曾纪鸿被恩赏举人，充兵部武选司郎官。

但他不热衷于仕途而酷爱数学，并通天文、地理、舆图诸学。著有《对数评解》《圆率考真图解》等数学专著传世。他自己除了研究数学之外，还很重视数学知识的普及和教育工作，而《圆率考真图解》中就依据西方数学家尤拉的方法，并加以改进，删繁就简，计算出圆周率值到一百位。《畴人传》的作者评价它“为从古所未有”。但由于书中算草示例有错误，学界曾引发对曾氏成果的真实性的讨论。近来，有人发现该书的一个新版本，并对曾氏所给的数据进行分析，结合一些史料佐证，确认了曾纪鸿的贡献。

曾纪鸿还曾校对近代另一位大数学家李善兰的《算书》，对其中的错误多加纠正，还推算了数千年后地球运行岁差与绕太阳运行的自转速率。

值得一提的是，曾纪鸿取得以上这些成就完全靠自学成才，没有什么师承，但他经常与当时一些著名的数学家如丁取忠等人来往，切磋研究心得和探寻解题方法，彼此都受益匪浅。

曾纪鸿取得数学上的成就与家风有关。曾纪鸿少年时，曾国藩名望已经到达极点，所以不希望次子考科举走仕途，而是更希望曾纪鸿去学一门离官场远一点的学问。在纪鸿参加科举考试前曾国藩给他写信说：“场前不可与州县来往，不可送条子，进身之始，务知自重。”考完发榜之前，曾国藩又怕儿子去活动，又去信告诫儿子：“断不可送条子，致腾物议。”但曾国藩还是很爱这个儿子，并对他寄予厚望，《年谱》里记载，他曾亲自指导曾纪鸿练书法，“临帖宜徐，摹帖宜速。数月之后，字愈丑，切莫间断，憝（duì，怨恨）过此关，自有稍进。不特习字，凡事皆有极困难之时，打得通的，便是好汉。每日要看读写作，四者俱全。”

其实，除了曾纪鸿的早慧和家教家风以外，中国数学的研究谱系和传统对曾纪鸿本身也有很深的影响。中国古代数学的研究从春秋之时就有，但西方的计算方法，是从晚明传入的。“至清而中、西荟萃，遂集大成。”康熙皇帝本身的数学造诣就很深。“一时承学之士，蒸蒸乡化，肩背相望。二百年来，推步之学，日臻邃密，匪特辟古学之榛芜，抑且补西人之罅漏。嘉庆初，阮元撰畴人传，后学一再续之，唐、宋以来，于斯为盛。”

千里之行程，一路皆欢歌。

二十九日，行三十五里，至章夏。通衢大道沿着黄河而往北走，黄河水从汶水分流而出，往下流入大清河，就是所说的葛乙河。十二月四日，至河北景州，夜宿开福寺中，僧房极修洁。开福寺在州衙西南角（今为景县中学），寺有塔十一级，吴汝纶与幕僚同人都登之。开福寺这座佛塔，是隋朝时建造的，金陵报恩寺塔未建时，此塔为天下第一。

景州塔原名“释迦文舍利宝塔”，简称舍利塔。塔顶成葫芦形，由青铜铸就，高二点零五米，葫芦下有铁丝网罩，高三点三米。每有风起，铁丝网罩与洞户被天风鼓荡，如惊涛澎湃之声，故有“古塔风涛”之称。晴日，登至塔顶四望，近在脚下的景州城全貌，远在三四十里的郊野村庄，均历历在目。前人曾有诗说，“绝顶静观真景象，却也身疑在蓬瀛”。

十二月十三日，进入京城，住贤良寺。

这贤良寺还有点说法。贤良寺最早在明朝时是著名的“十王府”，满清入关后，这里就成了清王公贝勒的府邸。雍正年间，这里成了怡亲王允祥（康熙十三子）的王府，雍正八年（1730 年）允祥死后，尊其遗愿舍宅为寺，允祥死后谥曰贤，寺名由雍正皇帝钦赐，并依其谥号取名“贤良寺”。因为临近皇宫，贤良寺便成了外省的朝廷重臣进京朝见述职的住处。

十四日，吴汝纶和一帮幕僚送曾国藩至乾清门外，归来时天色已晚。十五日，相国入内廷赐宴。二十四日离开京城，二十七日抵保定，吴汝纶一路跟随。到保定时，官印尚未交接，于是寓保定胜地，莲花池中。

莲花池位于保定中心，始建于元太祖二十二年（1227 年），是集园林、行宫、书院为一体，兼有中国南北园林之美的古典园林。以环水筑榭为显著特点，以水为胜，因荷得名。秀丽的宛虹桥、曲桥和元代建的白玉桥，参差在假山奇石、林木荷塘间，构成了一幅“湖中有景、景中含诗”的优美画卷。

清雍正十一年（1733 年），时任直隶总督李卫创办“直隶书院”，址选古莲花池。李卫责成徐德泰负责在古莲花池西北部“因旧起废”，修建书院，同时又在古莲花池东南红枣坡一带，筑起围墙，名叫“南园”。在南园建厅堂五间、瓦舍三间和一所凉亭，作为书院的别馆，专供学生们在此自学和研讨之用。书院于雍正十一年九月建成，因地取名为“莲池书院”。

在古莲花池住了十七日，始移居总督府。

11. 升任拟奏幕僚，深得曾国藩倚重

同治八年（1869 年）二月二日，曾国藩正式接掌总督大印。十三日移入督院，一行抵达保定直隶总督府。

此时，吴汝纶三十岁，人生黄金时期，也是在曾幕的高光时刻。居直隶期间，曾国藩对吴汝纶更加器重。

曾国藩日记记载：同治八年正月二十九日，“在藻泳楼与挚甫、廉甫谈甚久”；二月一日，“与廉甫、挚甫在莲花池绕池沿周行一遭”；十八日，“昨请州县阅书院卷，恐有不当，故请挚甫、廉甫辈再一复校也”。吴汝纶日记也有此类记载：“三月八日，相国来谈”，“二十四日，相国来久谈。”

由此可见，曾国藩许多重要的事项都会与吴汝纶进行商讨，已经把他当作无可替代的谋士，对其的倚重超过任何时候。

初至直隶，吴汝纶严格反省自己。有时仍然抱怨自己“与同人游谈过久”“竟无程课”。

醉酒一次，其实吴汝纶酒量还可以。同治八年四月三日日记记载：“至李佛生处，夜饮大醉，卧其榻上，同人皆归，余不知也。次日，人

若病起者然。老仆王庆微讽令戒酒，余惭谢之。”[①]

同治七年（1868年）末，曾国藩北上任直隶总督，吴汝纶随曾国藩居直隶期间，接替钱子密成为曾幕拟奏幕僚。在曾幕多年的历练，从专心文事到主动参与幕府事务，再到拟奏幕僚，其地位、角色不断提升。在经世之志的推动下，吴汝纶在参与幕府的实际工作的同时，扩见识，展眼界，通过各种交往途径了解外部世界，不但提高了自己处理实际事务的能力，也使其对晚清国内外局势有了比较切合实际的认识。

随着主管事务增多，对内政外事的关注参与更加广泛而深入。

此间，吴汝纶多次主动与外国使臣接触交谈。同治八年（1869年）初，由京师赴保定路上，遇来华复贡的越南使臣阮思僩，“与之笔谈，未数语遂问及通商事”。吴汝纶在日记中详细记下越南的概况、中越通朝贡关系及使团成员情况。[②]

四月，吴汝纶又在保定随曾国藩接见使团成员，谈毕公事，再与使臣久谈。在日记中一一记下越南国内“能讲经学者”“能诗者”“能文者”及使臣的功名、品级，对越南考试制度、官制、养兵之制亦详细记下。[③]

八月，吴汝纶入京赴吏部验到，恰日本“欲与中国定议通商，遣使五人”，便主动随陈兰彬等同往旗昌洋行访日本使臣。吴汝纶与日本使臣郑永宁对谈，又与日本使臣义质笔谈良久。在日记中记下日本概况及其“近年与西国通商”情况。吴汝纶日记记载：谈话间“义质颇羡余书，强索书屏扇，恐其不能多谈也，坚辞之，允迟日为之一书。余三人皆未及谈。其人大约谦雅有礼可爱。”临别时，郑永宁以《和汉年契及官位相当表》赠送，吴汝纶阅后以为“皆中国古制也”。

九月，吴汝纶与日本人千之笔谈，了解到“倭人于西洋之学，近颇研求，曾遣数十人西行游学，此数十人幼孩居多”。千之“称倭国现在

---

① 施培毅、徐寿凯校点：《吴汝纶全集》（四），黄山书社2002年版，第736页。

② 施培毅、徐寿凯校点：《吴汝纶全集》（四），黄山书社2002年版，第478页。

③ 施培毅、徐寿凯校点：《吴汝纶全集》（四），黄山书社2002年版，第478—479页。

严禁天主教”，吴汝纶在日记中写道，“法人专以传教为事，其言禁教，当系夸大之词，惟闻传教条约较中国为善耳”。[①]

吴汝纶从来不是一个保守的人。许多人还沉浸在科举大梦中的时候，他在开风气之先的广东人饭局上就开始了英文字母的“学习”。

九月十六日日记：在与日本使臣见面期间，晚间有广东人见招，作西洋酒食。有通西洋文字者以西洋字母见教，其前所教者五字，一曰 A，读如扼字，而音在喉间，盖若皖人应人呼唤之声；二曰 E，读如皖人之读意字；三曰 C，读如兮字去声；四曰 O，读如阿，盖若皖人有已忘之事而忽然思得者之声；五曰 U，读如土音哎哟之哟而音未出口者然。此五字有宫、商、角、徵、羽五音。此外尚有二十一字为字母，则其音尚未及指授而客散矣。[②]

吴汝纶在繁忙的幕府公务之暇，还不忘文事。十月九日，校阅《史记》毕。小弟吴汝纯圈识《史记》，极能开启后人读书法门，吴汝纶得数本校之。[③]

这一年，对于曾国藩及其幕僚们来说都是平静的一年。但平静的日子转瞬即逝，同治九年（1870 年），天津教案事起，朝廷派曾国藩赴天津查办。

12. 不计毁誉，与曾国藩风雨同舟“天津教案”

同治九年（1870 年）六月初六日曾国藩启行，初十日抵天津。

二十六日曾国藩以身体不支，奏请另简大臣来津协助查办教案。七月初五日，工部尚书毛昶熙至天津会办教案，二十五日江苏巡抚丁日昌至津协办教案。

---

① 施培毅、徐寿凯校点：《吴汝纶全集》（四），黄山书社 2002 年版，第 481 页。

② 施培毅、徐寿凯校点：《吴汝纶全集》（四），黄山书社 2002 年版，第 481—482 页。

③ 施培毅、徐寿凯校点：《吴汝纶全集》（四），黄山书社 2002 年版，第 289 页。

七月初六日，曾国藩闻普法战争爆发，确信法国无力向中国开战。十四日时任中国海关总税务司的英国人赫德来天津活动，与曾国藩久谈，二十日，曾国藩再次同赫德久谈。

赴津以前，吴汝纶先后收到天津道道员周家勋两封密函，将教案起因、津郡情形并查办情形及掣肘之处详加分析说明，“特请阁下（指吴汝纶）览其大意，代为禀达”。又言“中堂现在续假，未知能否前来，此间诸事，非得中堂亲临查办，断难了解”。[①] 可见，此时吴汝纶在曾国藩幕府的地位已为其他官僚所知，处理教案期间，吴汝纶几乎寸步不离曾国藩左右，协助办案，拟写奏疏公牍，甚至无暇记日记，只能做临时记录，直至次年二月在津谒李鸿章时，方补写了一篇日记，详细记下随曾国藩处理教案的经过。曾国藩以为“中国目前之力，断难遽起兵端，惟有委曲求全”，[②] 力主和局，但“自京师及各省皆斥为谬论，坚不肯信”，“诟詈之声大作，卖国贼之徽号，竟加于国藩”。[③] 曾国藩力主“府、县初无大过，不欲予以重咎”，但法国公使坚持以知府张光藻、知县刘杰及陈国瑞三人抵命，崇厚、丁日昌、毛昶熙附和，曾国藩“惟守死以持之”，而“讯取已革府、县亲供，奏咨该员等供稿，系余（吴汝纶）及刘云生比部所手定。此事颇不悦于毛丁两公。”[④]

为此，吴汝纶开罪毛昶熙尚书和丁日昌中丞。

曾国藩在办理天津教案的过程中，吴汝纶挺身而出，不计毁誉，始终站在曾国藩的身边。有一次曾国藩很平静地问吴汝纶：“我们大臣为国任事，不应当计较毁誉，你年轻名声才树立，何不稍避一避？”吴汝

①《周家勋致吴汝纶密函》，朱东安整理：《有关天津教案的四份密件》，《近代史资料》总第88号，中国社会科学院，1996年5月，第18—23页。

②《覆陈津案各情片》，同治九年六月二十八日，《曾国藩全集·奏议》，沈云龙主编：《近代中国史料丛刊》（续编），第1期，第1册，第4795页。

③《国闻周报》，第6卷，第83期。转引自：史煜涵：《吴汝纶政坛交游研究》，研究生学位论文2010年4月，第13页。

④ 施培毅、徐寿凯校点：《吴汝纶全集》（四），黄山书社2002年版，第381—383页。

纶笑而不答。

“天津教案”始末。

同治九年（1870 年），天津地区发生数次儿童失踪绑架事件；同时，法国天主教仁慈堂收容的中国儿童因天气炎热、瘟疫横行而大批死亡。因为教堂善后处理不当，致使这些病故的儿童尸体暴露野外。

当时的西方传教士并非单纯的传教布道，更多的是依仗本国政府，在“治外法权”的保护下横行霸道，多行霸凌之举。中国民众屡受欺压，清政府却一味忍让，使民众无处申诉，民族主义情绪越来越高涨。如此背景之下，教堂收容所病故的儿童就成了民间流传之“神父和修女经常派人用蒙汗药拐了孩子去挖眼剖心”传闻的证据，天津民众的愤怒，可想而知。

据《清实录·同治朝实录》记载，“至挖眼剖心一条，经曾国藩于抵津时亲加推问，百姓无能指实。询之天津城内外，亦无遗失幼孩控告之案”，天津民众对教堂残害儿童的认定并不属实。可面对查无实证的结果，天津民众并不认可，甚至将天津县衙团团围住，用石头瓦块攻击诱拐儿童的嫌疑犯——教民王三。

教民王三被围攻，使得法国驻天津领事丰大业异常愤怒，出面要求三口通商大臣崇厚派兵镇压。但崇厚对天津民众的纵容、暧昧态度让丰大业并不满意，于是便有了丰大业鞭打崇厚随从甚至枪击天津官员的愤怒举动。丰大业的张狂点燃了天津民众的愤怒之火，将其殴打致死以后，火烧望海楼教堂并杀死外国传教士、修女、使馆工作人员、外国商人共计二十人。此即为轰动一时的“天津教案”。

曾国藩对“天津教案”的处理。

“天津教案”发生后，法、英、美等国一面向清政府提出抗议，一面调集军队进行威胁。清政府大恐，一面要各地严格保护教堂，弹压群众，避免类似事情再发生，一面派时任直隶总督曾国藩前往天津查办。

曾国藩对于“天津教案”的处理，可以大致分为以下几个步骤：

1. 发布《谕天津士民》，指责天津民众不法举动，严禁天津民众再生事端；

2. 释放犯法教民和涉案拐犯，并在上呈朝廷的奏折中为传教士辩解；

3. 大肆搜捕参与“天津教案”的民众；

4. 对案件做出最终处理结果：判死刑二十人，流放二十五人，天津知府、知县革职并流放黑龙江；支付抚恤费和赔偿财产损失银四十九万两；派崇厚作为中国特使到法国赔礼道歉。

根据时人笔记记载，曾国藩在“天津教案”中的每一步操作都惹得天津乃至全国各地的严重不满，纷纷“斥为谬论，坚不肯信”，甚至连曾国藩昔日好友、属下臣僚也都“责问之书日数至”。案件审结以后，曾国藩受到的谴责之声更为猛烈，“诟詈之声大作，卖国贼之徽号竟加于国藩。京师湖南同乡尤引为乡人之大耻”。

很明显，此时的曾国藩已经从名震天下的“中兴名臣”“国人精神之典范”彻底跌落，变成了“谤讥纷纷，举国欲杀”的汉奸、卖国贼。甚至，连曾国藩自己也认为“天津教案”的处理结果让其“积年清望几于扫地以尽矣”，不得不引咎辞职，落寞离津。

曾国藩到底有没有错？

从“天津教案”的处理结果来看，曾国藩很明显伤害了天津民众乃至中国人的民族感情。但这样的处理结果，果真就该怪罪曾国藩吗？

《清实录·同治朝实录》记载了一份朝廷发给曾国藩的谕旨，对其提出了这样的办案要求：

总之和局固宜保全。民心尤不可失。曾国藩总当体察人情向背。全局通筹。使民心允服。始能中外相安也。

也就是说，清朝政府要求曾国藩既要照顾民心，又要绝对保证和平局面。对于法、英、美等国的军事威胁，朝廷虽然给出了“如洋人仍有要挟、恫喝之语，曾国藩务当力持正论，据理驳斥，庶可以折敌焰而张国维”的强硬态度，可如果曾国藩真这样做了，一旦战火再起，曾国藩会落得何种下场，可想而知。

更何况，面对军事威胁，清政府虽然数次下令“沿江沿海各督抚，严行戒备”，可还是数次给曾国藩下发谕旨，要求其“斟酌情形，以保全和局”。如此矛盾的态度，曾国藩能怎么办？权衡之下，曾国藩也只能按照基本的法律规定对案件作出处理。

曾国藩引咎辞职以后，朝廷另派李鸿章接手。李鸿章对于“天津教案”做出了以下处理：判死刑十六人、缓刑四人，流放二十五人；天津知府、知县革职并流放黑龙江；支付抚恤费和赔偿财产损失银四十九万两；派崇厚作为中国特使到法国赔礼道歉。

较之曾国藩的处理结果，唯一的区别就在于李鸿章将二十人死刑改成了十六人死刑、四人缓刑。这一结果出现的原因在于当时的俄国只索经济赔偿，不要中国人抵命。也就是说，李鸿章也认为“中国目前之力，断难遽启兵端，唯有一命一抵了案”。

在曾国藩上呈给朝廷的一份奏折中，有一句对“天津教案”的客观态度说明：

在中国戕官毙命，尚当按名拟抵，况伤害外国多命，几开边衅，刁风不可长。

自古以来，“欠债还钱、杀人偿命”乃系天经地义之道；更何况就晚清政权当时的羸弱状态，天津民众因愚昧诬陷收容所神父、修女戕害儿童而冲动杀害传教士乃至外国使馆工作人员的行为，差点重启战火，让无数民众再次遭受兵祸。就此来看，曾国藩对案件的处理结果并无失当之处。

或许，曾国藩在处理“天津教案”过程中唯一犯下的错误就是没能很好地照顾民族情绪，没能顾全天津民众愤怒的心情。可盲目的冲动以后，如果重启战端、生灵涂炭，曾国藩又该背负何等罪名呢？仅就“天津教案”而言，曾国藩或许有错但绝无罪过，更不该被骂成汉奸、卖国贼。

在徐中约的《中国近代史》中，看到这样一段文字：

曾国藩知道要避免与法国决裂，就必须在调查中不偏不倚，但是这样做将招致顽固保守派的攻击。总而言之，他得在正直和丧失声望之间作出选择。曾国藩的品格和勇气又一次展现出来了，他没有一心求稳地去迎合公众的情感，也不担忧他的政治前途；他公正地建议，朝廷应该澄清事件的真相，并且先对英国、美国和俄国作出赔偿，使他们不与法国搅在一起。①

在晚清，不管对于清政府，还是地方官员，教案都是一件棘手的事情。一边是咄咄逼人的“洋人”，一边是群情激愤的民众。“洋人”不能开罪，否则官位难保；如果过分违背民意，又恐成为万夫所指。曾国藩面对教案难题，“不胜焦灼”，② 多次与吴汝纶商量。

曾国藩日记同治九年五月二十六日（1870 年 6 月 24 日）记载：“接奉廷寄，派余赴天津查办事件，因病未痊愈，踌躇不决……与吴挚甫一谈。”③ 二十七日日记又记载：“思往天津查办殴毙洋官之案。熟筹不得良策，至幕府与吴挚甫一商。”④

在查处天津教案的过程中，曾国藩承受着多方压力：朝廷、民众、洋人、官僚内部掣肘之人士。

同治九年六月初六日（1870 年 7 月 4 日），吴汝纶“自省启行，随曾相赴津”。⑤ 这次天津之行对曾国藩而言注定是一次失败的差事。曾国藩费尽心思，最终还是落得一个骂名。曾国藩在反省自己对天津教案的处理时，后悔自己没有听吴汝纶等幕僚的建议：“余自来津，

① 徐中约著，计秋枫、朱庆葆译：《中国近代史：1600—2000，中国的奋斗》（第 6 版），世界图书出版公司 2013 年 6 月版，第 221 页。

② 曾国藩：同治九年五月三十日（1870 年 6 月 28 日）日记。《曾国藩全集·日记》（三），岳麓书社 1994 年版，第 1754 页。

③ 曾国藩：同治九年五月三十日（1870 年 6 月 28 日）日记。《曾国藩全集·日记》（三），岳麓书社 1994 年版，第 1753 页。

④ 曾国藩：同治九年五月三十日（1870 年 6 月 28 日）日记。《曾国藩全集·日记》（三），岳麓书社 1994 年版，第 1753 页。

⑤ 郭立志撰：《桐城吴先生年谱》，雍睦堂丛书，卷一，第 11 页。

诸事惟崇公之言是听，挚甫等皆咎余不应随人作计，名裂而无救于身之败。”[①]

同治九年（1870年）六月初六日，曾国藩由保定启行，奉命赴津查办天津教案。

此前，四月二十一日，曾国藩因肝病渐重，左目视线模糊，右目完全失明，奏请病假一个月，五月二十二日，续假一个月。五月二十三日天津教案发生。二十六日接奉赴天津查办教案之命。六月初三日预写遗嘱数条给二子，以防不测。

这是同治九年直隶总督曾国藩去处理天津教案前留下的遗书。曾国藩有三篇遗书，另外那两篇都不如这篇“正式”，因为，从他当时的日记里，我们可以看到，他是明确记着“写遗令”的。

这篇文字，每看一遍，都会有不同的感触。为此，全文录于后。

同治九年六月初四日《家书谕儿纪泽纪鸿》[②]：

余即日前赴天津，查办殴毙洋官焚毁教堂一案。外国性情凶悍，津民习气浮嚣，俱难和协。将来构怨兴兵，恐致激成大变。余此行反复筹思，殊无良策。

余自咸丰三年募勇以来，即自誓效命疆场。今老年病躯，危难之际，断不肯吝于一死，以自负其初心。恐邂逅及难，而尔等诸事无所禀承，兹略示一二，以备不虞。

余若长逝，灵柩自以运河搬回江南归乡为便。中间虽有临清至张秋一节须改陆路，较之全行陆路者差易。去年由海船送来之书籍、木器等，过于繁重，断不可全行带回，须细心分别去留。可送者分送，可毁者焚毁。其必不可弃者，乃行带归。毋贪琐物而花途费。其在保定自制之木器，全行分送。沿途谢

① 曾国藩：同治九年六月二十四日（1870年7月22日）《谕纪泽纪鸿》，《曾国藩全集·家书》（二），岳麓书社1994年版，第1376页。

② 檀作文译注：《曾国藩家训》，中华书局2020年3月版，第454—468页。

绝一切，概不收礼，但水陆略求兵勇护送而已。

余历年奏折，令胥吏择要钞录，今已钞一多半，自须全行择钞。钞毕后存之家中，留与子孙观览，不可发刻送人，以其间可存者绝少也。

余所作古文，黎莼斋抄录颇多，顷渠已照钞一份寄余处存稿。此外黎所未钞之文，寥寥无几。尤不可发刻送人。不特篇帙太少，且少壮不克努力，志亢而才不足以副之，刻出适以彰其陋耳。如有知旧劝刻余集者，婉言谢之可也。切嘱切嘱。

余生平略涉先儒之书，见圣贤教人修身，千言万语，而要以不忮不求为重。忮者，嫉贤害能，妒功争宠，所谓"怠者不能修，忌者畏人修"之类也。求者，贪利贪名，怀土怀惠，所谓"未得患得，既得患失"之类也。忮不常见，每发露于名业相侔、势位相埒之人；求不常见，每发露于货财相接、仕进相妨之际。将欲造福，先去忮心，所谓"人能充无欲害人之心，而仁不可胜用也"。将欲立品，先去求心，所谓"人能充无穿窬之心，而义不可胜用也"。忮不去，满怀皆是荆棘；求不去，满腔日即卑污。余于此二者常加克治，恨尚未能扫除净尽。尔等欲心地干净，宜于此二者痛下工夫，并愿子孙世世戒之。附《忮求诗》二首于右。

历览有国有家之兴，皆由克勤克俭所致，其衰也，则反是。余生平亦颇以勤字自励，而实不能勤，故读书无手钞之册，居官无可存之牍。生平亦好以俭字教人，而自问实不能俭，今署中内外服役之人，厨房日用之数，亦云奢矣。其故由于前在军营，规模宏阔，相沿未改。近因多病，医药之资，漫无限制。由俭入奢，易于下水；由奢反俭，难于登天。在两江交卸时，尚存养廉二万金，在余初意不料有此，然似此放手用去，转瞬即已立尽。尔辈以后居家，须学陆梭山之法，每月用银若干两，限一成数，另封秤出，本月用毕，只准赢余，不准亏欠。衙门奢侈之习，不能不彻底痛改。余初带兵之时，立志不取军营之钱以自肥其私，今日差幸不负始愿。然亦不愿子孙过于贫困，低颜求人，惟在尔辈力崇俭德，善待其后而已。

孝友为家庭之祥瑞，凡所称因果报应，他事或不尽验，独孝友则立获吉庆，反是则立获殃祸，无不验者。吾早岁久宦京师，于孝养之道多疏，后来展转兵间，多获诸弟之助，而吾毫无裨益于诸弟。余兄弟姊妹各家，均有田宅之安，大抵皆沅叔扶助之力。我身殁之后，尔等事两叔如父，事叔母如母，视堂兄弟如手足。凡事皆从省啬，独待诸叔之家则处处从厚，待堂兄弟以德业相劝、过失相规，期于彼此有成，为第一要义。其次则“亲之欲其贵，爱之欲其富”，常常以吉祥善事代诸昆季默为祷祝，自当神人共钦。温甫、季洪两叔之死，余内省觉有惭德。澄侯、沅甫两叔渐老，余此生不审能否相见。尔辈若能从孝友二字切实讲求，亦足为我弥缝缺憾耳。

附：《忮求诗》二首

不忮

善莫大于恕，德莫凶于妒。妒者妾妇行，琐琐奚比数。己拙忌人能，己塞忌人遇。己若无事功，忌人得成务。己若无党援，忌人得多助，势位苟相敌，畏逼又相恶。己无好闻望，忌人文名著。己无贤子孙，忌人后嗣裕。争名日夜奔，争利东西骛。但期一身荣，不惜他人污。闻灾或欣幸，闻祸或悦豫。问渠何以然，不自知其故。尔室神来格，高明鬼所顾。天道常好还，嫉人还自误。幽明丛诟忌，乖气相回互。重者灾汝躬，轻亦减汝祚。我今告后生，悚然大觉悟。终身让人道，曾不失寸步。终身祝人善，曾不损尺布。消除嫉妒心，普天零甘露。家家获吉祥，我亦无恐怖。

不求

知足天地宽，贪得宇宙隘。岂无过人姿，多欲为患害。在约每思丰，居困常求泰。富求千乘车，贵求万钉带。未得求速偿，既得求勿坏。芬馨比椒兰，磐固方泰岱。求荣不知厌，志亢神愈忲。岁燠有时寒，日明有时晦。时来多善缘，运去生灾怪。诸福不可期，百殃纷来会。片言动招尤，举足便有碍。戚戚抱殷忧，精爽日凋瘵。矫首望八荒，乾坤一何大。安荣无遽欣，患难无遽憨。君看十人中，八九无倚赖。人穷多过我，我穷犹可耐。而况处夷途，奚事生嗟忾？于世少所求，俯仰有馀快。俟命堪终古，曾不愿乎外。

➲译文：

我自近日即前往天津，查办打死洋人焚毁教堂一案。外国人性情凶悍，天津民风轻浮险躁，都很难调和协商，将来结仇动兵，恐怕会导致大变局。我这次前往反复筹划思量，但根本就没有好方案。

我自咸丰三年招募兵勇创立湘军以来，就立下誓言舍命报效疆场。现在一把老骨头，又有病，危难关头，绝不会舍不得一死，辜负自己的初心。只是担心仓促遇难，你们各方面事情拿不定主意，现在略为指示一二，以防万一。

我若死了，灵柩自然是从运河搬回江南再回湖南最方便，中间临清到张秋一段虽然必须改走陆路，但比全程都走陆路要略微容易些。去年由海船送来的书籍、木家具等过于繁重，万万不能全都带回去，必须细心加以分别去留，可以送人的分送给人，可以毁掉的加以烧毁，不能丢弃的才带回去，不要因为舍不得小物件而多花路费。在保定置办的木家具全部分送给人。一路上谢绝一切好处，一概不收礼，只是水陆路上稍稍求兵勇护送就可以。

我历年拟的奏折，让小吏选择重要的抄录副本，现在已经抄好一多半，自然需要全部加以选择抄录。抄完之后保存在家里，留给子孙观览，不能刻版刷印送人，因为这里头有存世价值的太少。

我所创作的古文，黎莼斋抄录颇多，他前不久已照录一份寄我这里存稿，此外黎莼斋还没抄录的文章，寥寥无几，尤其不能刻版刷印送人。不只篇目太少，而且年轻时不能在这方面用力，志大才疏，刻出来只能显露自己的浅陋。如果有朋友故旧劝你们刻我的文集，婉言谢绝即可。千万牢记千万牢记。

我这辈子稍稍读过一些先儒的书，看到圣贤教人修身，千言万语，概括起来是以不忮不求为重点。忮，就是嫉妒品德比自己好的人，妨害才能比自己强的人，妒忌别人立功，千方百计争宠，就是韩愈《原毁》里说的“怠者不能修，而忌者畏人修”这类。求，就是既贪利又贪名，既贪田产又贪好处，就是《论语》里所说的“没有得到的想得到，得到以后害怕失去”这类。忮，平常不容易显现，每每在与名望、地位和自己差不多的人相处时才显露出来；求，平常不容易显现，每每在发生财物关系、仕途升迁存在竞争的时候才显露出来。想要积福，先要去掉“忮”心，就如孟子所说“人如果能扩充不想害人的初心，那仁德就用不尽了”。想要培养品德，先要去掉“求”心，就如孟子所说“人如果能扩充不偷盗的初心，那义就用不尽了”。“忮”的毛病去不掉，那心胸都是荆棘；“求”的毛病去不掉，那内心每天接触的都是龌龊。我在这两方面常常有针对性的加以克服，只是遗憾还没能彻底将毛病扫除干净。那么想要心地干净，应该在这两方面痛下功夫，并且希望子孙世世戒除这两个毛病。将我创作的《忮求诗二首》，附录在后。

遍观一国一家的兴旺，都是因为既能勤劳，又能节俭带来的。一国一家的衰败，则相反。我这辈子也很以勤劳自勉，但实际做不到真正的勤劳。所以读书没有亲手抄录的册子，做官没有可以留存的文牍。我这辈子也喜欢用节俭教育别人，但自问其实不能真正节俭。现在衙署中里里外外做事的人，厨房每天的花费，也够奢侈了。原因是此前身在军营，手笔太大，沿袭习惯而未改。最近又因多病，医药花费，漫无限制。由俭到奢，比水往下流还容易；由奢返俭，比登天还难。交卸两江总督一职时，还有养廉银二万两，对我来说起初不曾想用这笔钱，但像这样放手去用，转眼就会花得干干净净。你们以后持家，要学陆梭山的办法，每月用银多少两，限定一个具体的数目，称出来单独封好，本月用完，只许有赢余，不许有亏欠。在衙门养成的奢侈习惯，不能不下决心彻底改变。我刚带兵的时候，立志不拿军营的钱来自肥私囊，现在算是不负初心，但也不想子孙过于贫困，低声下气地求人，只能寄希望你们努力崇尚节俭的美德，好好处理后来的事情。

孝敬父母、友爱兄弟是家庭和睦吉祥的好兆头，凡是通常所说的因果报应，其他事或许不一定都灵验，只有孝敬、友爱能立即带来吉庆，相反则立刻导致灾祸，这没有不灵验的。我早年长时间在京城做官，在孝敬供养父母方面多有欠缺，后来在外带兵打仗多年，得到兄弟们很多帮助，但我对几位弟弟则一点儿帮助也没有。我兄弟姊妹各家，都有田可种、有屋安居，大都依靠的是沅叔鼎力相助。我死之后，你们要像侍奉父亲一样侍奉两位叔叔，像侍奉母亲一样侍奉叔母，要将堂兄弟当作亲兄弟一样。各种事情都要遵从节省的原则，唯独对几位叔叔家里要样样以丰厚为原则；对堂兄弟，在品德学业方面要相互勉励，有过失要相互规劝，以彼此都能有所成就为目标，这是最重要的。其次，则像孟子所说的“对他亲，就希望他贵；爱他，就希望他富”，常常用吉祥善事代诸位堂兄弟默默祈祷祝愿，自然就能达到人和神灵都很信服认同的效果。温甫、季洪两位叔叔的死，我问心有愧。澄侯、沅甫两位叔叔也渐渐上了年纪，我这辈子不晓得还能与他们相见不。你们如果能从“孝”“友”二字上切实讲究，也可以为我弥补一些缺憾。

13. 曾国藩回任两江，李鸿章“掠美”

两江总督马新贻被刺。这件事突如其来，至今仍然是奇案一桩。

两江总督马新贻遇刺身亡，光天化日之下当街被刺八刀，一天后马新贻身亡，他的夫人因伤心欲绝，也选择自杀殉情。

同治九年八月初三日（1870 年 8 月 22 日），清廷重臣两江总督马新贻意气风发地检阅完部队，然后神气十足地打道回府，结果就在返回的路上遭遇“生死劫”——被行刺身亡。

当时具体情景是：在回来的路上，挤满了前来观看盛典的老百姓，人群中忽然冲出一个人，口里念念有词高呼着冤枉，然后跪倒在马新贻脚下。马新贻体恤民情，亲自弯腰去搀扶他时，这个人却猛然从腿间抽出一把雪亮的匕首，以迅雷不及掩耳之势插入马新贻的右肋，随后双手挥动，连刺了马新贻八刀。

作为朝廷一品大员兼封疆大吏的马新贻才刚刚过了五十大寿，却在光天化日之下被行刺身亡，震惊天下。慈禧为首的清廷对此马上下了彻查令。

行刺的凶手叫张汶祥，他刺杀完马新贻后并没有马上逃走，而是选择了束手就擒。对此，两江的官府马上对其进行了突审。

结果张汶祥对杀人供认不讳，但他只承认杀了人，并没有说为什么要杀人。这样的结果显然是不行的。对此，慈禧令曾国藩去审讯这件案子。同时，还派出了刑部尚书郑敦谨“监督”曾国藩去两江。

曾国藩深知这件事情就是一个烫手山芋。清廷派出马新贻出任两江总督就是为了彻底清除曾国藩的势力和影响。马新贻是慈禧太后的心腹，为了遏制由曾国藩率领的湘军势力的增长，所以派马新贻担任两江总督。在上任之前，马新贻做惊人举，向家里交代了后事，“我此去任职必定凶多吉少，你们不可以上京告状，这样才能自保”。

马新贻上任后，替百姓做了很多有用的实事。比如说减轻当地赋税、兴修水利等等，深受百姓们的爱戴，被称为一方清官。而马新贻刚担任两江总督没多久便遇刺身亡，很多人都怀疑是曾国藩的湘军所为。

而朝廷派曾国藩出马，显然是想看曾国藩会怎么处理。朝廷有令，他只好接过来了。曾国藩深知，这件事如果他处理不好，他的仕途不但彻底毁了，而且还会引祸上身。

曾国藩到了江宁后，知道这件案子最大的疑点在于：张汶祥在行刺马新贻时并没有受到太多的阻拦，十分轻松就杀死了他。因此，可以推断出马新贻护卫队内部有“奸细”。

在没有弄清情况下，曾国藩并没有着急审核，看书会客成为他日常主要任务，和郑敦谨积极查案形成了鲜明的对比，但是后来郑敦谨才知道他就是个傀儡，无奈案子还是要结，才需要郑敦谨前来审核这件案子，并且要以他的名义来结案，内阁以及慈禧也没打算继续查下去，最终这件案子得以结案。一结案郑敦谨就给慈禧递交辞呈，回家养老了，根本没敢回京，他怕慈禧要他的小命。

一年后，也就是同治十年（1871 年），张汶祥被凌迟处死。

官方结案后，民间流传了很多传说，诠释了张汶祥“刺马”的动机。

一是霸妻说。相传马新贻当年在剿捻的过程中，曾兵败被俘。后来，由张汶祥牵线，马新贻和捻军头目曹二虎等人结为兄弟。捻军因此把马新贻放了。此事神不知鬼不觉，接着，马新贻收编了捻军部队，但同时又强占了曹二虎的妻子。曹二虎死后，张汶祥为兄弟报仇刺杀了马新贻。

二是平回乱。相传，马新贻的先祖本来是回族，当时正值回民闹事。回民联系马新贻，希望有所作为。马新贻骑墙态度，两面讨好。张汶祥在供词中也说到这一点，他杀马新贻，是为国锄奸。

三是雇凶说。丁日昌是江苏巡抚，他的儿子犯了杀人罪，由马新贻审理。当时丁日昌曾贿赂马新贻，马新贻不受贿赂，秉公办理。丁日昌很生气，因而收买张汶祥刺杀马新贻。

而流传最多的是阴谋论。当时湘军因为平定了太平军之乱，因而气势很盛，大有拥兵坐大的嫌疑。朝廷很担心，因此着力提拔马新贻，用他平衡湘军。这使得湘军非常生气，湘军主帅曾国藩因而雇凶杀掉马新贻。

当然，真相究竟如何已经不得而知。因此，此案被列为清末四大奇案之首。

曾国藩因天津办案不善回任两江，李鸿章接任直隶总督。

九月二十三日，相国入朝觐见，吴汝纶以私事未从。起初，曾国藩拟奏请吴汝纶随自己南下，后来李鸿章说："曾公去岁奏保改外，专为畿辅吏治立言，此时不便调往他处。"于是南行之议搁置。而吴汝纶初闻南行之议，就给家里写了信，说今年一定回家过年，结果是这样一个没有料想到的局面。于是吴汝纶就向李鸿章"诉苦"，李鸿章答应给一个差事，让吴汝纶送曾相至金陵，即便道过家度岁。吴汝纶求之不得，所以曾国藩入朝觐见，其留在天津等候差札。

此年，吴汝纶三十一岁，正当盛年，曾国藩、李鸿章都希望留下他来帮助自己。于此可见其能力和实力已经达到一定的水准。这件事，明摆着就是李鸿章这个学生欺负老师，面对夹在中间左右为难的吴汝纶，曾国藩只好苦笑作罢："老师老矣。"

津案奏结后，十月底，吴汝纶与李佛生沛苍、薛福成叔耘等幕僚，随曾国藩南下。李沛苍，字佛生，道光十四年举人，与曾国藩是同年，曾任安徽池州府知府。

吴汝纶参与处理天津教案，目睹了曾国藩在洋人与清流间处境两难、违心办案，却"外惭清议，内疚神明"，不得善终，对其日后的政治立场产生了很大的影响。

曾国藩抱着病躯，接奉朝廷之命，他心里很清楚，国家所处的内忧外患和实力，普法战争的爆发救了中国的“急”，他是个有担当的清醒者，生死已经置之度外，天津教案是“压垮”曾国藩人生的最后一根稻草。

曾国藩此年（1870 年）六十岁。同治十一年（1872 年）二月初四日，曾国藩死于两江总督衙门。

14. 曾国藩的三次保奏

吴汝纶以一进士之身忠心耿耿追随曾国藩，对曾国藩日益敬重，而曾国藩对吴汝纶也日渐倚重，自然一有机会就会给予相应的回报，向朝廷荐举他。在跟随曾国藩的六年中，曾国藩三次保荐吴汝纶。

第一次保荐是在同治六年（1867 年），“以襄助军务出力”，曾国藩保荐吴汝纶为“内阁侍读衔”。吴汝纶入曾幕时，是从七品的“内阁中书”。内阁侍读为正六品，吴汝纶刚入曾国藩幕府两年，官升两级，在官阶上的晋升速度算比较快的了。

第二次保荐是在同治八年四月十四日（1869 年 5 月 25 日），曾国藩保奏“拟以直隶州同知补用”。曾国藩的奏稿对吴汝纶竭尽褒扬之词，虽说是为了达到荐官的目的，但从中也可以看出曾国藩对吴汝纶的欣赏之情。

现把曾国藩的这份奏稿转录如下：

奏为酌保堪胜外任京员留直隶补用，恭折仰祈圣鉴事。窃臣于正月十七日具陈直隶应办事宜折内，奏调数员，奉旨允准在案。兹查有内阁中书吴某，同治四年安徽进士，自乙丑告假出京，即随臣徐州、济宁、周家口军营，襄办营务。同治六年由铭军克复黄陂案内，经臣奏奖，奉旨赏加内阁侍读衔。前年臣回任江南，及此次量移直隶，该员始终追随左右，臣与之朝乡讨论。察看该员器识明敏，学问该洽，实有希古拔俗之志，若使莅事临民，必能湔（洗——笔者注）除积习，造福一方。拟将该员改为直牧同知，留于直隶补用。查近年吏部章程，非军务省份，不得调取人员。直隶现虽静谧，而兵燹之余，地方凋敝异常，非多得二三贤员，不足以资补救。合无仰恳天恩，准将内阁侍读衔中书吴某以直隶州同知留于直隶补用，并免缴指省分发银，俾臣得收臂指之助。恭候命下，当即给咨送部引见。理合专折具陈，伏乞皇太后皇上圣鉴训示。谨奏。

奏折中所说："察看该员器识明敏，学问该洽，实有希古拔俗之志，若使莅事临民，必能湔除积习，造福一方。"对吴汝纶评价甚高，而且根据吏部章程，"非军务省份，不得调取人员"，属于破格保奏。而且，"枢廷以同知直牧分进两签，上竟用直牧"。吏部上报给皇上是"同知"和"直牧"两个选项，皇上最后选用"直牧"，"此举主为上所倚重之力也"，这说明举荐人的面子是比较大的，皇上看重荐保之人。[1]

直隶州同知补用虽不是实职，在官阶上却不低，为正五品。清朝时，全国划分为二十三个省，各行省下设府，与府同级的有直属于布政司的直隶厅和直隶州，两者的长官分别为同知、知州。

吴汝纶原来的官衔是内阁中书、内阁侍读，都是京官，曾国藩于同治八年的这次保奏，吴汝纶的身份有所变化，由京官"改外"，成为地方文官了。

第三次保荐是在同治九年（1870 年），曾国藩奏保吴汝纶"补深州知州"。吴汝纶在《与陈右铭方伯》信中说，"来直隶补深州，乃曾文正所成就"。[2]

在曾国藩幕府的日子是吴汝纶一生中最快乐的时光，有良师，多益

① 郭立志撰：《桐城吴先生年谱》，雍睦堂丛书，卷一，第 10 页。

② 施培毅、徐寿凯校点：《吴汝纶全集》（四），黄山书社 2002 年版，第 103 页。

友；有高雅学术的沉静，有戎事倥偬的紧张。充满理想与机会的时光总是那样短暂，同治九年（1870 年），吴汝纶陪同调任两江总督的曾国藩回江南，随即北返，此生追随曾国藩的历程就此结束，但新的机会再次在他面前展开。

第三章　亦官亦幕

吴汝纶官场人事“懵懂”，但在晚清乱局中是清醒者。为官深州、冀州，代理天津知府，文教、治水、捕盗，官誉日隆，恢复文庙乐舞，均徭于亩，吴公渠，青史有声。李鸿章对以古文显扬天下的吴汝纶垂青有加，是因为其能写一手好文章，尤其擅长奏章，李鸿章的奏稿、电报，很多都是吴汝纶拟写。善于策划、计谋，这也是为李鸿章所器重的一个重要因素。

1. 千里之行赴任深州

同治十年（1871 年），吴汝纶补“深州迎养之官”，任直隶州深州知州。“迎养”，谓迎接尊亲同居一起，以便孝养。自古以来，官员就面临着为官与养亲的两难，传统文化追求事亲与事君的统一性，也即强调忠与孝的一体性，因此尤为重视官员的养亲问题。

这是吴汝纶所任的第一个实职。从此，他不再是一名依附他人的幕僚，而是独立一方的地方官了。当然，由于深州属于直隶总督所管辖，加之吴汝纶是李鸿章特意揽下的人才，所以吴汝纶免不了与李鸿章有着相当程度的依附关系。

同治十年（1871 年）二月十五日。一大早，吴牛庄吴宅，吴汝纶家人们进进出出，忙碌异常，早几天就租定了往下水的一只大船，今天是启程远行的日子。安排好老宅的看护，辞别送行的众亲友，吴汝纶小心侍奉着父母亲坐上去河湾的竹轿，一大家子，二十多口人，浩浩荡荡，喜气洋洋地赶往河边去乘船，小孩子们更像是过年，穿得五颜六色，跑前跑后，热闹得很。他们只知道要去很远的地方，至于远方是什么样子的，于他们是没有概念，也无需他们去思考。

赴任河北深州知州，千里行程，虽然早有准备，但还是让人颇生畏惧之心。吴汝纶经过仔细盘算，准备先乘下水船至南京，然后从扬州沿运河北上，这样比纯粹走陆路要省便得多，尤其是二十多口人的南北大迁徙。

虽然是下水船，因为眷口众多，一路走走停停，二十五日，才抵达南京。二十六日，吴汝纶安顿好船上的双亲和眷属，自己只身入城，赶赴总督衙门，拜谒恩师曾国藩，兼访幕府各位旧友。二十八日再次入城，遍访各位老友，离开时已经日暮，就没有回到停泊在下关的船上，夜宿幕府，倍感亲切和温馨。

三月初一日，是吴汝纶父亲（1809 年生）六十三岁寿辰。三十二岁的吴汝纶，自从参加科举考试以来，多年在外奔走，终于有机会为父亲奉觞上寿，而且今年儿子媳妇们齐聚舟中，大家端起手中的茶碗、口杯，以茶代酒，七嘴八舌，欢声笑语，喧哗热闹，其乐融融。局促舟中，虽无以为寿，父亲很是舒畅。

初八日，吴汝纶至凤池书院，书院山长是好友张裕钊，“与廉卿兄留连竟日，畅论文字，兴尽而返”，柔橹一声，夕阳明灭，真是快意之至。

这凤池书院可不一般。它是晚清江宁府考课书院，它的位置在南京箍桶巷附近。

凤池书院可以被视为晚清南京书院中的代表，它是南京仅有的举办童生试的两所书院之一，以“造就应童子试者”闻名，且当时有名的书法家、学者张裕钊担任山长，他学问渊博，长于欧苏之文法，书法熔北碑南帖于一炉，创“张体”。张謇、范当世、朱铭盘和马其昶等皆出自凤池书院。

张謇，著名实业家、教育家，原为通州秀才，其出身家庭债务繁重，为养家偿债，在同治十三年来到江宁，并投考钟山书院与惜阴书院，后拜在凤池书院山长张裕钊门下。范当世，清末文学家、桐城派后期作家，擅长对联，兼长古文，从张裕钊学习古文法，后得张裕钊等介绍，主持河北武邑观津书院，曾与张謇等一道致力兴办家乡教育，参与筹办南通小学堂。朱铭盘，著有《桂之华轩诗集》传于世。他的书法甚为著名，与张謇、范当世并称为“通州三生”。马其昶是桐城派末期的代表人物，师事桐城派作家方宗诚、吴汝纶。后经吴汝纶介绍，学于张裕钊门下。

在南京的日子，是吴汝纶一生中最美好的时光。在南京盘桓十有四日，“数见曾相，泛论今古”，对于这个官场新手，曾国藩所说的，多是可启发诱导人志气的。

从二月二十九日以后，吴汝纶隔天就要与曾国藩一谈，这个老师对自己亲手调教出来的学生，还是颇不放心。曾国藩告诉吴汝纶：“居官之法，不外‘勤慎’二字。事事可学游子岱。”要他多向前任深州知州游智开学习。游智开字子岱，湖南新乡人。曾国藩在江南时，称其“治行江南第一”，移督直隶，调游智开署深州，游智开在深州，“兴义学，减浮征，民大悦”，政绩卓著。当时方宗诚为枣强县令，也是政声颇著，时人将游、方并誉为“深州游牧枣强方令”，以表尊敬之情。曾国藩认为吴汝纶公牍奏章超过游子岱，而察言观色，驾驭下人之道，不如子岱，并且提醒吴汝纶，在北方时有人说他傲慢，这一点应该稍加注意。还说，吴汝纶可能对于逃跑的盗贼未能及时捕获，以及监狱的罪犯越狱等事情不肯耐烦，曾国藩所言“皆甚切至”。

老师临行嘱咐恳切周到，谆谆教诲唯恐有所疏漏，殷殷之情溢于言表。

初九日，先去总督府拜谒曾相，随后分别与各位老友新朋作别辞行，其情依依，宾主双方都多有不舍。此日（三月初九日）出城。十一日出江，过南京燕子矶。十三日，船抵达扬州，入扬州城拜访博学大师莫友芝（字子偲）。

莫友芝是吴汝纶在幕府特别崇拜的大学问家。经过扬州城，无论如何都要去见面再聊一聊。他是贵州独山人，晚清金石学家、目录版本学家、书法家，宋诗派重要成员。家世传业，通文字训诂之学，与贵州遵义人郑珍并称“西南巨儒”。

莫友芝在曾国藩幕府十余年。咸丰十一年（1861年）七月在安庆东流入曾国藩幕府，代曾国藩收购江南遗书，后又为曾国藩督领江南官书局，担任校勘经史之职。同治九年（1870）莫友芝任扬州书局主校勘。说起他跟曾国藩的结识，还有一段来历。道光二十六年（1846年）春，莫友芝再次进京参加会试，仍未如愿。一天，在琉璃厂书肆跟翰林院侍讲学士曾国藩相遇，偶然谈起汉学门径，曾国藩大惊，叹道：“黔中固有此宿学耶。”于是二人订交结为友好。

春天，扬州城阳光明媚。在扬州书局，吴汝纶与忘年交交谈甚欢，莫友芝长二十九岁。然而世事无常，让人痛心，这也是吴汝纶与莫友芝见的最后一面。同治十年（1871年）秋，莫友芝与其子莫绳孙同往扬州，途中染风寒之疾，医药不治，于九月十四日逝于舟中，终年六十一岁。时任两江总督的曾国藩率下属官员数百人前往祭奠，送挽联云：“京华一见使倾心，当年虎市桥头，书肆订交，平钦宿学；江表十年常聚首，今日莫愁湖上，酒樽和泪，来吊诗人。”由此可以看出，他在曾国藩幕府是一个响当当的人物，他在曾国藩心中也是颇有些分量的。

吴汝纶一路行色匆匆。

四月初一日，行抵清江，察看运河水浅船行受阻，于是就舍舟登陆，由江苏淮安清江上岸，走陆路至江苏淮阴苏北平原腹地王营镇。由于陆路崎岖不平，坐在车上非常颠簸，试行了几里，父亲不肯坐车，只好又派人回清江雇夫，改乘轿子。

初五日，宿江苏西北部、苏鲁交界处的邳州。初九日，过山东济宁的邹县，顺道拜谒孟夫子庙。十六日，宿山东德州，二十一日行抵天津。因为家口众多，在天津寓舍难觅，亲眷多人生病，因此只好暂时在天津停留，安顿歇息，延医治疗。

二十二日，吴汝纶一边安排好家人的生活，一边就去拜谒伯相李鸿章。

在见了李鸿章后，转达曾国藩关于“天津教案”张翰泉事的意思：希望能够网开一面，求朝廷早日赐还，于心稍安，因为毕竟是自己亲手处理的，也是翰泉运气不好，处于风口浪尖，属于误伤。李鸿章认为此时不能为力。他分析了眼下的情势，俄国三万金尚未领结，亦未抵偿，法国教堂亦未修成，去年之案尚未结清，无论怎么去运作活动，此时翰泉等人都不可能马上就会得到赦免。

李鸿章说："翰泉素来做官著有循良之声，为官声誉很好，又是同乡，如果可以施以援手，岂复爱惜气力，实在是知道其势不可行。"他又对吴汝纶说："如果有信寄给翰泉的时候，可劝他耐心等候，不要指望马上就赐还。"

在这种情势下，吴汝纶迅及写信告诉曾国藩这么几层意思，让他放下心来。

津案未久，时有余波，目前断无赐还之望，知其无济于事，不可轻率妄为。且写信给翰泉，告诉他具体情况，让其稍安勿躁。而且吴汝纶到保定之后，亲自询问翰泉的家属，知道戍所还不太苦，该处将军颇以优礼相待。在黑龙江流放之地，"惟风土殊异，怀思中国耳"。并且劝慰曾国藩，不必时抱愧疚之心，因为"办理此事，本无过当"，任谁来主持，都要这样处理。张光藻（字翰泉），是砧板上无可逃避的替罪之羊。

张光藻（1815—1891），安徽广德县人。咸丰六年（1856 年）进士，历任河北曲周、望都、蓟县、邢台等县知县，正定府知府。同治九年（1870 年）三月任天津知府。张光藻在内忧外患、清廷大厦将倾之际出任直隶天津知府，深感治理之艰难，但他不计个人得失，坚决维护津民利益，敢于据理力争，秉公办事。

天津自开埠以来，法国人在望海楼建立教堂，教士依仗教会势力，收买和勾结地方无赖之徒，拐骗妇孺，作威作福，民怨日深。张光藻到任不久，即发生洋人乘马直驰通街，踩死华人的命案。同年四月，法"仁慈堂"内几十名中国儿童相继夭亡，与此同时拐骗儿童屡屡发生，县官不敢查究。对此，群情汹汹，已成众怒难犯之势。张光藻深感身为地方父母官，应爱护百姓，护良惩恶，禀告三口通商大臣崇厚，但崇厚却拖延袒护，不予追究。同治九年五月二十三日（1870 年 6 月 21 日），万余名群众聚集教堂门前，要求惩办凶手，法国领事丰大业竟然到崇厚衙门咆哮怒骂，直至开枪打死津人。侵略者的暴行，使积忿已久的群众怒不可遏，群起殴毙了丰大业，抛尸海河，并放火焚烧了天主、仁慈各教堂，这就是历史上震惊中外的“天津教案”。

朝廷屈服于洋人的压力，先令直隶总督曾国藩，后又派中堂大人李鸿章到天津查办。张光藻被发配黑龙江，两年后获释归里。他以诗抒怀，写诗三百余首，归里后，辑成《北戍草》和《龙江纪事》上下两卷。他说：“是非曲直，藻不能辩，天下后世必有代为之辩者。”他相信历史会为他作出正确的评价。

曾国藩返回江南时，原本想带吴汝纶“自随”，只是囿于一年前才奏补其为直隶州同知留于直隶补用，加之李鸿章有掠美之意，曾国藩出于无奈，留下了吴汝纶。

曾国藩对于没能带走吴汝纶等人，确实有点耿耿于怀。他在家书中还特别提到这个问题：“作梅与存之、挚甫，李中堂均留之仕于直隶，惟桐云、勉林、俪秋、鹭卿拟调回江南，难于具奏（备文上奏）耳。”①

吴汝纶是否回江南的风波是“曾李二公争欲得先生自助也”。吴汝纶在陪送曾国藩到南京之后即返回北方，以直隶州同知补用的身份“留天津候差”。②

2. 初登仕版唯有“勤慎”

在天津耽搁了整整一个月。家属诸人，稍稍恢复元气，能够出行，已经是五月二十一日，于是拜客辞行。二十二日，由天津启程。二十三日宿河北廊坊大城县，二十四日宿河北沧州任丘，二十五日到河北保定高阳县，一家人在路边小饭馆吃了午饭，晚上十一点钟后，终于到达保定的寓所。

一路辛苦可想而知。

五月二十六日，一大早就到保定公署衙门办理文书手续，官衙方伯

---

① 曾国藩：《谕纪泽纪鸿》（同治九年九月初六日），《曾国藩全集·家书》（二），岳麓书社 1994 年版，第 1391 页。

② 郭立志撰：《桐城吴先生年谱》，雍睦堂丛书，卷一，第 12 页。

催令赴任。六月初六日出保定城，还有两百多里路程，而且沿途多处为水所阻，初九日凌晨三点才抵达河北衡水深州治所，初十日就到州受代，接官印视事。

独立为官与寄人篱下，确实大不一样。但是初次为官，也面临着诸多挑战。作为负责一方的官员，地方上的大小事情都需要自己搞定，或者有所安排。

从三月初九日离开南京，到六月初十日接印视事，吴汝纶三个月奔走尘土，行踪无定。刚开始到任，所请的幕友，又没有来得及一道同来，于是乎，所有的公务大小杂事，均集于吴汝纶一身，真可谓“一身百役”，忙得陀螺转，简直无法应付。接任数日以来，官、幕一身兼办，还不嫌难，只是疲劳过度，十五日夜写就天津信函四封，睡觉时已经是两点三刻，早上四点就又起床了，只睡了一个小时多一点。

在天津的时候，吴汝纶就抽空去找萧世本讨教做知县的基本路径。

在曾国藩幕府，萧世本与吴汝纶甚为友善，再加上天津教案的处理过程，更加接近，因此有什么话可以直接去问。天津教案后，在曾国藩的保荐下，萧世本实授天津知县，因此对于知县的官场实务非常清楚，而且萧世本在天津知县任上官做得也很出色，尤其是捕盗这一块，政绩尤其卓著。

萧世本，字廉甫，四川富顺人。天津民风彪悍好斗，大量流氓混混无赖游民为害地方，混混儿平日戴顶小歪帽，敞开衣襟，提眉横目，脚蹬蓝布袜子、花鞋，头上辫子接上大绺假发，所以时人又称混混为“花鞋大辫子”。萧世本对此类流氓恶棍从严惩之。天津地界本为通商大埠，诉讼案件多而芜杂，萧世本手里批阅口里审问，断决如神。捕杀大盗王洛八、谢昆，从此海道清肃。

在天津停留期间，吴汝纶曾步行至其署中，询问初任知县的为官方法。萧世本告诉他：“到任先派定何人执何事，人顺则百事就理，不必预先立章程，随时体察行事。对于自己所不知的事情，门下小吏都是熟悉的，能够为之陈述旧例，就不会担忧头绪不清了。”

萧世本在用人、约束家丁、处理与书吏关系等问题上坦诚点拨。萧世本说："要约束家丁，无事时常令其随侍在身边，则不敢出而为非作歹。"又告诫吴汝纶："至于书吏，在官场，他们自有应得之利，官员可不必过问，只是防备不使枉法获取利益就行了，如果过于苛刻，则水清无鱼，书役与官员格格不入，那么诸事都不能顺利办理了。"

与此同时，吴汝纶还入城请教道台、运台等地方官员。

傅孟樵观察与吴汝纶详细叙说了"深境甚属难治"之实情，饶阳、武强、献县交界，有廉颇庙，向来是盗贼出没之处。夜聚昼散，官府派人去捕，则闻风而窜远，这个地方是三县交界，此拿则彼窜，东捕则西逃，近日武强、献县就有盗案为两地县令互相扯皮。他还就地方财务问题，两次给吴汝纶建议。运台则言"做官与幕府办事不同。言词甚为恳切。"

还与当时署天津道的淮军将领、安徽肥西老乡丁寿昌相见。吴汝纶在日记中写道："见丁观察，略道吏治好名者之无益。余性不喜饰虚名者，嫉之过甚，转似忌克，宜以为戒。"虽然平生就不喜欢饰虚名的，但憎恨过头，转为忌妒刻薄，也是不好的，应该时时警醒自己。

赴任途中，吴汝纶亦主动请教州县同僚，先后与地方州县官员项少琴、徐本衡、何骏生、马允斋等就地方人事、捕务等细节相谈。

其中与沧州刺史项少琴谈得最多也最为详细。并且说到曾国藩任直隶总督时的清讼章程的弊端，他说："比如劫案一月二起记过一次，三起记大过一次，大过三次、小过六次，立即予以撤任，地方官员为了避免处分，不得不隐瞒盗案。有的地方百姓刁猾，谎报盗案挟制官长。还有每月审理案件，应结案二起，结案多者记功，少者记过，州县官员邀功避过，于是就有草率结案的。"

沧州刺史项少琴还具体说到管理书吏、衙役尝试之法：重要的事不要经门签的手，不许他们言公事；需要审核阅批的公文由幕友径送本官，以减少弊端漏洞；衙役好面子者，不要轻易斥责，应该以黜辱示罚。监狱的犯人应该稍加恩情，遇时节庆贺事赐以肉面，使知道感恩。

他说了一个书吏迎新任官员察言观色的“段子”：两手垂下者下等官，以手拄腰者中等官，负手于后而挺胸者上等官。并且提醒吴汝纶，初见书吏不要先问钱粮的数目，否则他们要笑话你这个官是来要钱的。

项少琴还说：“接印日要将历书倒插怀中，不要让一个人知道，然后出去接印，可以使书差不敢舞弊。”吴汝纶觉得此举迂腐怪异而难以置信。

上至布政使、运台，下至州、县官员，大到任地情况、前任作为，小到如何约束家丁、书吏，吴汝纶初次为官，不可谓不仔细，也不可谓不主动。

初次为官，遵从师嘱：唯有“勤慎”二字。

吴汝纶在六月二十二日写给曾国藩的信中说：

> 直隶今年雨水极多，有七十八十老人，皆谓生平未见之水。滹沱猪龙两河，泛溢于深州安平饶阳之交，几汇为泽国，而雨势未止。初登仕版，遽遭灾岁，真属莫之所措。此州民风敦朴，胥吏无甚黠滑者，绅士无出入请托者。某初到词讼稍繁，然民不刁健，判断尚易。苟非饥岁，勉竭心力，抚循（安抚——笔者注）当不甚难。被灾则贫民极多，无术绥辑（安抚集聚——笔者注）矣。

而曾国藩十月二十五日复信说：“阁下文学渊雅，识解迈伦，更能力矫视事太易之弊……古来良吏，岂有异术，亦惟心诚求之，临事不苟而已。”

曾国藩已进入人生垂暮之年，身体处在风雨飘摇之中，对世事有很清醒的认知，不愧为一代名臣，与吴汝纶有深厚的师徒之情，勉力鼓励前行。

3. 年轻吴知州的官府生活

同治十一年（1872年）吴汝纶三十三岁，这是一个颇为年轻的知州。

北方的院落，小孩子们奔跑，嬉闹，鞭炮不时响起，空气中弥漫着年的氛围。今年除夕，吴汝纶在官府陪家人守夜度岁，父母兄弟眷属皆在身边，终于一家人团团圆圆、快快乐乐过了一个称心如意的大年，多年来的愿景得遂心意。

正月初一，新年第一天，多日阴霾的天空终于放晴。

吴汝纶清早起来，第一个功课是“拜牌谒庙”。少顷，听得外边人声热闹，鼓乐喧天，州衙门院落正中，恭设“皇帝万岁万万岁”龙牌于亭，南向，设香案于亭之南。吴知州出来同众官拜牌贺节，随后便去文庙行香。明清时，外官逢节日或庆典向皇帝龙牌跪拜行礼以示朝贺。《清会典·礼部五·仪制清吏司四》：“凡各省官，三大节则拜龙牌庆贺。”

接着是与同城官员朋友往还拜年。吴汝纶拜了一圈回来，父母亲刚刚起床，兄弟相互祝贺新年，然后与兄弟一同向父母贺岁。父亲则拱手祝愿：孩儿们，步步高升，前程无量。说的都是些吉祥话语。母亲此时则从茶盘中拿出糕点，一一分发，首先分发的一定是方片糕，每人都有一小段，而且必须当场就品尝一下，寓意“步步高升”。这是桐城过年习俗，虽然到了北方，母亲仍然保留着在桐城过年的一些习惯做法。正月初一，又还有不少禁忌，如不动刀剪，不杀生，不扫地，不打骂小孩，不向外倒脏水杂物，不提陈年老账，不能打碎东西等，以求新的一年万事如意。

春节是民间传统节日，最为隆重，从农历腊月持续至次年正月十五。

每年进入腊月，杀鸡宰猪，捕鲜鱼，磨淀粉，扯挂面，做豆腐。

正月初一谓“春节”，也称“大年初一”。凌晨，家家户户燃鞭炮，俗称“开门鞭”，以庆祝“一元之始”。新年第一餐多食挂面、五香茶叶蛋和丰糕，喻意长寿、发财、丰收和步步高。年前还有接祖送灶等祭祀活动。正月十五元宵节，是整个年节的尾声，用糯米粉做皮子，以糖、芝麻等为馅做成汤圆，或煎或煮，别有风味，寓合家团圆、和睦美满之意。俗谚："闹了元宵，吃了汤圆，才算完年。"

大年初一，忙忙碌碌一整天。晚上十一点，吴汝纶检点好行囊，早早安寝，初二一早要启行去天津，因为正月初五是李鸿章五十大寿（生于1823年2月15日，农历是正月初五）。正月初三，晚上九点多才到达省城天津。初四日司道率领属员们为李中堂迎寿，吴汝纶与三位属员送呈寿文。初五日，吴汝纶早晨起来入院署贺寿。李中堂寿礼的场面很大，前来贺寿者络绎不绝。在院署，吴汝纶见到了前来贺寿的幕府诸子，在一片喜庆的气氛中，老朋友相见，问长问短，互相打趣，格外开心。

初六日，吴汝纶上司道署，入院，随后至天津安徽会馆一行。初七日，早晨起来见了几位前来拜访的客人，就出门拜客，转了一圈，回归寓所歇息。午饭后再出门拜访了几位客人，看看时间还早，抽空去书店逛了一通，夜灯时分归寓所。保定练军营副将史光圃来谈，意趣甚佳，直到三更才沉沉睡去。

十三日回深州。吴汝纶黎明即登车上路，行了七十里至祁州，在路边食店吃了早中饭，又行五十里，宿于定州东湖村人王培膏家。因为晚上赶路，随行的行李车错失道路，行李没有跟上来。王培膏是这个村子的乡绅，对于乡村的事务颇为热心，见到这种情况，就热情地留吴汝纶在家里住下来，晚餐颇为丰盛，出肴进酒，兄弟间和睦怡怡。吴汝纶详细询问，才知道这是义门孝义之家，五代人都在一个锅里吃饭，而没有分家。

在中国传统社会，士绅阶层沟通了庙堂与乡野，在乡村治理中发挥着不可或缺的作用。在清代士绅治理乡村颇有作为。士绅包括世族、世家、巨室、门阀、富商等，也即地方上有钱有势，有头有脸的人，是中国封建社会一种特有的阶层，主要由当地较有文化的中小地主、退休回乡或长期赋闲居乡养病的中小官吏、宗族元老富商财阀等一批在乡村社会有影响的人物构成。

何谓“士绅”？社会学家费孝通给出了一个外延很广的定义：可以是退任的官僚，或是官僚的亲属，甚至可以是受过教育的地主，他们是在中国传统社会中占有一定地位、发挥一定功能的一个阶层。比如族与族之间闹纠纷，争执不下，有关人员就在这里摆一桌酒席，把四方的士绅请到这里来“评理”。

十四日早晨又车行五十里，至晋州地界，在一个小村子吃了饭，路过无极县境内，吴汝纶车停路边，看见本来故道干涸淤积已久的木道河，忽然在昨天夜里发大水，询问村人，有说是上游凝结的冰块融化了，水势骤然涌出，也有怀疑这个水是滹沱决口流下来的。在小村吃饭后再行十余里，改乘马骑行百里，晚上九点来钟回到官署，父母亲都还没有睡觉。

来回路途，都要走整整两天，颇为辛苦。

同治十一年（1872 年）正月十七日，衙署接到命案的报告，吴汝纶五更即起，赶赴起凤庄相验命案。案件审得奸情，围观的村民都欢呼好官。验尸后登车，往返八十里，薄暮时分回到官署。吴汝纶此日心情颇舒畅闲适而自得其乐，很像应试时，写出得意文字出场时光景。多日来的劳累和烦闷一扫而空，吴汝纶初次品尝了做官被众人拥戴的成就感。

因为前一日起得太早，十八日九点才起床，二亲请安后，立即就是午饭时间，饭后阅完公事文牍，有堂事需审理，至傍晚才得以退堂。

还有一次，吴汝纶午饭后坐堂审贼犯，经过仔细甄别，识破贼犯的阴谋，最后贼犯自己承认是桩假案，颇为称心快意。

每天都这样，琐琐碎碎，大事小事，掰理不完，劳碌而无法读书。吴汝纶反思自己的行为时，又想起去年冬天齐澹斋劝他学曾相，每日治事读书，须立有定程，细事不必亲自处理，留精神以备大用。所说的都极符合吴汝纶的毛病，只是他认为齐澹斋所说的不亲理细事，似乎不一定对。吴汝纶知道自己平时迂阔不够周密，遇事不能条理缜密。去年曾相来信也劝他要“检察细务”。吴汝纶正反复思量曾国藩的这四字箴言。

4. 曾国藩死了，两棵大树倒了一棵

曾国藩去世，倚靠的大树轰然倒下。

吴汝纶离开南京不满一年的时间（三月初九日在南京分别），深州为官八个月后，曾国藩逝世。

吴汝纶在二月二十三日写给李鸿章的信中说道：“惊闻湘乡相国竟已薨逝，骇愕无已。”可见吴汝纶对于曾国藩的去世，一点心理准备都没有，犹如晴天霹雳。他在表达自己此时悲痛的心情时，引用了苏轼《祭欧阳文忠公文》中的“上以为天下恸，而下以哭其私”。这句话的意思是：（这件事）往大说既是全天下的不幸，往小说也是个人的不幸。

这对刚刚在深州为官才八个月的吴汝纶，绝对是个很大的打击，犹如山陵崩摧。他用如下一段话表达自己承受曾国藩的“私恩”之重，几乎让人哽咽不已：

> 某以草茅后进，承曾相招之门下，扶植而裁成之，至六七年之久，私恩亦云至矣。甫别一年，遽成永诀，痛何可言。[①]

李鸿章决定委派保定练军营副将史光圃，前往江南致吊。

同治十一年二月初四日（1872 年 3 月 12 日），曾国藩午后在南京西花圃散步，突发脚麻，曾纪泽扶掖回书房，端坐三刻逝世。

清同治十一年（1872）二月初六日（三月十四日）深夜，清宫内奏

① 施培毅、徐寿凯校点：《吴汝纶全集》（三），黄山书社 2002 年版，第 607 页。

事处的总管太监急匆匆地来到长春宫门口，手上捧着一份来自江宁（南京）的“六百里加急”奏折，叫醒了熟睡中的慈禧太后。睡眼惺忪的慈禧太后瞄了一眼宫女接过来的奏折封口，盖的竟然是江宁将军（主管驻扎地方的八旗军）封印，而不是两江总督曾国藩的大印。慈禧顿时倒吸一口凉气，睡意全无，自言自语说：“坏了，难道是曾国藩出缺了（死亡）？”一边心里暗自嘀咕，一边急忙拿着象牙小刀拆出奏折翻看，果然猜得没错，曾国藩病殁。“唉！”慈禧太后长叹一声，两行热泪，滚滚而下。

曾国藩去世，朝廷闻讯，辍朝三日。追赠太傅，谥号“文正”，于京师昭忠、贤良祠设位祭祀，各省建立专祠。六月二十五日，灵柩运抵长沙。七月十九日，葬于长沙南门外之金盆岭。

曾国藩出生普通耕读家庭，自幼勤奋好学，六岁入塾读书。八岁能读四书、诵五经，十四岁能读《周礼》《史记》《文选》。其一生奉行为政以耐烦为第一要义，主张凡事要勤俭廉劳，不可为官自傲。他修身律己，以德求官，礼治为先，以忠谋政，在官场上获得了巨大的成功。

曾国藩后半辈子当了十二年的总督，十年的两江总督，两年的直隶总督。按照当时清政府的俸禄计算，当这两任总督，他基本可以结余一百八十万两白银。但是曾国藩临死的时候，他的积蓄只有一万八千两，只占百分之一。而且这百分之一，他本来是准备自己告老还乡之后用的，结果也没用上，因为他在两江总督的任上死了。当然最后的这一万八千两也没剩下，办丧事给花得精光。因为他临死的时候交代自己的儿子，办丧事不准收礼。

所以原则上讲，曾国藩是一个没有留下遗产的人，除了在湘乡的一栋房子和里面的藏书。曾国藩一辈子对自己的生活要求都非常严。吃饭就用一个瓦盆，见客人的时候就穿着邋遢的破衣，因为他觉得自己又不是京官，穿那么好干什么。他一生穿的鞋袜衣服，都是自己的夫人和女儿做女红的产物，自产自销。

他的夫人姓欧阳，欧阳夫人在老家一听老公当总督了，就去投奔他，希望过点儿好日子。没想到，到安庆一看，总督衙门破烂得一塌糊涂，老妈子只有两个。这么一大家子，家务怎么操持得过来，所以欧阳夫人就自作主张到街上去买了一个丫鬟。曾国藩看见了就很生气，说咱家没必要花这个钱，有事自己做。最后逼着欧阳夫人把这个丫鬟给送人了，这不是什么廉洁，他就是觉得没必要。而且曾国藩一生有一个观念，不要给子孙留财。

作为清朝同治中兴的主要功臣，曾国藩身后的哀荣，在清朝的汉人中后无来者。功名之盛、勋业之隆，犹在其次，主要是他作为湘军的精神领袖，在与太平天国的战斗中，追随他的门生故吏就像撒种一样，遍布天下，各掌枢要。当时所有的总督中，与他没有瓜葛的只有两广总督瑞麟；所有的巡抚中，与他没有瓜葛的只有云南巡抚岑毓英。除此两人以外的封疆大吏无不当过曾国藩的部属，或者受过曾国藩的教，因此各派使者携带联幛赙仪（fù yí，向办丧事的人家送的礼），水陆兼程赶到江宁代为吊唁。

第一个到江宁的是直隶总督李鸿章所派吊唁使者，送来一副挽联，二千两银子的赙仪。曾国藩的长子曾纪泽遵照遗命，收下挽联，银两不受。李鸿章的挽联上联是“师事三十年，火尽薪传，筑室忝为门生长”，公然以曾国藩的衣钵传人自命，下联却不是门生的口气，“威震九万里，内安外攘，旷世难逢天下才”，是为苍生惜人才，占了宰相的身份。合肥宰相的文采用意高人一等，既捧了老师，也抬高了自己，可惜他后来并不待见恩师的后人。曾纪泽出国留洋后眼界大开，认为海军才是一个国家军事建设的重中之重，所以回国后谋任与海军相关的官职，却遭到李鸿章的打压与阻挠，无他，北洋水师是李的禁脔，即使是恩师曾国藩的儿子也不行。

和李鸿章相比，与曾国藩生前就一直闹不和，甚至在公开场合大骂曾国藩的左宗棠，却在曾国藩死后对曾的儿女们照顾有加。此时正在西北用兵的他也送来了吊唁的挽联：“知人之明，谋国之忠，自愧不如元辅；同心若金，攻错若石，相期无负平生”，开头那两句话是说，起初左宗棠用兵陕甘时，曾国藩没有因为私人关系不和而掣肘公事，反而派刘松山、刘锦棠叔侄率精锐老湘营前往西北帮忙，为左宗棠立下奇功。刘松山后来战死，左宗棠上书清廷请恤时说过刘松山与曾国藩的渊源关系，此时再用一次，加上“自愧不如元辅”六字，足见倾服之意。下联则解释两人过去不和，无非君子之争，不碍私交。曾府子弟都认为左宗棠的这副挽联最能抚慰九泉之下的曾国藩。因此，将左宗棠的挽联挂在最显眼处。

吊唁的挽联素幛足有一千副，从灵堂挂到东西辕门，只有一副没有悬挂，那就是湘潭王闿运所送的一副。王闿运不仅是一代文豪，而且还身怀帝王之学，生平常想着助人称王称帝，这一路性格很合权臣肃顺的胃口，所以奉之为上宾。肃顺被诛杀后，王闿运前往祁门大营拜访正在征战中的老乡曾国藩，在谦抑自守的曾国藩面前，王闿运的一番学说自然不起作用。曾国藩延揽人才，唯恐不及，独对王闿运落落寡合，恼火的王闿运只得怏怏不乐地回到湖南著书立说，后来写《湘军志》初稿时对湘军将帅颇为贬损，未必不和这次遭遇有关。

别人挽曾国藩，无不称颂备至，只有王闿运的挽联深表惋惜，惋惜的是曾国藩的相业与学术。他的上联是：“平生以霍子孟、张叔大自期，异代不同功，戡定仅传方面略”，这是说曾国藩没能像汉代的霍光、明朝的张居正那样有继往开来、笼罩全局的相业，可惜因为时代不同、遭际差异而只能做到平定东南一隅之地；下联是：“经学在纪河间，阮仪徵之上，致身何太早？龙蛇遗憾礼堂书”，这是用的东汉经学大师郑玄的典故，意思是曾国藩在学问方面的造诣超过乾隆年间的纪昀和嘉庆年间的阮元，可惜像郑玄那样，因为“岁至龙蛇贤人嗟”，合当命终，来不及把他置在习礼堂上，残缺不全的书籍，重新整理，惠及后辈。换句话说，曾国藩倘能晚死几年，必有一些经学方面的著作传留下来。就事论事，这才是真正的挽联，可是曾家及曾家的至亲好友，不是这么看法，认为王闿运皮里阳秋、语中有刺。

对于这副挽联当然不能退回，但也决不能悬挂，那就只有搁置，等开吊过后，与其他上千副的挽联，一起焚化。王闿运这副挽联虽然没有公开，却已众所周知。后来在光绪年间，有大臣建议将曾国藩配享文庙，与孔孟等圣人一起享用冷猪肉。但是有人翻出这副对联反驳，说曾国藩既无相业，又无经术，则“三不朽”的立功、立言，先已落空，所以配享文庙一事也就不了了之，算是为王闿运报了一箭之仇。

次年（1873年）正月二十二日，吴汝纶在日记中记载：“昨夜梦曾文正公。自公薨后，见者三次矣。”[①]

5. 乐的教化：恢复文庙乐舞

随着对州务的熟悉，各项工作都步入正轨。州官三件大事：文教、治河与捕盗。首先要做的是，整顿书院、恢复文庙乐舞。

吴汝纶首先从抓深州义学、书院入手，整顿州务。在整治义学的过程中，得罪地方豪强。

深州境内有义学一共二百四十余所，都是乾嘉年间建立。从前规章制度非常完善，现在则百弊丛生。有豪民侵占学租，移作他用的；有劣师自己识字有限，还每年把持义学，误人子弟的；有移丘换亩，匿多为少的；有捏造师生名册，欺骗官府，指无为有的。凡此种种，不一而足。

吴汝纶摸清这些情况，着手进行整顿，选择那些学田地亩较多者留之，其地亩少者，则数处归并一处。务求给足学生读书津贴费用，且任用书院考取的寒门子弟作为老师。那些废田难以恢复的，就将学租查归书院。凡穷家子弟真想读书的，未有送入义学的，收入书院。废除这些弊端丛生的义学，没收义学之田一千四百余亩归到书院，又为书院追回拖欠二十年的五千金。他认为，书院经费稍裕，厚给师生，买经史图籍，资助高材生阅读，必可造就人才。因此，四面八方的生徒请问学业，闻声而至。

---

① 施培毅、徐寿凯校点：《吴汝纶全集》（四），黄山书社2002年版，第747页。

当然，这件事情做起来，对老百姓是有好处，但是动了一些地方豪强的“奶酪”，触动了他们的利益，定会引起怨谤之声。州旧有义学二百四十余所，其学田豪民抢夺侵吞，前知州多注意于此，屡变其法而弊不除。

在整顿书院的同时，吴汝纶着力恢复文庙乐舞。

《诗》乐，即《诗经》礼乐，在演奏时，通过金、石、土、革、丝、木、匏（páo）、竹八音雅器的伴奏，为《诗经》庄贞典雅的文辞加诸律吕和节奏的把控，再以吟咏的方式唱出，搭配上建制完备的乐舞，恢弘浩荡，赫赫泱泱。《诗》乐既是华夏“礼仪之邦”美称的由来，更是我们中华优秀传统文化的核心内容之一。

吴汝纶对此，特别重视。

吴汝纶整治文庙乐舞，与不学无术的侍郎夏同善学使大人“杠”上了。吴汝纶重视儒家传统文化，觉得对于纯风俗、乐教化的文庙乐舞，应该投入大量精力去恢复。

每年阴历二月、八月第一个丁日祭祀孔子，称春秋丁祭。在过去，这是一项很宏大的文化活动。

州县各立孔庙，始于唐贞观三年。孔子为万世礼乐之宗，文庙祭祀，不许沿用民间俗乐。深州是京城郊外王畿之地，孔庙乐舞，空缺而没有。每年到春秋丁祭的时候，祭祀之仪式，简单粗率，诸事苟且，不一会儿仪礼就结束告退。

针对深州这种状况，吴汝纶决心下大力气修复乐舞，恢复丁祭应该有的仪礼。

他查阅畿南州郡，只有定州庙学，从道光末年前知州宝琳修复乐舞，至今没有失传。于是招延定州乐舞工，让他们作为老师，招募人练习。吴汝纶率领管理文化事务的僚佐，在乐舞练习的现场，天天查验，歌舞声容初步具备，不到一个月，已经把定州之术，全部学到手了。

但是，文庙乐舞中，凤箫琴瑟埙（xūn）篪（chí）等乐，定州都已经失传，无从访学。吴汝纶记得自己往年曾经见过浏阳老儒邱之稑（lù）

所著《律音汇考》《丁祭礼乐备考》二书。该书记述贯穿了古今庙舞乐器的规制，尺寸分毫不差，左图右说，甚是精审。

南方孔庙礼乐，首推浏阳，都是邱先生倡导的。往年曾文正公克复安庆金陵，由浏阳招致邱君生徒二人，有意修复礼乐，后来因为种种原因，而最终没有办成。吴汝纶曾经与邱之稑的徒弟相处，常常听他们谈论乐舞音乐的一些端绪，了解到乐器制作的大概，凤箫二十四管，为各乐器的总领，律吕之大全。这是用竹管制成的校正乐律的器具，以管的长短（各管的管径相等）来确定音的不同高度。从低音管算起，成奇数的六个管叫作“律”；成偶数的六个管叫作“吕”。凤箫之尺寸不定，则各乐器失去法度。

而制乐器的办法，一定用周尺作为标准，据中国矿业大学尤明庆博士考证，秦尺之前的周尺为二十一点五厘米。过去朱熹的门人潘仲善，从会稽司马侍郎求得周尺，邱之稑绘图于其书中，吴汝纶曾经从独山举人莫友芝处，寻得古尺的长度，用来校验邱之稑书中所画的图形，则周尺长短不合，但是据此尺寸制出的乐器却合乎中和之声，也即宫商角徵羽五音中的商声，所以就以邱氏之尺作为定准。

深州有秀才王家范，娴熟音乐，兼通勾股之数，于是令其招募良工，截竹为筒，分门别类标出音律高低，先制成凤箫，其各管长短尺寸，都依据邱氏的图形，做成之后吹奏起来，音律都很协调。于是埙和篪等乐器，都依据图形进行制作，音节高低，无不和谐。至于琴瑟之音，邱氏都是依据孔庙乐章著之为谱。王家范略通指法，让他依谱操弄琴弦，教习生徒。诸生演习操练，又花了一个月时间，众乐粗备，差不多可以观听。

对于古乐，吴汝纶其实也是门外汉，但他善于学习，对于要达成的目标穷追不舍，终于让失传古舞乐再放异彩。

从四月开始到七月完成，历时四个多月，购造乐器，操练人员的伙食开支，共用去“京钱一千九百四十一串”，都是吴汝纶自己捐助的。

乐舞练成之后，八月文庙丁祭，四邻州县年高德劭的儒者，争集庙门，扶着拐杖，兴致勃勃观看乐舞，都以为是特殊的礼遇。

此次练习乐舞，所有选募的八十八人，一律录取为佾（yì）生。佾生是指考秀才虽未入闱但成绩尚好者，选取充任孔庙中祭礼乐舞的人员，获得佾生资格则下次考试不必参加县试、府试，只参加院试即可，又称“半个秀才”。遴选了四人专门练习丁祭时的仪节，作为丁祭之礼的主持，还拟挑选三十二人作为额外佾生，倘若额内佾生有事出缺，即令额外佾生挨次递补。

同治十一年（1872年）十月二十九日，晨起，吴汝纶查验完行馆，因为学使大人要来深州督访学政。所谓行馆，是古代官员来访的临时住所，这是给学使准备的住处。厨房正喊着吃饭的时候，忽然报告学使到，吴汝纶没有来得及去吃早饭，急急忙忙出来候在道路的左侧，等了好久，学使的随从来到，又过了一会，前面传呼：“学使至矣。”见到学使夏同善侍郎，吴知州与他的副手站立道旁，恭恭敬敬分别呈上自己的手板。

事后，吴汝纶发表感叹：看着自己当时的样子，是特别不能忍受，陶渊明当年不肯束带折腰事督邮，真是能够让人感同身受。

学使，即学政。所谓学政，是提督学政的简称。又叫督学使者。清中叶以后，派往各省，按期至所属各府、厅考试童生及生员。均从翰林院或进士出身的官吏中指派，三年一任。不问本人官阶大小，在充任学政时，与巡抚、巡按等平行，都是三品衙门，是清代省级最高教育行政长官，每省一人，隶属中央，不归地方巡抚节制，在任期间皆按钦差大臣礼遇。

学使一行前呼后拥到了行馆，吴汝纶率深州众官员进谒，礼仪完毕，吴汝纶兴致勃勃地禀告学使，深州在孔庙乐舞方面的创制，使已经失传的琴瑟埙篪排箫等乐器重新焕发生机。具体在讨论到佾生数目的时候，学使欲裁减人数，执乾隆年间的旧例，认为只可以用四十人。

吴汝纶查了《会典》所载文庙乐舞生人数，乐部门有佾生三十六人，乐舞生五十二人。学使颇不赞同，而且态度非常坚决，不肯改变，并且说：“这是所谓的粉饰官场吏事，对于文教之事没有什么用处。”吴汝纶听后很生气，认为学使根本就不懂孔庙乐舞，立即告辞出来，叫随从人员料理好提供给学使的酒食，自己先回到衙门，在贡院等候。

十一月十三日，是学使安排的深州选拔考试的日子。吴汝纶应该到场点验名册，因为头天夜里有捕盗事，倦卧失误，没有赶上一大早开考前的点名，学使很不高兴。后来与州官星阶谈起学使夏同善，星阶告诉他，这个学使器局很小，又没有什么学问，经常在下面狐假虎威的。

吴汝纶在日记中写道："折腰尘土，行止不得自由，令人生拂衣江湖之想。"

在深州，吴汝纶对于文化事业非常热心，有一件唐代石碑形佛塔，他颇有眼力的热心保护起来。

十二月二十日，保定练军营副将史光圃来谈。他虽然是武官，但也是文人出身，对古迹颇有兴趣，跟吴汝纶在许多方面甚为契合，与吴汝纶相约至武邑境内访唐碑。

二十一日晨起，吴汝纶与史光圃骑上高头大马，一众簇拥骑兵十余人，步兵五十人，至武邑县孙家村。这块石碑形的造像塔上刻有长篇铭文，咸丰五年，才从水中打捞出来，到吴汝纶他们去看的时候，将近二十年了，无人过问。吴汝纶和史光圃都对这个文物颇有兴趣，认为是个文化遗存，石塔上的铭文，书法水平极为高超，不应该让其风吹雨打，任其湮灭，令军士运归深州孔庙。孙家村与深州接境，唐朝时就已归属于武邑县。那个石像的旁边还有残石十余片，没有字。二十二日，军人搬运石塔至孔庙，吴汝纶与大哥肫甫同至孔庙，观察估量其合适的安置位置，最后确定移存于东厢房孝子厅中，文庙乐舞所置的乐器也存放在此处。

马君起造的佛像石塔，作为纪年较早的唐代佛堂形组合式造像塔，原初可能作七级或九级方形密檐式结构，马君起等人建造此塔，主要目的在于为去世亲人及合家眷属积累功德、祈求福报。该塔对于认识同类佛堂形组合式造像塔的性质具有重要参考价值。该塔在晚清时倾倒并被水淹没，咸丰年间出土后又被数次挪动，且塔的构件多数佚失，大不同于原初面貌。吴汝纶在《深州风土记》中记载：“右浮图为石室而居象其中，记文在其右壁浮图旁。”又过了十年，武邑人到深州请求归还此石塔，却被深州方面所拒绝。该塔记文完好，字画尤绝精，成为海内共传的宝物。

6.“均徭于亩”，百姓利益为先

做官的自律与自觉：简税、治河、捕盗。

作为一任州官，谋的不是自己升官发财而是官声，关注的是老百姓的利益，为民做了哪些事情，甚至拿出自己的薪俸补贴公用。吴汝纶一大家子人，薪俸供养捉襟见肘，深州又是贫瘠之地，而且他又不会“谋钱”，吴知州的穷日子可想而知。

吴汝纶深州任上就主动切实关心老百姓生活，以百姓利益为先。

减税：不恢复旧例——义仓积谷，免得扰民，增加百姓负担；治水：为百姓谋利益，并且以工代赈，焕发积极参与的活力。

在深州，吴汝纶“初生牛犊不怕虎”，刚到深州任上，布政使钱敏肃命令恢复义仓积谷制度，所谓“义仓”，即地方上为防备荒年而设置的公益粮仓。吴汝纶向上言说其弊，他说：乾隆时，方恪敏公做总督，下教建立义仓，那时国家全盛，朝廷和老百姓，上下交足，名器贵重，所以给个七品官衔，甚至以下，人们都争着纳粟。现在富人消亡，朝廷就是给个四品、五品，也没有人肯为义仓积谷。并且认为这是扰民之举，下属各州县趋之若骛，唯独深州搁置没有恢复。

同治十二年（1873 年），吴汝纶拜谒东陵时，有小吏跟他言说道光初年知州张杰的“摊丁法”。摊丁入亩，按地亩之多少，定纳税之数目。地多者多纳，地少者少纳，无地者不纳。吴汝纶认为“均徭于亩，张杰之议善矣”。于是统计州境之内的田亩，依据征粮簿册而全部均徭于亩，均徭之法，废除了人头税，简易而没有弊端。这项措施有利于贫民而不利于官绅地主，给穷人卸下了沉重的枷锁，铲除了官员的摇钱树。

治河。

同治十一年（1872年），直隶雨水极多，七八十岁老人都说平生没有见过这么大的水。滹沱猪龙两条河，洪水泛滥成灾，在深州安平县、饶阳县的交界处，几乎汇成泽国，而且雨势不见停止。

吴汝纶初任州官，就遇到这样的大灾之岁，真有点莫之所措。好在深州民风还敦朴，胥吏没有很奸猾之徒，而且地方绅士也守其本分，没有出入官衙请托关系，干扰州政的。初到官任，虽然狱讼稍微繁杂，但是老百姓不刁蛮，判断定案还算容易。如果不是饥灾之年，勤勉努力，安抚存恤应当不太困难。遭遇水灾，范围又是非常广，灾民极多，没有办法安抚集聚。

吴汝纶给李鸿章上书直言，往年治水，“不识水性，不测地形之过”，详述自己统筹各县人员，寓工于赈，以西法治河的思路，并且根据今年洪水泛滥的情况，吴汝纶提出颇有见地的治河之议：河水治理要抓源头。希望李鸿章能够委派懂勘察测量之专门人才，前往查勘，先筹河水的去路。

同治十二年（1873年）正月初二日，吴汝纶出行考察河务，了解治水情况，实际情况比吴汝纶预想的要严峻得多。

行至饶阳县小堤村，绕村都是河，询问当地居民，说去年饶阳修河，每亩费钱百文，不过略略修治，并未真切办理，所以至今河道仍然浅狭，两岸不见堤埂，冬春水枯，河流还与地面平，一经汛期涨水，怎能没有水患呢？走过几条河流，都是如此情况。日暮，到支洼村宿于旅馆，这个偏僻的村庄，更是受水灾严重，老百姓苦不堪言。村子南面就是滹沱正流，从安平县流过来，询问居民，说去年并没有修河，只是春间曾小挑堤埂，发水的时候，马上就冲走了，所以至今并未见到堤埂。吴汝纶考察了这些情况，对于治河，心中就有了定盘星。

捕盗。

晚清时局动荡，社会治安下滑，直隶屡经兵燹，民生困苦。深州的饶阳县、武强县一带，盗贼甚多，向不安静。

深冀一带，有史光圃副将练军，搜捕积贼，极为出力。入冬以来，吴汝纶亲自吩咐各村，轮流打更守夜，一家被贼，合村齐起。务令各村自保本村，近来境内还安静无事。深州有旧俗，一村有乡长一人，有月头十二人。月头大多是殷实富裕之家，分领人户，有条不紊，得保甲的意味，这是好的制度。

吴汝纶还对联捕章程提出自己的建议，认为近来盗贼增多，是由定例处分过于严苛，使人讳盗不敢报告，因而对于盗贼不能完善及时治理，现在应该稍微宽限此体例，有利于地方捕盗的积极性和主动性。

7. 丁忧中断仕途，重然诺居张树声幕

同治十二年（1873 年）正月初一。黎明即起，拜牌谒庙，然后与同官团拜。入内府，随父母亲祭祀祖先，祭祀完毕，与兄弟家人上二亲寿，接下来是出贺亲朋好友。老父亲也出外遍贺亲朋，脚发软，行走不便，吴汝纶搀扶而往，回来的时候，是五弟（诒甫）扶着。吴汝纶悄悄看着父亲的情形，觉得健康状况与去年大不相同，心里想，生活条件才有所好转，本应该享一点清福，觉得甚为缺憾。

三月，为两宫太后谒陵做准备，李鸿章派吴汝纶随直隶布政使“稽查桥道”。自京师至东陵途中，一日，与方伯谈，话题颇多涉及在枣强做知县的恩师方存之，并且对于傲吏多委婉而隐晦的批评，吴汝纶认为是项庄舞剑，方伯是在说自己。因为赴北方之前，曾国藩就曾经提醒过他，有人说他傲慢。

三月初一日，是父亲育泉公的生日，吴汝纶奔波劳碌于道路，查看路桥，不获称觞上寿，并不获叩头遥祝，感觉自己罪戾无穷。忙完太后谒陵公事，初八日返回深州的时候，父亲的病情已经危重。深州地处荒

僻，医生药物两不凑手，十四日下午三点钟，育泉公逝世，享年六十五岁（生于 1809 年）。

吴汝纶面临的困难很多，无钱难倒英雄汉。父亲的病故，中断了他的仕途。

他在三月二十二日写给李鸿章的信中说：

> 丁忧秉牍，计已上达钧览。目下殡殓成服，草草办毕，专俟新任受代，即当扶丧侍母，南还营葬。惟两年承乏深州，荷吾师逾格优容，毫无报称。所可告慰者，未肯朘（juān 剥削——笔者注）削穷黎，以饱囊橐。全家数十口，绝无负郭之田（本指近郊良田，也泛指田——笔者注），服官以后，未尝增置一金之产。此次南旋资斧（路费——笔者注），现尚一筹莫展，迢迢数千里，无计谋归。曾经入官受禄，告贷又复无路。若全家留滞北方，父丧不能归葬，此则断端不忍。赋命穷薄，遭此闵凶。反复思维，智尽能索。上负知爱之恩，衔哀叩谢，草土（指居亲丧——笔者注）瞀（mào 心绪纷乱——笔者注）乱，他无可言。①

同治十二年（1873 年）四月，吴汝纶南下丁忧前，曾赴天津拜谒李鸿章，表示“拟三年读《礼》，不肯奔走衣食”。因此，丁忧之初，江苏巡抚张树声及河南观察汪毅山等人的入幕之请都被他辞谢。

但是，生活是严峻的。丁忧在家没有俸禄，断了生活来源，又没有积蓄，只能改变初衷。吴汝纶扶父亲灵柩归家后，四壁萧然，方忧饥寒之不暇。也颇以此自慰，于内可以让父亲瞑目九泉，于外可以无愧于曾文正公。然而衣食之谋，究竟不可以置之度外，站在自家的屋前大枫香树下，看着波光粼粼的池塘，他想，未来的日子，靠什么为生呢？

---

① 郭立志撰：《桐城吴先生年谱》，雍睦堂丛书，卷一，第 22 页。

正如好友黎庶昌所言“至甫（吴汝纶字）堕入火坑矣”。李兴锐、齐澹斋、李少郛等时居李鸿章幕府的曾幕旧友，纷纷致信或关心、或转述李鸿章之意，招吴汝纶入幕。

但是，最后吴汝纶决定来年居张树声幕府。这里有几个方面的原因，而促使他改变想法的主要原因就是生计问题。吴汝纶居幕府五年，居官两年，“未尝增置一金之产”，归家后“营葬买山亦无资斧”，“老母就衰，无以为养”，甚至“朝夕饘（zhān）粥无以自给”。张树声时任江苏巡抚，居其幕方便处理家事，所以吴汝纶决定临时置身于此，这也是一个重要原因。留居张树声幕府还有另一个深层原因，深州任上两年多的历练，使吴汝纶隐约意识到自己非“仕宦之才”，希望在居丧期间能够专心文事。

江苏巡抚张树声函邀入幕，吴汝纶九月十五日回信，以丁忧在身婉拒，但同时表示，“小祥之后，仍须出营甘旨（甘旨，养亲的食物）”，父亲丧事料理完毕，“定即趋附铃辕，稍伸谢悃”。[①] 意即赶赴长官的公署，以表达感谢的诚意。这就是说，父亲丧事周年后可以去张树声幕府。古时父母丧后周年的祭礼名，谓之“小祥”，即第十三个月举行的祭礼，祭后可稍改善生活及解除丧服的一部分。大祥，父母丧后两周年的祭礼，即第二十五个月。

同治十三年（1874 年），吴汝纶三十五岁。五月底入江苏巡抚张树声幕。

五月初六日，吴汝纶辞别母亲和肫甫兄，携熙甫小弟启程赴苏州，一路走走停停，沿途山景稽留，直到三十日才抵达苏州。张树声以上宾之礼优待吴汝纶，让其心中颇为激动。安排他住在深净轩，此轩为宋牧仲抚吴时所修葺，是抚院中风景最优美的地方，有园，有池，有荷，有竹，有树，有石。

六月初一日，张树声安排聚会，介绍吴汝纶与幕府各位幕僚见面，

---

① 施培毅、徐寿凯校点：《吴汝纶全集》（三），黄山书社 2002 年版，第 610 页。

会面后，吴汝纶检点自己携带的书籍，在幕府遇到桐城老乡徐宗亮（椒岑），与其纵情畅谈终日。

吴汝纶与同乡文友徐宗亮早有交往，且互相欣赏，此次相遇于张树声幕府，颇为高兴。主政深州时，吴汝纶曾阅徐宗亮所作诗，认为其七言律诗高于其他各体，尤其是七言短章，往往超群出众，焕发光彩，只是选字琢句还欠点火候，这是读书写作少的缘故。

徐宗亮（1828—1904），字晦甫，晚号菽岑。晚清桐城派作家。宗亮少袭骑都尉世职，守志不仕，历参胡林翼、李续宜、张树声、李鸿章诸人幕府，以文章交游公卿间。其文章雄健有法度，得桐城派宗传，张裕钊、吴汝纶都极为推重。

作为桐城派后期的作家，徐宗亮后来有两件事情值得一说。

同乡文士戴名世在《南山集》一书中引用福、康、桂三王年号。后《南山集》案发，成为清廷置戴氏于死罪的罪状之一，徐宗亮引清高宗御批《通鉴辑览》中也以福、康、桂三王为终明之世为据，为戴名世鸣不平。

光绪十三年（1887 年），徐宗亮作为边将恭镗的幕僚赴黑龙江，考察边境，了解该省与沙俄帝国接壤的部分疆土当时被沙俄入侵等情况，并分析了中国与沙俄一弱一强的原因，提出自足自强的办法。历时三年，撰成《黑龙江述略》六卷。详载山水风俗，政治利弊，议必附事，事必稽实。光绪三十年，日俄开战，沙俄战败，其在东三省的权利，让归日本。如此结局，徐宗亮在《黑龙江述略》一书中早有预见。

六月初二日，吴汝纶晨起，心情颇为安宁，也没有杂事缠扰，好久都没有大声读书了，他拿起韩退之文集，翻到自己喜欢的篇目，大声诵读起来。上午徐宗亮来，又与之一谈。午后小睡方酣，外屋有人大声议论，让吴汝纶惊醒，原来是看到今天刚出版的新闻报，上面印有高度军事机密的皇帝的诏令，以及沈葆桢星使绝密奏疏。星使，帝王的使者，古时认为天节八星主使臣事，因称帝王的使者为星使。

一时议论纷纷，大家都认为这是特别怪异的事情。其实，中国官府所谓机密，外人无不暗中探知，根本没有所谓机密可言，此时新闻报纸才开始创办发行。

这个“泄密”事件正是发生在日本侵略台湾时。密疏和涉及军事机密的谕旨为何见诸报端，让人觉得不可思议。

同治十三年（1874 年），日本以琉球船民漂流到台湾，被高山族人误杀为借口，发动侵台战争。清政府起初对日本的一系列侵台活动毫无所知，直到四月十九日通过英使威妥玛才始知此事。五月十一日，清政府照会日方诘责，并于十四日下令派福建船政大臣沈葆桢为钦差大臣，率领轮船兵弁驰往台湾，并授予他处理日本侵台事件的军事外交大权，筹划海防事宜，办理日本撤兵交涉。日本入侵台湾是对中国在台湾的主权和领土完整的一次挑战，对中国来说，这是一次严重的边疆危机。

居然这样的机密都能泄露，朝廷还有什么秘密可言。

这天，熙甫小弟去苏州街市，逛了一天，傍晚才回。

六月二十六日。到苏州将近一个月，吴汝纶检讨自己，没有设定要完成的课程，每日游玩谈话的时候多，对于书籍只是泛泛浏览而已。面对昔日的同僚，张树声显然不能委以琐事。吴汝纶在张幕中很悠闲地过着读书会友的日子。

居张树声幕府之际，也一直关注着京师时局的各种变化。九月初五日，吴汝纶见到都城某官与某中丞的信，谈论圆明园停罢园工之事，以及最近恭亲王与皇帝发生的冲突。

这个事情的原委是这样的。

同治皇帝六岁登基，此后由慈禧、慈安两位太后垂帘听政，恭亲王奕䜣担任议政王，处理朝政。到同治十二年（1873 年），已经十八岁的同治皇帝正式亲政。这年八月，同治皇帝下旨，“将安佑宫暨两宫皇太后驻跸之殿，并皇帝办事住居之处，略加修葺”，也就是他要重修被英法联军烧毁的圆明园。同治皇帝的旨意下达后，引发朝野的震动，御史们纷纷上书反对，因为此时的清朝国力衰弱，国库空虚，内忧外患，根本没有重修圆明园的经济实力。同治皇帝可不管这么多，毕竟他是皇帝，他下诏免去上书官员的职务，对群臣的反对意见进行压制。重修圆明园工程开工后，同治皇帝借视察园工为名，多次微服夜游圆明园并宴乐，弄得满城风雨。

群臣在奏折中要求速停园工，同时还提到，“外间传闻皇上在内宫与太监等以嬉戏为乐”。这引起了同治皇帝的反感，他甚至在召见大臣时，对奕䜣说：“此位让尔如何？”但让同治皇帝更愤怒的是另外一件事。当恭亲王奕䜣的弟弟奕譞说出同治皇帝微行的时间、地点后，让同治皇帝当众出丑，他非常尴尬，一时语塞，因为同治皇帝微服私访的场所是烟花柳巷之地。后来同治皇帝才知道，原来自己微服出访这件事是被载澄（奕䜣长子）泄露出去的，因此他决定报复。同治皇帝甚至写下“杀王之诏”，得到皇帝诏书的大学士文祥赶紧找到了慈禧太后，“泣诉”杀王之事。慈禧太后说：“尔勿言，将诏与予。”杀王之事乃息。既然杀不了恭亲王，那就免去他的官，同治皇帝又下诏，免去恭亲王的一切职务，交宗人府严议，之后再度下诏，将恭亲王奕䜣降为郡王，革掉载澄一切爵位。

消息很快就传到了后宫，慈禧太后不能不出面了，她和慈安太后赶紧来到弘德殿，垂泪安慰恭亲王，斥责同治皇帝，“十年以来，无恭亲王何以至今日！皇帝少未更事，昨谕著即撤回”，换言之同治皇帝给恭亲王父子的处分，一概不算数。这一页算是翻过去了，但荒唐的同治皇帝很快为自己的荒唐行为付出了代价，四个月后病死。

吴汝纶与张树声二人彼此应早有耳闻。张树声“读书好为深沉之思，尤究心经世之学”，曾先后居曾国藩、李鸿章幕府，在皖北办团练与太平军作战。吴汝纶一家南下时，张树声曾派拨轮船，使其老母免受风涛之恐。丁忧之初，张树声曾先后三次函请吴汝纶入幕，并以苏省情形“谦怀下问”。九月，吴汝纶在致信感谢张树声拨船送其母南下的同时，对张树声大加称赞，并表明自己在父亲丧事“小祥”之后，也即来年赴张树声幕府。

李鸿章当年不惜得罪老师曾国藩，设法将吴汝纶留在北方，为何吴汝纶丁忧后，没有立即将其招入幕府呢？吴汝纶父亲刚过世，李鸿章不好马上提出要求，而且吴汝纶也向李鸿章表明了自己三年内不奔走官场的心愿，很显然，吴汝纶对未来生活的艰辛认识不足。李鸿章在吴汝纶回家安排丧事后，曾托人向他转达了邀请入幕的希望，可惜迟了一步，此时他已经答应了张树声的邀请。他是一个重诺之人，不愿食言。张树声是同治十二年七月向吴汝纶发出邀请，而李鸿章则在十一月才托人致意。吴汝纶在致友人的信中说："弟接齐澹翁来信，传述李相之言，招弟入幕。先子尚未安葬，不能远离。自七月以来，江苏张振帅三次函请，义难推谢。前于澹斋翁信函未到之时，鄙处复书振帅，已许小祥之后，当即赴招，则明岁恐难到北，将来窀穸（zhūn xī，埋葬）事毕，定即投奔李相，以报知己耳。"①

吴汝纶显然对恩师李鸿章心仪已久，张树声之幕只是其暂留场所。他在得悉李鸿章之意后，内心起伏不定，同治十二年十二月二十三日（1874 年 2 月 9 日），在致李鸿章的信中表达了自己的心声：

某前禀缮发（缮写发出——笔者注），迭接振轩三函见招。情谊恳切，复书许以期月（期 jī 月：一整年。——笔者注）之后，出而相从。赐谕饬令北行，侍教门下，既以稍酬知遇，亦可藉秉钧诲（大人教诲——笔者注），于仕于学，均望进阶，私计可谓至便。虽坚辞振帅，渠（他——笔者注）亦不得以成约在前，便相鄙薄。惟先君葬地未得，不敢弃丧远行。拟于来春竭力营求，倘能早卜宅兆（墓地——笔者注），大事告竣，即当趋谒马前，敬效奔走。若一时猝难就绪，则拟暂在南方栖迟，便于往来求索，庶亲棺不至久停。某此后功名学识，一奉函丈（老师。古代讲学者与听讲者，座席之间相距一丈。后用以称

① 郭立志撰：《桐城吴先生年谱》，雍睦堂丛书，卷一，第 23 页。

讲席，引申为对前辈学者或师长的敬称——笔者注）为依归。趋奉日长，只以亲衷自尽（这里所谓的“自尽”，意即独断自主，不管时人作何评论，尽心尽力去孝亲即可——笔者注），伺候稽时，悚皇何极。[1]

张树声其人。

张树声（1824—1884），字振轩，道光四年（1824 年）生，安徽合肥人，廪生（秀才经过岁考和科考两试成绩优秀者）出身，淮军将领。历任道台、按察使、布政使、巡抚、总督、通商事务大臣等职。是淮军开明派代表人物，提倡“采西人之体，以行用”。张树声兄弟九人，他排行居长，二弟树珊、三弟树槐、五弟树屏，后来皆为淮军将领。

同治元年（1862 年）新年一过，首批招募的树（张树声）、铭（刘铭传）、鼎（潘鼎新）、庆（吴长庆）四营陆续开到安庆集中。曾国藩对这批新招淮勇十分关注。各路团练来不久，曾国藩就在府中亲自召见张树声、刘铭传、潘鼎新、吴长庆等新任营官，以及准备充当营官的李鹤章、吴毓芬、吴毓兰、张树珊、周盛波、周盛传等十余名将领。

与曾国藩第一次相见，颇有意思。

以张树声领头，刘铭传等人排班而入。张树声体貌修硕，而刘铭传短小精悍，曾国藩迎至廊下，往来徘徊，独步至两小时之久，未出一语相咨询。张树声领头，皆垂手列队，肃穆恭敬，恪遵秩序，没有人敢发出一点声音。小个子刘铭传气最盛，以为曾文正是侮辱他们这些将领，挥袖摩拳，势将用武。在此间不容发之际，曾国藩笑盈盈地迎向他们说：“诸君均人杰也，今日之会，难道是上天有意使我们兴盛起来吗？我已经传令下面摆好几筵，与诸君聚饮，尽今日欢。”席间，畅谈用兵方略，规复计划，跟张树声、刘铭传这帮将领，亲密无间，犹如久已投合的老朋友。

---

① 郭立志撰：《桐城吴先生年谱》，雍睦堂丛书，卷一，第 23—24 页。

曾国藩推重“相人术”，常常先凭对手下相面，即所谓第一印象，作出考评。观察下来，发现张树声最为沉着耐心，而刘铭传则性格暴烈，二人尤得曾国藩之赏识。

张树声在淮军诸将中，是除李鸿章之外最早得任督抚一品大员要职的，一直官运亨通。清代官制以文制武，非文途出身者难至督抚，武途出身积功一般只至提镇，难以再往上升至节制一方的总督、巡抚之位。

让张树声出名的是日本欲侵吞朝鲜的“壬午事变”。

光绪八年（1882 年）四月，李鸿章因丁忧回籍，奏由张树声署理直隶总督兼北洋大臣。张树声接任不久，就遇到朝鲜发生内乱。以朝鲜国王之父大院君李昰应为首的保守派，因不满国王李熙、王妃闵氏推行新政，以克扣兵饷为由聚集乱兵生事，冲击王宫，烧毁日本使馆，杀死日本练兵教头崛本等七人。日本领事花房义质连忙逃回国内搬兵。朝鲜国王、闵妃亦不知所踪，国内乱作一团。日本早有侵略朝鲜之心，趁此事件正欲借端发事。当年农历是壬午年，所以史称“壬午事变”。

数日后，在中国天津的领选使金允植、鱼允中，向清廷禀报事实真相，请求宗主国出兵靖难。朝鲜古有“箕子之国”称谓，明清以来，向为中国的宗藩国。张树声接到报告后，一面上报总理衙门请示办法，一面致电李鸿章磋商意见。由于担心日本借机介入，而军机不可延误，张树声立即派北洋水师提督丁汝昌，持自己亲笔信函，去山东登州见到“庆”军主将、官任广东水师提督的吴长庆，并约吴长庆至天津面商对策。吴长庆接信后闻变即行，立即赶赴天津。刚住进事前安排好的公馆后，张树声即带着一名随员，“微行至该公馆，密商派兵东征”。因为知道当时“日本在北京、天津都有间谍”，非得如此才能保密。

张、吴商定对日采取强硬外交政策的方针后，吴长庆立即赶回军营，发出紧急命令，预备开拔。数日内，由海军提督丁汝昌率“威远”军舰，及招商局“镇东”“日新”“拱北”等轮船，将吴长庆部五营近三千人马东渡朝鲜。登陆后，吴长庆、丁汝昌以及随行马建忠、袁世凯等人查明情况，采取迅速果断措施，缉拿主要凶手，设计扣押肇事主谋大院君李昰应并立即乘军舰解付中国，使事态迅速平息下来。日本领事花房义质搬兵来迟一步，刚到朝鲜港口，已见多艘中国军船停泊，“日本大将海军卿屯兵海口，相顾错愕，狡谋不敢发。”最后被迫接受签约撤兵。这次军事行动运筹得非常成功，使中国在朝鲜问题上，与日本交涉中处于极其有利的位置，朝鲜转危为安，也使中国避免了不利局面。

正是由于张树声能够及时果断、迅速调派淮军吴长庆部自山东渡海入朝，平息朝鲜内乱，杜绝日人觊觎，才较为顺利地使事件基本圆满解决。这次事件，是晚清时期中日三次纠葛中，第二次取得胜利。事后，有人评价这一次如果还是李鸿章的话，以他一贯优柔寡断的作风，断不至如此迅速。张树声果断指挥成功处置事变后，清廷下旨：“此次朝鲜乱军生变，张树声相机调度，督率有方，著赏加太子少保衔。”

光绪十年（1884 年）法军侵略越南，张树声派军入越南抗击法军，为防法军入侵，他派兵在越南谅山、高平等省择要驻守。主张公开支持刘永福的黑旗军和越南军民抗法。但朝廷战和不定，淮军在北宁战败后，张树声自请解除总督职务，专门治军。不久受革职留任处分，仍办理广东防务，其间亲住黄埔行营，勘察地形，训练部伍。当年十一月病逝于广州，谥靖达。

光绪元年（1875 年）七月，吴汝纶母亲病故，他辞去张幕，丁内艰。如果说父亲的病故，使吴汝纶的仕途不得不中断的话，母亲的病故，则无意中给他一个辞别张树声幕府的理由。其实，李鸿章的幕府早已经向他打开了大门，辞别张幕，对于李鸿章、吴汝纶都是件翘首以待的事情。

8. 行走三个多月的“北游”

光绪二年（1876 年）五月二十日，清早起来，吴汝纶在母亲的灵牌前哭了一通，告诉母亲，儿子将要离开家乡北游。

告别兄弟，带着书册，吴汝纶孤独的上路。大哥肫甫、小弟熙甫都生病不能行，二弟诒甫送他十多里，不忍别，派人回去取马，想载他一起走，马未至，于是兄弟一道步行，又走了十多里，一路走，一路观览众山，顺便看看哪些地方可以作为父母的墓地。到了傍晚，与诒甫同宿于李氏祠堂。

二十一日晨抵达官埠，与桐城县丞见了一面，早饭后，出游抱龙山，到山下，遇雨不能行，于是折回官埠，晚上宿于官埠集上。二十二日，雨仍未止，再住一晚。二十三日，早饭后雨停了，于是出行，诒甫站在山涧边上，久久不愿离开，直到吴汝纶走得看不见了。

这天，吴汝纶抵达天峰庵。

天峰庵，位于菜子湖畔，依山傍水，奇峰怪石。有令牌、大印、青蛙之巨石，前有白象、青狮两山锁湖口。庵旁石壁下一沼泉水，清澈见底，久旱不枯，水提了马上又满了，虽阴雨不溢，故曰定泉，北有石如蛙，面对定泉，有跃跃欲试之态，因名蛙饮定泉。

天峰庵是吴汝纶族人吴君友，在明末，舍弃家宅而创建的。后曾几度遭劫，净土竟成废墟，有老尼姑募资重新修建起来。前县令史丙荣、族人吴絅（jiǒng）庵先生及吴汝纶父亲吴元甲，都有文字记载这件事情。现在住在这个庵里的，老尼姑的外孙吴泰山，是吴氏族人。七十多岁，而相貌清腴，肌理润泽，看上去只有三四十岁的样子。吴泰山敬仰佩服吴汝纶父亲吴元甲，听说吴汝纶读书取科第，屡次想见吴汝纶，而其一直奔走宦学，十多年都没有机会相见，今年听说吴汝纶回来了，吴泰山扶杖来吴牛庄，访吴汝纶不遇，听说吴汝纶的弟弟读书也很好，坚决要求见一见。吴泰山双目失明，目不能视，就用手摩抚小弟，自头顶到肩膀，往下捉住其手腕而笑。等吴汝纶到他的居所，则又捉着吴汝纶手而笑，并且说："你年少得科第，游于当世大人公卿间，这是乡人所赞赏的，但是我以为不足贵，应当更加磨砺自己的品质才能，你父亲文才很深哦，要想不辱没先父，不容易做到啊！"吴汝纶一直以来，内心颇为骄傲，听到这些话感到害怕，恭敬而局促不安，好像芒刺在背。这天吴汝纶跟吴泰山谈到深夜，吴泰山所说的都是些告诫的话。

该寺创建于明崇祯七年（1634 年），始名天峰庵，清乾隆十六年（1751 年）改庵建寺，香火鼎盛，咸丰时为贼所焚，今为屋二重，房屋特别壮丽，诸佛像皆雄伟，都是吴泰山所募建的，寺里僧徒听从其教导，事佛甚谨，猪鱼鸭鸡不入厨房，还有连盐也不食的。

吴汝纶是这样描写这座山的。

> 其山有怪石卓立云表，端平而锐上，如丰碑，高且千寻，其下数石叠承之若趺（fū 足背——笔者注），其旁有方石大连屋，远视之若印，其他倾欹（qī 歪斜——笔者注）削立之状，行其侧懔懔（lǐn 危惧——笔者注）若且坠压者，是其怪石杰特（不平常——笔者注）之气，宜有异人生其间。泰山殆是耶？①

天峰庵在菜子湖的东边，张英、张廷玉父子双宰相的祖坟，在菜子湖的西边，也即现在的桐城市嬉子湖镇胜利村。

张廷玉发贵的祖地叫落凤窝，有凤凰一对，所以出他父子两人，人称父子双宰相。他家的祖坟是棺上加棺形的，有许多传奇。

张氏祖坟，背依山岗，形似凤凰；近旁两山相峙，状若凤翼，故名“落凤窝”。面临大湖，朝案山为“笔架”，湖作“砚池”，湖中左有一大一小水岛，称之为“印墩”。“落凤窝”地处菜子湖滨，白天渔船舟楫往来，如同打躬作揖，夜晚渔火闪烁，星罗棋布，犹如万盏明灯，有“日有千人唱喏，夜有万盏明灯”之胜。

湖的对面就是天峰庵，所以张相国家人特别看重此庵。“其后张相国家以为其祖墓之前湖得是山而为之束也，绝重此庵。”②

张英、张廷玉家的祖坟地，是明朝一个有名的风水先生史仲宏相中的。史曾经受城里魏姓大财主重托，跑遍全县都没找到好地。一日来到

① 施培毅、徐寿凯校点：《吴汝伦全集》（四），黄山书社 2002 年版，第 773—774 页。

② 郭立志撰：《桐城吴先生年谱》，雍睦堂丛书，卷一，第 25 页。

菜子湖畔，忽见一只五彩缤纷的大鸟落到山冈丛林里。经打听，其地名叫燕窝地，史说不如就叫“落凤窝”好。谁知那魏姓财主嫌地不好而放弃。其时张铁匠（张英之父）也在找地葬母，史见张铁匠为人忠厚老实，便劝其将老母葬于“落凤窝”。下葬时按史指定位置挖穴，当挖到半人深时，竟挖出一块大石板，上有“前葬出司马，后葬出翰林，只准棺上加棺，不准移棺再葬”刻文。史仲宏一看，高兴地说：“果不出所料，将相之地也。”

张氏祖茔，石碑正中阴刻大字云：“明张氏四世妣慈寿胡太君之墓”，上款阴刻“陕西布政司参政孙淳立”，下款阴刻“保和殿大学士十世孙张廷玉重修”。

游杨桥花山中方寺。

二十四日，吴汝纶自天峰庵渡水，沿着杨桥镇的花山往东，再折返向南，登上小龙山巅，寻访仰慕已久的中方寺，到了中方寺下起了大雨，就冒雨游览了一番，也别有滋味。

中方寺历史悠久，而且寺名远扬，各地香客纷至沓来，顶礼膜拜。寺内有座大钟，重有千斤，悬在大雄宝殿，每天届时响起，声音浑厚，传遍四面八方。明熹宗朱由校亲赐“中方禅寺”。大字不识的天启皇帝，除了有些木工天赋外，只能算荒唐昏聩的大顽童。他是明光宗长子，生于1605年，1620年即位，号“天启”。在位时，“凡事愦愦”，任由宦官魏忠贤当道。

大明皇帝亲赐寺名，当时在安庆府，在桐城县，轰动一方。中方寺何等了得！

而这一切，都与桐城吴本如有关。“天启间，吴本如开府请敕，赐为中方禅寺。”（道盛《天界觉浪禅师全录·小龙花山中方寺记》）马其昶《桐城耆旧传》称吴本如为“司马吴公”，道盛大师敬其为“吴本如开府”。吴本如，字本如，号余庵。万历二十年进士，授临川令。后任浙江按察使、布政使。

中方寺依山而建，主建筑有三层大殿，顺着山势，一层高过一层。大殿之中，由青石板铺地，花岗岩石砌阶，让人拾级而上。寺中有一大院落，为佛事活动提供条件。寺东有平房数十间。房后有一池泉水，清澈见底，取之不竭。寺西有一塔，叫普同塔。塔身不高，是专供历代僧人存放骨灰的场所。寺内有大小菩萨上百，绝大部分皆为铜铸，形态各异，栩栩如生。

吴汝纶漫步于崎岖的山道，茂林修竹，古树参天。走在山路上，时近晌午，日照高林，树影投地，山风习习，凉意袭人。远观寺庙，它在万绿丛中，时隐时现。微风乍起，竹树晃动起来，飒飒之声不绝于耳，始知中方寺不仅是佛教圣地，而且也是风景极佳的避暑之处。

下山，吴汝纶食于村民家，又走了二十里路，晚上住在姓王的村民家里。王家有两个儿子，曾经想跟随吴汝纶学古文，后来因为种种原因没有成行，今天吴汝纶来到他们家，王氏二子执弟子礼特别恭敬。

二十五日，到安庆，刚下车就大雨倾盆。在路途中间就已几次下起小雨，到此雨更大，连日夜不止。在安庆停留将近十天，人事匆促急迫，绝少佳趣。

闰月初一，是家奠的日子，吴汝纶待在旅舍，想着兄弟在坟前上食告哀，自己却只能远离，这种哀痛无法言说。有从家里出来的人，告诉吴汝纶说，出门的时候，大哥因为兄弟远行很难过，第二天旧疾复发，等到诒甫回家时，大哥的病正发作得厉害，四五天后才稍稍平复。大哥已经病了有三年了，家乡没有良医，病魔久不脱体，吴汝纶想到这里，不禁又独自悲伤起来。

初六日，与方守彝同行，夜里上了开往南京的轮船。

方守彝（1845—1924），字伦叔，安徽桐城人，方宗诚大儿子。

初七日，轮船抵达南京。

吴汝纶下船拜访安徽庐江老乡吴长庆（字筱轩）军门（清代对省级最高绿营长官提督的尊称）。

听说他在大江的西边，就渡江抵军营，下船询问才知道原来是在乌龙山，再南渡，晚上住在江岸旅舍。初八日，坐船至乌龙山，留宿营中，第二天一早，吴长庆亲自带他参观军营所做炮台，炮台墙壁坚厚，而放置大炮的垛口不很灵便，吴汝纶心里想，大炮布置太密，临敌施放，一定相互震撼。炮弹交织于前，烟炎张天，不能看见敌船，反而会被敌人钻了空子。

吴长庆（1829—1884），字筱轩，安徽省庐江县人，太平军转战安徽，其父吴廷香创办团练，对抗太平军，咸丰四年（1854 年），战死庐江，吴长庆痛父殉难，与太平军不共戴天。咸丰十一年（1861 年），奉两江总督曾国藩令，收复庐江，攻占三河。曾国藩即令其以所部五百人，创立淮军庆字营。

吴长庆是光绪八年（1882 年）中国军队成功平定朝鲜“壬午兵变”、稳定朝鲜社会秩序的军事统帅。

吴长庆是淮军重量级人物。

他的幕府中俊彦毕集，其中更涌现出两位日后举足轻重的关键人物——北洋军阀首领袁世凯和状元实业家张謇。吴长庆是淮军名将、儒将，吴长庆与袁世凯叔祖袁甲三、嗣父袁保庆及袁世凯本人有着三代世交关系，青年袁世凯投军吴长庆部，受到吴长庆的特别关照和精心培养，脱颖而出，迅速成长为一名优秀青年将领，可以说，吴长庆是袁世凯的“伯乐”。

吴长庆长吴汝纶十一岁，既是老乡又是宗家，战功卓著，功名赫赫，吴汝纶平日就颇为钦佩，而且也走得比较近。

初九日，吴汝纶从乌龙山坐船回来，抵下关，宿于长龙船中。初十日，到南京水西门。

在南京停留七天，吴汝纶很高兴地读到张裕钊最近写的文章，感觉比之前更加奇崛有味。勾留于张裕钊的凤池书院，谈论为文之事，与其盘桓悠游好几天，临别仍然依依不舍。真是老友相聚不易，离别也难。

十八日，船从南京开行，准备到六合去问候一下好友李佛生，晚上宿于瓜步，十九日，舟到城下，见佛生，停留一天。佛生因为六合的税务问题，最近刚被弹劾罢官，但是却没有看到郁郁不得志的情绪，然而柳子厚云："长歌之悲，甚于痛哭。"李佛生一直勇于进取，锐意功名，在遇到人生这么大挫折的时候，能如此克制情绪，保持镇定，是南来数年闭门读书的功力。劝慰了一番老友后，吴汝纶于心有戚戚焉。

二十一日，自六合开行，未出内河就天色已晚，于是宿于船上。

二十二日抵扬州。方守彝一人入市闲逛，得书数种，都是精品好版本，吴汝纶看到非常眼红。二十三日，方守彝告诉吴汝纶，昨天看见一本很好的胡刻《通鉴》，问他要不要买下来，大概是吴汝纶想分守彝所买的好书，他吝惜舍不得，所以用这个话来宽释争端，吴汝纶听了他的话，笑了笑，就买下胡刻本《通鉴》。

这天晚上仍然住在扬州城外，二十四日抵达高邮，本想去慰问一下老友董策三，没有见到，董策三其时在苏州，见到其弟董捷三和长子董增禄。

二十五日，到江苏宝应，拜见张树声，毕竟刚刚离开中丞幕府。二十六日，张中丞留吴汝纶吃饭叙旧。席间，闲聊到丁日昌与李子和的一些可笑的事。中丞又说，见到李鸿章深州义学之事奏稿。吴汝纶关于深州义学的所有作为，所有努力，全部前功尽弃。吴汝纶心想，自己在深州两年，愧无政绩，只是查处废弃义学，并其产于书院，厘定章程，还稍有成绩。到任时书院每年收入三千余串，卸任时增至六千余串。当时李鸿章对此举也是颇为肯定，下发公文，要将吴汝纶所定章程刊入志书，让各州县照此办理。没有想到三年之内，这个事情就有迁变，大概州县前后更易，人各一心，此亦一是非，彼亦一是非。吴汝纶感慨：此老子所以谓万物为刍狗也。刍狗做好以后，在还没有用来祭祀之前，大家对它都很重视，碰都不敢随便碰；等到举行祭祀以后，就把它扔下不管了。

这个事情，对吴汝纶为官的信心打击颇大。

离开宝应，抵达平桥，二十七日抵清江。

自闰月二十七日抵清江，盘桓三日，六月初一，由清江买舟，沿运河西上。

二十三日抵济宁。济宁，是吴汝纶人生中一个重要的节点。从这里他步入曾国藩幕府，成为一名出色的幕僚，从这里，他开始了追随曾国藩的岁月。所以，济宁的一草一木，对于他来说，都是有格外的情感。斯人已逝，他又重新北上，念及此，涕泗横流。

从济宁改登陆路，行五日至济南堂兄吴康之寓舍。

吴汝纶这个堂兄，由于父亲早逝，一直跟随吴汝纶父亲，也是一个奇才人物，不仅文章写得好，诗作得好，还因为书法漂亮，得大学士宝鋆的赏识，由抄写而幕僚，做了山东巡抚谭端恪的幕客，没有考取科举功名，通过举荐，也做到知县。在山东二十年，做过六地知县，政绩都还颇为不俗。

吴氏兄弟感情一向很好，自小在一起切磋文事，有说不尽的话题。这次吴汝纶北上，反正有的是时间，好不容易兄弟相见，格外珍惜。在此地，与兄弟流连了一个多月。

七月二十四日，由济南堂兄处启程，行三日至德州，把随从诸人留在德州，吴汝纶单骑赴枣强探访恩师方宗诚。

此时方宗诚在枣强县令任上。

方宗诚的起步，得益于霍山吴竹如，他在任山东布政使时，从友人方鲁生处得《俟命录》，将主要内容函致大学士倭仁，倭仁录其要为经筵课程。方宗诚由此驰名京都。曾国藩、胡文忠慕其名皆以礼相聘，辞不受。同治元年（1862 年），河南巡抚严树森应诏疏陈治国方略，方宗诚入严幕，奏疏多出其手。后曾国藩为直隶总督，推荐方宗诚为枣强县令。李鸿章继任总督，与方宗诚亦交往甚密。

方宗诚知枣强县十年，办乡塾，兴书院，整顿祀典，刻印当地前贤遗著，编修地方志，兴办义仓，储粮备荒。每遇灾害，及时勘察灾情，兼及邻县受灾情况，如实上报，不避忌嫌。多次请求李鸿章奏免地方钱粮积欠。虽为政一县，谋虑所言皆宏远大计，事关全局，李鸿章多采纳施行。时深州知州游智开，兴义学，减浮征，政绩颇著。时人将游、方并誉为“深州游牧枣强方令”，以表尊敬之情。

吴汝纶与方宗诚有一种亦师亦友的关系，他在北方盘桓多年，一直跟方宗诚保持着密切的来往，有重要事项，会直接向方宗诚请教，而且会得到切实的指导，读书作文亦多有交流，有时，吴汝纶在方宗诚面前又像个孩子，还会卖点乖。

9. 正式步入李鸿章幕府

吴汝纶八月初七日至天津，十一日入李鸿章幕府。

光绪二年（1876 年）五月，即母亲病故一年后，应直隶总督兼北洋大臣李鸿章之邀，吴汝纶终于踏上了北上的旅程。经过三个多月的长途跋涉，于八月初七日（1876 年 9 月 24 日）抵达天津，十一日，入李鸿章幕府。

怀着对仕途的矛盾心态，对文事的钟爱不舍及对家人的惦念，吴汝纶入李鸿章幕府的心态与当年入曾幕时积极有为的心态已经完全不同，而这正决定了吴汝纶在李鸿章幕府的作为以及与李鸿章的关系。

吴汝纶居李鸿章幕府仍然多读书作文。因为“近年颓惰特甚，出见故人，各有新著，而余独空无挟持，心甚耻之”。至李幕不久，吴汝纶即下决心“今将严立程课，庶不至虚玩岁月，草木同腐”。

李鸿章幕府的发展分为戎幕与洋幕前后两个阶段。

李鸿章在镇压太平天国与捻军时期建立的幕府以军事为中心，故称之为“戎幕”。清朝内乱平息后，李鸿章不仅出任直隶总督，还兼任北洋大臣，一时权倾朝野。这一时期，李鸿章大兴洋务，广征国内外洋务人才，以充实其幕府，其幕府也随之由戎幕转为洋幕。

李鸿章是一个很重实际的人，他的幕府中“多精明练达之士，而绝少道学先生，即文学侍从之臣，亦不多见”。那么，李鸿章为何对以古文显扬天下的吴汝纶垂青有加呢？吴汝纶能写一手好文章，尤其擅长奏章，显然这是其中最主要的因素，李鸿章的奏稿、电报，很多都是吴汝纶拟写。

光绪二年（1876年）八月至光绪七年（1881年）二月间（补冀州之前）的绝大多数时间里，吴汝纶的正式身份是李鸿章幕僚，除光绪四年（1878年）居家营葬，光绪五年（1879年）九月至光绪六年（1880年）二月，代理五个月天津知府，皆在李鸿章身边。此间，李鸿章奏疏“多出汝纶之手”，由于拟奏需要，吴汝纶对时局也有广泛关注。光绪二年（1876年），作《历代盐铁矿论》。光绪三年（1877年），惠陵竣工，同治皇帝灵柩将入宫永安，按礼制神主应同时升祔太庙，但太庙九室已满，如何安置，群臣筹议，吴汝纶遂作《升祔杂考》。[①] 光绪六年（1880年），中俄交涉归还伊犁问题，“崇厚与俄人议定条约，殊多曲徇（曲从）”，时局紧张，吴汝纶作《私拟沥陈时局疏》。[②] 十一月，刘铭传求其代作请建铁路疏，即刘后来所上《筹造铁路以图自强折》，吴汝纶在疏中感慨时艰，语多激切，随后，李鸿章力排众议，上《妥计铁路事宜折》，赞成修建铁路。此折名为李鸿章所作，但其实也是负责拟奏的吴汝纶所创。此外，已经转入李鸿章幕府的吴汝纶老乡徐宗亮编的《通商约章类纂》一书，吴汝纶亦“颇与采掇之役”，深度参与其中。[③]

其实，吴汝纶还善于策划、计谋，也是为李鸿章所器重的又一重要因素。

李鸿章幕府此时已转入洋幕时期，幕僚多协助李鸿章办理洋务、外

① 施培毅、徐寿凯校点：《吴汝伦全集》（四），黄山书社2002年版，第327—341页。

② 施培毅、徐寿凯校点：《吴汝伦全集》（四），黄山书社2002年版，第391—394页。

③ 吴汝纶：《与桐城县令龙赞卿》（三），黄山书社2002年版，第108—109页。

交，身居其中的吴汝纶，出于拟奏的需要，亦由经世之志使然，对当时的边疆危机、洋务运动皆悉心关注，从而对晚清内忧外患及官场之复杂，有了更深刻的认识体会。吴汝纶日后在洋务、外交上认可李鸿章，于清流颇为不屑的立场，都与此间居李鸿章幕府的经历不无关系。

吴汝纶居李鸿章幕府期间，无论是对幕府实际工作的参与还是与幕僚的交往，其主动性都不比居曾幕时期。除家事原因外，更主要的是吴汝纶自身心态的变化，多年的幕府经历，使吴汝纶对官场中事多有耳闻目睹，此间又经历深州知州任的历练，对于晚清世事有更为深刻的认知。

10. 衡水，衡水

吴汝纶与衡水似乎有着不解之缘。衡水是吴汝纶在北方为官之地，深、冀两州均属衡水。

光绪二年（1876 年）八月十一日入幕，到光绪四年（1878 年）在李鸿章幕府待了不到两年的时间，请假回家营葬父母，幕僚生活不得不中断。

光绪四年（1878 年），吴汝纶家居营葬，一年未出，父母入土归山事情完毕后，携眷北上。

光绪五年（1879 年）三月十七日行抵山东禹城县，到堂兄吴康之官所，此时吴康之做禹城知县，吴汝纶侧室欧氏已经怀孕，挺着个大肚子，行动不便，因此留眷属于禹城。吴汝纶继续北上，闰月初六日至德州，然后赶赴吏部，办理相关验放的文书。

光绪五年（1879 年）七月八日，儿子吴闿生在山东禹城出世，这年吴汝纶三十九岁。

九月，吴汝纶应李鸿章之荐，代理天津知府。在天津知府任上一共干了一年五个月，光绪六年（1880 年）二月初三日交卸天津府事。

吴汝纶之所以匆匆辞去天津知府，应该与其兄长病重垂危，急于返家照料有关。大哥在老家病入沉疴，当他准备南返，又接小弟熙甫的来信，说“病势十退八九，医谓万无一失”，因又商定不归。吴汝纶寄银三百八十余两，交卸后，补署略无消息，囊中空空。

三月十一日，兄吴汝经肫甫去世。吴汝经道光十四年（1834年）生，享年47岁。大哥读书其实也是很不错的，与吴汝纶一道考取秀才之后，科举之途一直不顺，郁郁不得志。短暂的一生都在与病魔抗争，也曾经出外做过张秋军的幕僚，无奈身体不行，最终还是病倒在家。

对于大哥的去世，吴汝纶悲伤不已，他在三月与小弟熙甫信中说：

> 前因吾弟止勿南旋，谁料竟与伯兄永隔幽明，伤如何之。①

“南开之父”严修，在1879年成为吴汝纶的门生。

严修，字范孙，祖籍浙江慈溪县。清顺治年间，其七世祖严应翅因经商举家迁居天津。1879年严修应顺天乡试，乡试之前是府考，府考的主考官是知府吴汝纶。按照清例，严修和其他考中者都是吴汝纶的门生弟子。

光绪七年（1881年）三月补冀州，闰七月初十日，到任直隶州冀州知州。吴汝纶四十二岁。

这次“例补冀州”，是经“李相疏题”。

在冀州任上，吴汝纶治理一方的策略得以充分施展，绩效亦得到充分验证，在深州可以说是小试牛刀，刚摸到门道。初任冀州时，其施治思路与任深州时大体一致，但以光绪十年（1884年）为界，此前诸事不顺，此后，虽时有波澜但毕竟渐有起色。

吴汝纶与河北衡水结下不解之缘。前后两任州官：深州、冀州，都是归属现在的河北省衡水市。现在的衡水在全国出名，是因为一个出学

---

① 郭立志撰：《桐城吴先生年谱》，雍睦堂丛书，卷一，第28页。

霸的衡水中学，《中国学科竞赛500强中学排行榜》曾经发布，河北衡水中学位列全国第一名。

吴汝纶父亲的外公左为镄还做过河北邢台县知县。不过，不得上司喜欢，受到非常不公正的对待，连皇上都看不过眼。

吴汝纶在日记中写道：

> 先祖母左太淑人，读书通大义，汝纶幼时见伯祖逸斋府君为太淑人传云："太淑人右手拂菜根，左手翻阅《通鉴》。太淑人父为直隶邢台县知县，循吏也，以不获上去官。"顷读国史《梁肯堂传》，肯堂为直隶总督，乾隆六十年，大计劾州县，左为镄才力不及，奉旨："该员经梁肯堂奏请调繁，何仅阅三年，又以才力不及填劾？左为镄著照部议降调。该员忽行调繁，忽行参劾，并未据实声明，既于政体不协，且易启督抚任意轩轾之渐。及经饬令明白回奏，反含混其词，不自引咎，殊属非是。钦此。"此可见圣主明见万里，当时大吏安敢自行其私意哉。所劾左公，即太淑人之显考也。①

在冀州为官，从整顿文教开始。

还是入手即整治书院，大力弘扬文化教育。这对于吴汝纶来说是轻车熟路，但是实施起来也是困难重重，好歹为了实现目标，他有万折而不辞的精神。

吴汝纶主政深州、冀州，施治都以整顿书院为切入点，而整顿书院又以"专务积产书院"为开端。在深州，吴汝纶裁并义学、田产归书院，第二年即为书院筹"得六千余串，拟加考生膏火"，李鸿章本赞成此举，但吴汝纶因丁忧离任深州后，从张树声处得知义学田产已大半发还，及至后来与好友景翰卿谈到此事，还耿耿于怀。"往年在深州，追查已废

---

① 施培毅、徐寿凯校点：《吴汝伦全集》（四），黄山书社2002年版，第749—750页。

之义学，归入书院，迭经禀陈利弊，奉师相批饬勒碑刻志，永不许拨还，可谓结实矣。其后一人买折妄参，而朱敏斋、李鉴堂遂复查还义学，仍归各村私囊，彼其查还之时，固亦托为美名”。[①]

他感叹：世间哪有公论也！成事如拔山之难，败事则不费吹灯之力。

到任冀州之初，吴汝纶上书李相，拟将各县“每岁捐款”“又所捐江南灾赈”及庙产等归入书院，次年，为书院“筹银一万二千九百五十两，钱一万九千二百三十缗（mín，一缗钱就是一贯钱，一千文铜钱，值银子一两），置地九百二十亩，延名师，备膏火”。

吴汝纶为书院聘山长之事则大费周章。从中也可以看出他为人的“温婉”，为事的百折不挠。到任冀州的当年十月，吴汝纶欲聘王树楠（字晋卿）为冀州信都书院山长。

当时王树楠在李鸿章的通志局任编纂，且在莲池书院读书，黄彭年（字子寿）是其老师。直隶总督李鸿章聘彭纂辑《畿辅通志》，修志之余，兼主讲保定莲池书院。

早前，直隶总督曾国藩聘请王树楠祖父在省城保定莲池书院讲学，王树楠在书院随读。曾国藩闻其名，专门召见指导读书治学，传授古文义法，训勉鼓励，谈话两个多小时，王树楠深以为荣。后来李鸿章任直隶总督，见其文章，拍案惊赞，十分赏识，称之为“苏长公后第一人”，对其文采评价很高。苏长公即苏轼，苏轼虽叫“大苏”，但他不是苏洵长子，还有一兄名“景先”，在苏轼三岁那一年（1038 年）夭折，因此，苏轼又有一字“和仲”，跟名失掉关联，后人称他“长公”，纯属敬称。王树楠二十四岁被聘为通志局修纂，在通志局先后任职十二年，同时继续在莲池书院攻读治学，素好考订之学。

吴汝纶先是致信曾幕老友赵烈文儿子赵君坚，求其代为探询、游说王树楠，并与黄彭年处“先通关节”，但到年底，往返函商数次，都没

---

① 吴汝纶：《与景翰卿》，施培毅、徐寿凯校点：《吴汝纶全集》（三），黄山书社 2002 年版，第 45 页。

有结果，而且黄彭年的回信“颇含怒意”“语多讥讽”。吴汝纶再耐心地写信请求，“辞极和婉”，但黄彭年仍“坚持不允”。吴汝纶非常气愤，在复信赵君坚时说：“黄丈，黄丈！天下事岂不容商量邪！”

无奈之下，吴汝纶使出了倔脾气，上书李鸿章，辞职不干了。赌气地说：“某做官一无所长，惟整顿学校，为国家造就人才，尚堪自信，今求一山长，而不得行其志，尚何面目尸此位乎？”当时李鸿章正丁内忧而离职，张树声代理直隶总督，李鸿章就请张树声代为和解，双方各退一步，于是议定，王树楠保定、冀州各住半月，两边都兼顾。而吴汝纶、黄彭年二人“自此水火矣”。

吴汝纶事后自我宽慰：“丈夫做事，但冀称心而出，不愧师友，众人谤誉，固不关怀，想贤哲固早已及此。”[①]

光绪十三年（1887 年），王树楠中进士离任，吴汝纶欲聘在深州时的学生贺涛为山长，但贺已经在前一年中进士，授大名郡学使，“因格于官例，不得往”，吴汝纶仍然千方百计调贺来冀州。贺涛在冀州，前后达十八年之久，殿试授刑部主事，仍兼讲席。

吴汝纶主政深冀，皆“以教育为先”，以致“民忘其吏，推为大师”。“二州人士皆知务实学，先生（吴汝纶）在冀久，成材尤多，两书院遂为畿辅冠”。[②]可见，吴汝纶为政一方在文教方面成绩斐然，为自己积得不错的政声。

冀州是一个人文荟萃的地方。“头悬梁”的典故中的孙敬（字文宝），就是汉代信都（今冀州市）人，《太平御览》载：其“好学，晨夕不休”，他常年闭门谢客，攻读诗书，人称“闭户先生”。孙敬苦读常通宵达旦，为消除困意，系发于屋梁，若低头欲睡，拽其发而警醒。孙敬凭借其独特的“悬梁”精神苦学，终能通今博古、满腹经纶，成为当时的知名大儒。后人对孙敬“悬梁”苦读的精神极为敬仰，并将此与

---

① 吴汝纶：《与赵君坚》，施培毅、徐寿凯校点：《吴汝纶全集》（三），黄山书社 2002 年版，第 620 页。

② 闵尔昌：《清稗传合集》，上海书店 1988 年版，第 4436 页。

战国时苏秦“读书欲睡，引锥刺其股”的故事糅为“悬梁刺股”，引为苦读的楷模，用以教育孩童。

吴汝纶在繁忙的公务之余，没有忘怀文事，也没有失掉文人的雅趣。

光绪十一年（1885年），就有一场规模盛大的文人雅集。范当世来到莲池书院，张裕钊为书院山长，贺涛教于信都书院，吴汝纶知冀州，此外王树楠、张颉辅、李传濈之子和度、吴汝纶之弟吴汝纯、姚为霖亦为座中雅士，诗酒流连，觥筹交错，极一时之盛。

春风化雨，教育为先，两州之士，自此彬彬。先后聘请的王树楠、贺涛、范当世为书院老师，这三个人的文学造诣都是闻名天下。科举考试成绩也很不错，有南宫进士李刚己，武邑进士吴镗、举人赵衡，总共十多人，小小冀州，在吴汝纶坚持不懈的努力下，教育一枝独秀，成为京畿之首。

11. 侠肝义胆亦书生

冀州是一个出武术师傅的地方。历史上称冀州人为“裔燕赵慷慨侠风”。清朝以前曾出现过许多武林大师。清朝时曾有四十一人中过武举，清末民初还出现了许多劫富济贫的武林豪杰。

所以民风彪悍，盗贼横行。

吴汝纶在上任后给李鸿章的信中说，冀州“地瘠民贫，盗贼出没，枭盐遍野”。前任州官李鉴堂（字秉衡），颂声载途，尤其是治理盗贼威名显赫。自己“吏材寡薄”，非常担心不能继续前人的成绩，有损老师推荐的声誉。

两任州官，吴汝纶在缉盗方面都有相当压力。任深州期间，吴汝纶往往亲自督办捕务，亦颇有成效。任冀州之初，直隶、山东各地“连出抢署之案，皆未破获”。

光绪九年（1883年），冀州城内亦出盗案，吴汝纶“立志誓获正盗，以雪此耻”。先是请教桐城老乡、天津知府潘藜阁（潘赞化祖父，曾为李鸿章幕僚，安徽桐城西乡潘家楼人，今属双港镇），得知“向来获盗，皆由购线得力，以盗求盗”。吴汝纶据此，在“线人”方面下足功夫。可是，此案茫无端绪。光绪十年（1884 年），贼人以寸进尺，冀州州署被盗，因冀州前任李秉衡以捕盗声名显著，吴汝纶感觉相形见绌，更加郁闷。

光绪十年（1884 年）下半年，缉盗之事，渐有起色。七月，自河间解到贼犯六名，供认“判署劫案月日赃件及上盗情形，均已符合”。但于办案颇为认真的吴汝纶“必以起获真赃为凭，倘无真赃，决不凭供定案”。在《答张廉卿》的信中谈到这件事时说：“敝处盗案，获犯八九人，有供而无赃，不欲结定，仍遣人别缉，此事已私破二千金而不成，信吏才如此，真可笑人！”

至光绪十三年（1887 年）底，冀州“监狱近已空无一人，殆数十年来未见之事”。[①] 可见，吴汝纶在缉盗方面的绩效还是相当令人满意的。

吴汝纶在冀州曾经招抚大侠雷中正，一时盗贼为之敛迹，其事尤脍炙人口。其子吴闿生所作《雷中正传》叙述甚详，兹录于后。

雷中正传

北江（吴闿生）

雷中正，冀州大侠也。兄弟次为三，故名三群。矫健能及奔马，横行河岱间。李秉衡牧冀州，尝欲惩之。秉衡以能治盗闻。值岁暮，察知中正归里，率众往捕，围其宅，中正奋迅脱去，秉衡不能得，几为所伤。

一日，秉衡父在海城里中，方篝灯夜坐，忽伟丈夫持刀搴（qiān，拔取——笔者注）帘入，斫几案有声，大言曰：“我

① 吴汝纶：《与景翰卿》，施培毅、徐寿凯校点：《吴汝纶全集》（三），黄山书社 2002 年版，第 635 页。

雷三群也，平生任侠，不为奸，而子数窘我，我固不畏，然若何无礼也。今来好视汝，趣告而子，幸自戢（jī，收敛，停止——笔者注），不者，吾且击杀汝。”李翁大惊。亟迹之已杳。秉衡由是不敢迫。然中正故甹（pīng，豪侠——笔者注）侠，夺富益贫，官吏横暴者，尤痛嫉之，孤穷寡弱颇赖其助。威行数千里，不入冀境。自谓于冀人无忤，故尤以此怨秉衡也。秉衡既去，先大夫来任州事，闻其名，使人召之。中正大惊，仰天而叹曰：“呜呼，仆乃江湖椎埋亡命之徒，所屠杀掠夺者众矣。国法之所不贷，王政之所必诛，正名定罪百死不足以蔽辜。今刺史吴公，天下之贤圣也，牧州三载，仁风懿泽浃于骨髓，闾里莫不闻，妇孺犷顽无不戴公为慈父母。仆固愧而仰德久矣，负罪婴（缠绕，触犯——笔者注）衅（嫌隙，争端——笔者注），无路自新，思欲瞻近而无由，故分甘弃绝耳。而公曲逮之恩，乃竟波及于我，我何修而能得此？是诚仆千载一遇之机也，陨绝酬知正在今日。”即日束身归命。先公得之，大喜。抚慰备至，辟厅事傍舍使居之，易其名曰中正，盖勖之也。中正亦感激图效。从先公有年，所缉盗无不获者。暇日无事，辄投石超距为戏，众皆敬之。叔父在山东，尝赍帑数十万入都，先公使中正偕，时盗氛方炽，同行皆惴恐，中正从容自若。逆旅主人闻雷三群至，无不变色承命惟谨。每酒酣，为叔父说平生侠烈事，须髯翕张，辄风生四坐也。先公谢冀州，中正送之境，涕泣别去。旋病，卒于家。

又有李振邦者，亦巨盗。先公收伏颇立功绩，与中正相亚。吕桂芳则终身服事先公，甚谨，每行役必偕。从游日本，先公归里薨逝，桂芳犹侍侧。云先公北行，七哀其戆仆，一章为桂芳作也。其后项城袁公督北洋，求能缉盗者，闻中正名，使所亲访余，欲起用之，中正逝已久矣。

吴闿生曰：予儿时侍先大夫官舍，出入嬉游，中正辄立廊庑间，左右挟持扶掖我，若恐其倾仆者，予颇狎易之，不知其侠也。已而，闻人说中正轶事甚具，忽忽四十余年，忘之久矣。坊肆间有作雷三群传者，而言之不详，故缀以所闻。先公在冀引渠富民，大兴教化，何尝以武烈为意，而其效固如此。记曰：我战则克，其斯之谓与？①

北江先生这篇雷大侠传颇有深意，为吴汝纶在捕盗方面扳回面子。冀州前知州李秉衡虽以善缉盗为声名著，但是这样看来，同吴汝纶相比，还是略欠一筹。

12. 青史留名“吴公渠”

在衡水湖畔的侯店和吴杜村村西，有一条约五公里的古河道遗址——吴公渠。而历史上的吴公渠长约三十公里，距今已有二百余年的历史。

这是吴汝纶在冀州任上治水留下的“青史之名”。

到任冀州后，吴汝纶发现冀北地势低洼，雨水积留，淹没农田，冀南各属却“均以无水为患，舟楫不通，钱谷不流，地方穷瘠”。乾隆年间，直隶总督方观承虽曾开渠引水至滏河，使“冀衡洼地，皆成沃土”，但“及嘉庆之季，闸坏河淤”。

光绪七年（1881 年）底，吴汝纶决定“自磁州分漳入滏，建闸启闭”，并“令胞弟（汝绳）私赴磁州，周历查勘，得其涯略”。光绪八年（1881 年）正月，吴汝纶入谒李鸿章，“略言大概，傅相但言无费”。光绪十年（1884 年）春，“河工官款，顷已迭增”，吴汝纶按计划“开河建闸，泄水入滏”。

但问题远没有想象的那么简单。工程款的超支，河工逾期而人手

① 郭立志撰：《桐城吴先生年谱》，雍睦堂丛书，卷一，第 38—39 页。

不足，闸门的修造等等，还有治河的效果并不尽如人意。吴汝纶于各处请款忙得不可开交的同时，还要应付因治河而惹到的数起官司。光绪十三年（1887 年）闰四月，衡水人郑魁立又以河工侵占民地为由到部控告。

它的开凿可追溯到乾隆年间，乾隆十四年（1749 年），方观承升任直隶总督。他顺着原有的古河道旧址开挖，把冀州城西尉迟潭、衡水湖西湖、冀州东海子一带的积水和雨水自然导入滏阳河。他在衡水湖区内开河，首次把衡水湖区一带的洼地改造成良田，开创了衡水湖改造开发史上的先河。

这条河道在最初的几十年，确实起到了排沥的作用，后来河道逐渐淤积，排沥作用丧失，李秉衡上任后，河道淤塞多年。为了重新实现把荒地变为良田的愿望，他组织民工把乾隆时期的方观承旧渠重新疏浚，但由于资金紧张，在任期内没有完成这项水利工程。这样，接力棒传到了他的继任吴汝纶手上。

方观承（1698—1768），安徽桐城县人，内阁中书方式济之子。康熙五十年（1711 年），翰林院编修戴名世因其著作《南山集》一书中录有南明桂王时史事，并多用南明三五年号，被督察院左都御史赵申乔参劾，以“大逆”罪下狱，两年后被处死。因戴名世在《南山集》中引用了方观承的曾祖父方孝标著作中有关桂王抗清的章节，方家因此受到牵连。方观承的祖父与父亲被流放至黑龙江。

在祖父、父亲相继在黑龙江病故之后，贫困之极的方观承，流落京城，在东华门外靠为人测字谋生。在随后的一个偶然机会，方观承被平郡王福彭所相中，并成为其府中幕僚。雍正十年（1732 年），福彭任定边大将军，出征准噶尔，方观承作为谋士相从。经福彭引荐给雍正帝，得到内阁中书的头衔。

吴汝纶向当时的直隶总督李鸿章力陈开挖渠道的意义，李鸿章拨了巨款支持吴汝纶的事业。工程从光绪七年（1881 年）开始施工，历时三年。它从冀州城西的北褚宜村开始，经过南尉迟村附近的尉迟潭，绕过冀州老城城南的九龙口，在冀州老城城东折向北，从衡水湖东部穿过。

经过对原有河道大规模地扩挖、加宽、加深，使该河除了排除积水、预防水患，增加良田的功效外，还有了运输的功能。夏秋季节，滏阳河上游和下游的货船可以从吴公渠直抵冀州。清代《冀州开渠记》一书评价吴汝纶开渠的功绩："水即有归，田皆沃饶。夏秋水盛，舟楫往来，商旅称便，州境遂富。"因此，这条河被后世叫作"吴公渠"。

在二十世纪六七十年代根治海河以及衡水湖兴建过程中，吴公渠大部分被淹没在湖水中。目前只遗留侯店、吴杜村村西这一段。

提起吴公渠，就会想到吴汝纶。但吴汝纶对衡水一带的贡献，远不止修建吴公渠这一项。

曾在衡水主政十年的吴汝纶，因其爱民勤政，政绩卓著，在衡水一带口碑载道。

深州两年、冀州八年。同治十年（1871 年）至同治十二年（1873 年）任深州知州。深州任内因父母丧事返回原籍。光绪七年（1881 年）至光绪十五年（1889 年），吴汝纶任冀州知州。共有三件事载入地方史志：

一是编撰《深州风土记》二十二卷，被清代方志界奉为近世方志佳作。

二是为光复冀州信都书院，他筹银万两，延聘名师，广置书籍，并亲往书院授课，使信都书院"文风巨变，经术文采极盛一时"。

三是治理冀州至衡水间千顷易涝洼地，疏浚吴公渠，泽被乡里。

他由于长期跟随曾国藩、李鸿章举办洋务，胸怀世界，视野开阔。在冀州兴学期间，在延续传统文脉的同时，还尝试引进先进的办学理念和教育思想。弟子颇多，仅冀州籍举人就有赵衡、张廷湘等近二十人。

吴汝纶两任州官，为政不可谓不勤政爱民、尽心尽力，但客观效果却不尽如人意，兼并义学、治水二事争议颇多，特别是治水，于上四处请款，于下屡遭部控。诸多问题的解决，皆得益于李鸿章、张树声及幕友程曦之、景翰卿、萧世本等人的帮助。

个性好强，为了达成目标，百折不挠，而不顾及上官对自己的看法和感受。这在官场是比较忌讳的事情。

吴汝纶两任州官，在处理地方事务时即与各级官员共事交往，其自知在治水、文教诸事上的固执己见、“一意孤行”，难为上官所接受，为闸工事致信曾是李鸿章幕僚、同乡潘藜阁时说：“求机局拨料，中堂屡准，机局坚不肯与，弟之见恶于上，即此可知。”虽然李鸿章对吴汝纶多有支持，但在施行过程中，必然有诸多掣肘之处。

13. 晚清乱局中的清醒者

素怀经世之志，又曾居曾幕的吴汝纶，即使主政地方，亦对晚清时局相当关注。

光绪八年（1882 年）三月，李鸿章以母忧开缺，两广总督张树声署理直隶总督，吴汝纶入津谒张。张树声因其是曾经的幕僚，而且本来就颇为尊敬，因此优礼有加，并就清军入越南作战等事向其请教。此时，吴汝纶因河工之事有求于张，加之有感于张树声的诚恳，回冀州后即上书张树声，陈述自己的看法：

> 窃谓法越初约，中国若为弗闻，致有今日之役。事至而后为谋，此鞭马腹之说也。铁路未开，电线未设，征兵调饷，动辄濡需。而侈口言防，无谋人之心而为人所备，此至拙之计。将才未得，饷需无措，不惟水陆练兵若干支之说，徒托大言，即云两广云贵未雨绸缪，亦适为外人所耻笑耳。
>
> 某私独以为中国目前之患，不在弱而在贫，自古及今未有

富而不强者。今求自强而不知致富，是恶湿居下之类也。[1]

基于这种“避战求和”“求富自强”思想，吴汝纶以为“不得此术，而纷纷议兵议防，徒乱人意而已”。建议张树声“筹借洋债”“访聘名师”“得读书明时务有血性者主持其事”“以开采云南矿产为第一要义”。并预言“三年之后，必有成效可观”，“矿产既出，即于开矿近处，设立局厂，……所用铜铁不必购自外洋，一皆取之滇产，而以其余委输海外。则中外大利尽归于滇。制器练兵，宽有余地，转弱为强，易如反掌。”这种想法不免过于理想，但相比那些守旧官僚及清议之流则有见识得多。吴汝纶的这些发自肺腑的意见，张树声并未采纳，回任两广后，张树声即力主对法国开战。

光绪八年（1882 年）六月，朝鲜内乱，日本派兵侵犯朝鲜，张树声调吴长庆、丁汝昌率军自山东入朝。吴汝纶与二人在曾幕皆有交往，遂分别致信二人。在吴长庆幕下的张謇亦随军入朝，光绪八年（1882 年）三月，吴汝纶入津谒张树声时，张謇曾“不通姓名，排闼直入，踞作深谈”[2]，可见张謇也是一个性情中人。未过数日，清军擒乱首朝鲜大院君李昰（shì）应送中国，祸乱平息。十一月，张謇拟朝鲜善后六策并寄示吴汝纶，吴汝纶深为佩服张謇的识见和文才。对于这些问题，吴汝纶也有自己的看法和见解。他认为对于越南和朝鲜这些附庸小国，要想长治久安，宜“改两国为行省，变易政令，犹有可为。朝廷习于仁义，亦决不肯乘危邀利。然循此不变，终为他人有耳”[3]。吴汝纶亦曾寄书黎庶昌（莼斋），谓“越南、高丽皆当改为内藩，遣督抚治之，否则必

① 吴汝纶：《上张制军》，施培毅、徐寿凯校点：《吴汝纶全集》（三），黄山书社 2002 年版，第 6—9 页。

② 吴汝纶：《再上李相》，施培毅、徐寿凯校点：《吴汝纶全集》（三），黄山书社 2002 年版，第 544—545 页。

③ 吴汝纶：《答张季直》，施培毅、徐寿凯校点：《吴汝纶全集》（三），黄山书社 2002 年版，第 624 页。

为他人所得”[①]。

中法战争期间（光绪九年十一月至光绪十一年二月），清政府在和战间举棋不定，清流又妄言战事。吴汝纶与李鸿章及其幕僚书信往来频繁。至光绪十年（1884年）四月，清军连连挫败，让李鸿章南下和谈。不久，战事在东南沿海复起。马尾海战结束后，法军进犯台湾。此间，吴汝纶还曾先后四次致信潘藜阁询问战事及和谈进展情况。

吴汝纶理解支持李鸿章避战主和的立场，在上李相书中曾斥责清议，“新进少年，未更事变，不足深责，至有七十老翁（指翁同龢）造言生事，不知将欲何求也”。[②]

在致信淮军将领，当时驻扎在威海的安徽寿县老乡戴宗骞时，细述对时局的理解及对李鸿章的支持：

> 南宋以前，从无以和为耻者，若不量彼己，而妄思一逞，则当时咎之，史册讥之。……今之清议可谓但知其一，而清帅亦颇臆决唱声。究竟兵端一开，胜负姑且勿言，利害果孰轻重？明于谋国者，似不宜忽天下之安危，但求成一身之名已也。现闻闽中败挫，台湾围急，守此不变，岂可复支！而中外以为得计，吾不知其何说也。
>
> 李傅相规模闳远，虽限于时势，不能御侮折冲，要其明于利钝，老成持重。窃谓自曾文正以外，罕见其匹。而新进小生，群起而排挤之，虽出其门者，亦皆入室操戈，以自附于清流，悠悠者不足言。盖张振帅（张树声——笔者注）、潘琴帅（潘鼎新，安徽庐江人——笔者注）尚不免于此，甚矣其惑也！[③]

---

① 吴汝纶：《与范肯堂》，施培毅、徐寿凯校点：《吴汝纶全集》（三），黄山书社2002年版，第91—92页。

② 吴汝纶：《上李相》，施培毅、徐寿凯校点：《吴汝纶全集》（三），黄山书社2002年版，第541—542页。

③ 吴汝纶：《与戴孝侯》，施培毅、徐寿凯校点：《吴汝纶全集》（三），黄山书社2002年版，第551—552页。

对于晚清内政外事，吴汝纶在很多方面与李鸿章的立场是一致的，但至光绪十一年（1885年）初，吴汝纶对李鸿章亦颇为失望，在致信张裕钊时直言“时事已不欲挂齿，台（台湾）事未已，东藩又乱，此变非目中诸公所能办也，视国家天命而已”。[①]

14. 人事“懵懂”在官场

光绪十年（1884年）九月，安徽庐江老乡吴长庆去世后，吴汝纶向李鸿章荐举张謇。

张謇给吴汝纶的印象非常深刻，在吴长庆幕中，处理朝鲜危机颇为得力。十七岁便考中秀才。二十四岁入吴长庆军幕府任文书，后袁世凯也投奔而来，两人构成吴长庆的文武两大幕僚。吴汝纶先是致信景翰卿，景翰卿未予答复，后又特意上书李鸿章，力荐张謇，李鸿章亦未置可否。不久，吴汝纶方知张謇曾以“吾辈如处女，岂可不择媒妁，草草事人”[②]，拒绝李鸿章入幕之请。一年后，吴汝纶与薛福成忆及此事时，还相当郁闷，“此君幕才，高出时流，前曾妄荐之傅相，而不知其中不合也”。张謇是张裕钊的学生，吴汝纶与张謇亦有不少交往，却对张的清议立场及张謇与李鸿章交恶的情况一无所知，可见，其在人际交往中多少有些“木然无知”。

与王鼎丞的交往亦是一例。二人在曾府已相识，亦有文事往来，但直到光绪十年（1884年）四月，王鼎丞主动致信吴汝纶时，方知其被清议所参，“谪居两载”之事。吴汝纶在复信中说“前承惠赠集画赞联语，久藏箧笥，及闻我公去位，乃取而张之厅壁，识时务者，顾而笑之，

① 吴汝纶：《答张廉卿》，施培毅、徐寿凯校点：《吴汝纶全集》（三），黄山书社2002年版，第559—560页。

② 张謇：《致柯梅生函》，张怡祖：《张季子（謇）九录·文录》，台湾文海出版社1983年版，第2380页。

仆乃以为此大类庄生濠上之观：子非鱼不知鱼之乐也”。[1]

居曾幕时，吴汝纶有两次比较尴尬的人事经历。同治七年（1868 年）十二月，甲子座主景剑泉至曾府，吴汝纶“应执门下晚学生礼，不知而误，失敬殊甚”，他在日记中感叹“以此入世，安能有当！度己量分，自知非仕宦之才矣”。另一次，则是次年正月，“安徽团拜，余至都未拜乡人，是日满座无一相识，殊觉局促不安。平日简于应酬，实非处世之道”。[2]

绝意仕途，不复入幕。

吴汝纶儿子吴闿生曾说：“入官二十年，同列多跻显要，或膺方面重寄，立盛名于京朝，而先君不进一阶，不加一秩。”[3] 吴汝纶仕途困顿之时，好友程曦之、黎庶昌、萧世本等却相继得到李鸿章的举荐。

吴汝纶跟李鸿章的关系，其实有点复杂和心照不宣。在冀州任上时，李鸿章曾劝其重新入幕，但吴汝纶婉言拒绝了李鸿章的邀请。后来，荐范当世为李鸿章西席（家庭教师），颇有点“修补”的意味。

光绪十年（1884 年）正月，程曦之来信告知李鸿章欲聘其入幕，吴汝纶在复信中一意请辞，此间吴汝纶对仕途的心态也发生彻底变化。

> 今栖迟此州，意在吏隐，不复挂怀时政，亦无意于升迁。……某自揣性迂才拙，不适世用。州县之职，已非所堪，虽有志树立，其所施措，乃无以过于庸人。……向来不肯竞进，尚属自知之明。少时奋发有为之妄见，消磨略尽，此其藏拙之意一也。又久涉世途，知穷达之有命，富贵之不足为荣，

---

① 吴汝纶：《答王鼎丞方伯》，施培毅、徐寿凯校点：《吴汝纶全集》（三），黄山书社 2002 年版，第 525—536 页。

② 施培毅、徐寿凯校点：《吴汝纶全集》（四），黄山书社 2002 年版，第 735—736 页。

③ 吴闿生：《先府君事略》，施培毅、徐寿凯校点：《吴汝纶全集》（四），黄山书社 2002 年版，第 1158 页。

营营者未必得得矣，而所获不如所亡，甚或年命不延，祸福并域。久远者不必论，自某释褐以后，所见此等，不下数十百人。……故某于仕途，不求善地，不羡美仕，等贵贱于一量，委升沉于度外。其所以贪恋微禄者，徒以眷累众多，衣食无以自给耳。……生长山野，不喜与贵人往来。平生游好，官至道员以上，便绝迹不通问讯，于朝贵要人，尤多所不可。……虽有傅相檄召，亦惟有自守所见，自行所志，不敢率尔奉令也。铃阁之下，英俊辐辏，何至强不佞以所不能！傅相海涵地负，虽上方成命，吾料其必蒙容宥。万一谈论之余，再及贱子，务求执事与翰卿、琴生诸公，婉达鄙志。①

吴汝纶对于仕途的心态是一个由积极仕进到日渐消极再到绝意仕途的过程。吴汝纶出幕入仕，赴任深州前，曾多方请教为政经验，并一一记于日记之中。两任州官，不无勤政爱民之志，也不无待机升迁的想法。任冀州前三年，诸事不顺，吴汝纶对于州县之职，颇有抱怨。在现实的打击下，其为官心态日渐消极。

吴汝纶真正绝意仕途则是在光绪十三年（1887 年）下半年。

当时，吴汝纶本应“俸满引见”，但十一月初，他致信在汶上任知县的大弟诒甫：“部中前催卓异引见，顷又催俸满引见，兄意则将欲引退，不拟引见也。但私账至今未清，又虑归后无善处自托，家乡恐不易居，尚待踌躇。州县不宜久，上进则更不愿，此则士各有志。若令我早归田，稍理文字，将来或冀有闻于后，岂非计之最得者哉！”②

十二月初，致信景翰卿：“不望升官，决意不入都也。”至第二年四月、六月间，官场密友萧世本及对吴汝纶有知遇之恩的方宗诚相继去

① 吴汝纶：《答程曦之》，施培毅、徐寿凯校点：《吴汝纶全集》（三），黄山书社 2002 年版，第 22—24 页。

② 吴汝纶：《与诒甫》，施培毅、徐寿凯校点：《吴汝纶全集》（三），黄山书社 2002 年版，第 634 页。

世，吴汝纶“作文志其哀”，感叹“衰退废学，久不成文”。经受人间凉薄，对于官场之事，更是不愿苟且了。

吴汝纶参与到李鸿章幕府时间极短，十几年来一直在家乡和京城之间游走，直到任冀州知州时才稳定下来，一干就是八年，其间未得到李鸿章的任何升迁之奏。对官场产生倦意的吴汝纶萌生退意，与其弟通信中说：“吾性爱读书，于官不相宜，对辞官辞荣者甚羡。”吴汝纶不屑仰人鼻息的书生个性，是其最终绝意官场的一个重要原因。当他向李鸿章请莲池书院教席一职时，李鸿章问：“何故？”吴汝纶对曰：“无仕宦之才也。”李鸿章听后哈哈大笑道：“有才，性不合俗流。”

吴汝纶曾在一封写给二弟诒甫的信中，反对买田置地，表达了自己对于做官守“清声”的见解，从中也可略窥他为官的一些心迹：

> 闻买洞宾泉，兄实不喜。吾兄弟平日全无不合意见，惟吾两弟时时欲买田宅，乃与兄大剌缪。吾料及吾身不致饥寒而死，若留于后人，则后有贤者，彼能自立，若皆不肖，虽有田亦岂能守？此妄见也。今吾弟得官未久，他务未遑，而惟置田之为急，志气亦殊不高，传之乡里，又非美名。如兄弟并为州县，而能不增产业，归时仍系饥寒，则世间可贵之事，莫大于此，何足患哉！孰与抽有限之钱，置不急之业，以求不洁之名，买无穷之累也哉！①

应该说，是仕途先拒绝吴汝纶，而后吴汝纶才无奈绝意仕途，不能将其弃官从教，简单归结于对文事的钟爱。

---

① 吴汝纶：《与诒甫》，施培毅、徐寿凯校点：《吴汝纶全集》（三），黄山书社 2002 年版，第 637 页。

15. 做个红媒添十岁

光绪十三年（1887 年）姚浚昌（字慕庭）再馆江西。以文章名世的吴汝纶，此时竟也当起了红娘。

吴汝纶不仅自己家与名士结姻，如侄女吴芝瑛与名士廉泉的结合，还力促他人联姻。姚慕庭有一女名蕴素，颇有诗才（著有《蕴素轩诗集》十二卷和《沧海归来集》十卷），年岁渐长仍待字闺中。姚慕庭与其子姚永朴分别与吴汝纶书信，请求其为姚蕴素寻觅佳婿。吴汝纶与姚氏交好，自然对此事颇为上心，考虑到姚女之才情，必期以名士相配。当时与吴氏相交而无偶之饱学者，首推范当世。范当世，字无错，号肯堂，“同光体”诗人代表，与古文家贺涛齐名，有“南范北贺”之誉。当时，范当世妻亡，“不再娶，若私有禁令，严不可破”。

吴汝纶虽有心为姚、范牵线，但要先向双方做沟通，吴汝纶在答复姚永朴信中首言范氏之才学，续言范氏之节操，再言姚女之才德，全从双方优长之处着眼，力求成此婚配。但是，姚、范两家又都有各自的情况，一方是才女，自视甚高，但却长而不售；一方是才子，“故剑情多”，妻亡不愿再娶。吴汝纶虽有心撮合，但究竟能否成其婚配，实在心中没底。吴汝纶为说服范当世，不仅给范氏之父写信，还动员范氏身边的好友相劝。吴汝纶与范氏之信，想必是费尽口舌，言尽姚氏之女才德。范当世在父亲、朋友的劝说下，最终放弃不再续娶之言，准备迎娶那位出身书香门第的才德之女。吴汝纶为此甚为高兴，在《答张廉卿》信中道：范肯堂已为媒说姚慕庭之女，范府亦允诺矣，执事能不佩服我乎！

此事至此，本当顺理成章，但是姚府又有些犹豫，甚至有反悔之意。这对才子佳人婚配之路再生波澜。

为此，光绪十三年（1887 年）七月二十六日，吴汝纶写了一封长信给姚慕庭、姚永朴及姚永概。吴汝纶此信真是煞费苦心，颇为讲究行文说理，从反面讽喻，从正面劝谏，真是让姚家逃无可逃。

我们来看吴汝纶是如何回复姚家书信的：“因执事及仲实屡有书见

托”，是你们屡次委托“我”来为姚家千金择佳婿，其中最重要的就是“人才”一条。范当世之才，有目共睹，又是范文正公之后裔，此人当然是合适人选。范当世则因为重情，起初并不同意再娶，吴汝纶在其中做了范当世的工作，做了范当世父亲的工作，还做了范当世朋友的工作，最后范当世答应此事，正所谓“并托肯堂深友从旁讽喻”，“范氏本无议婚之心，而某因执事谆属，驰书劝之”，范氏才“诺矣”。这个时候，你们姚家再提出责难，“左顾右盼，长虑却步”，甚至打退堂鼓，只能使“某无辞以谢范，殊觉为难”。最终只能是“淑女愆期，交臂而失佳士”。

正是有这样热心的“红娘”，姚、范两家终成亲家，范当世才高，姚蕴素识长，举案齐眉，相濡以沫，成就了文学史上的一段佳话。婚后，范当世决意不再参加科考，以诗文及汲引西方进步文化为任。姚蕴素对此表示了极大的理解和支持：“一生师友恩情重，半壁江山感慨多。便学鸿光能举案，由来孔孟未登科！”

光绪四年（1888 年）冬范当世与姚蕴素在其父姚浚昌官所，江西安福县衙中完婚，姚蕴素在“宾筵酒阑时，突闻中庭有人引吭高诵其诗不置，异之，方知即娇客伯子先生。”[①] 喜宴酒席将近尾声，突然有人在大堂中庭，大声朗诵姚蕴素的诗句，而且还是江苏南通口音，大家一看，原来是新郎官。由此可见范当世“好逑”的程度了。这真是够浪漫的了！

范当世而立之年丧偶，应冀州知州吴汝纶的邀请主持观津书院，以诗文名扬天下。古道热肠的吴汝纶热心地以双方的作品为媒介，一手促成了诗人与才女的美满结合。范姚结婚十五载，他们始终是一对诗友。姚蕴素说：“我和伯子名为夫妇，实为朋友，为师生，为知己也。”

---

① 钱晶：《近代教育家范当世与桐城文化家学渊源》，《中安在线·历史·皖人事故》2006 年 8 月 31 日。

第四章　莲池岁月

弃官从教的吴汝纶在莲池书院，不辱使命开创新局。莲池岁月，颇显文人之清苦，但雅集文事、“觞咏唱酬”盛况空前。北方文化圈的形成，使桐城派在走向衰亡的岁月里仍然保持了一个全国性学术派别的雍容大度。痛彻骨髓的甲午之殇，为大清“裱糊匠”李鸿章洗刷骂名。吴汝纶遇到严复的《天演论》，似乎出于偶然，其实是一种必然。庚子乱局，莲池夷为废墟，若不是朋友多，转移得快，差点就丢了性命。

1. 莲池山长：花落吴家

莲池书院，又称“直隶书院”，位于河北保定市区中心，与直隶总督署南北遥相对望，因建于莲花池而得名。雍正十一年（1733 年），由时任直隶总督的李卫奉旨创办，随后逐渐发展成为中国北方最高学府。莲池书院与湖南岳麓书院南北交相辉映。汪师韩、章学诚、黄彭年、何秋涛、王振纲、张裕钊等众多学冠天下的宗师大家执教于此，有“京南第一学府”之称。

吴汝纶一直有办学情结，在任地方官时，也将发展地方教育放在首位。在深州任上，他不畏权贵，将地方豪强抢夺当地书院的四百余亩田产判还，以资助学校日常开销。另外他还亲自给该州境内三个县的高材生上课，以至于百姓甚至忘记了他是一州之首，反而推崇他为学术名师。在冀州任时，他更是大力发展当地的教育事业。

坐落在冀州保定的莲池书院又称为直隶书院，受到清朝历代帝王的重视，特别是莲池书院教席，即书院山长一职，一般为学术名家来担任，在京师一带学术地位极高，待遇十分优厚。而且莲池书院山长通常是直隶总督任免的，现任书院山长张裕钊是吴汝纶故交。光绪九年（1883 年），在吴汝纶力劝下张裕钊主讲莲池书院，并在临时署理直隶的张树声批准下入驻书院。吴汝纶在冀州任职期间与张裕钊来往密切，两人保持频繁的学术上的交流与切磋，在书院里共同研究和发扬曾国藩学术思想，可谓志同道合。另外吴汝纶凭借自己在冀州内的行政管辖便利，为书院提供大量的财力物质支持的同时，还广交各地优秀学子，并为张裕钊推荐了许多高徒，两人共同促进桐城派在直隶一带的兴旺发展。这些学生中就有范当世、贺涛、王树楠等人。王树楠祖父王振刚就曾主持莲池书院，当王树楠得知吴汝纶任冀州知州时，欲拜其为师，吴汝纶虽“谢而不敢当”，但王树楠登门请教时他总是倾其所有，悉心教诲，并将其介绍给张裕钊。经过二人努力，京师一带桐城派门生众多，特别是莲池书院内部更为桐城派学术思想所统领。

光绪十四年（1888 年），吴汝纶四十九岁，近天命之年。

这一年是其人生重大转折点。张裕钊在莲池书院做山长，颇得学生拥戴，而且与吴汝纶诗文往来，在北方营造浓厚的文化氛围。一天吴汝纶告诉张裕钊，据李佛生儿子李和度讲述，在京闻莲池有定请丰润的说法。丰润为张佩纶，是李鸿章新入赘的女婿。知道这个情况后，吴汝纶竭力想办法让张裕钊留在北方，拟请张裕钊下到冀州，主持书院，并且派张采南面见张裕钊，详细陈述留在北方的举措。其实，此时张裕钊（1823—1894）已是六十五岁的老人，此后六年即去世。张裕钊在复吴汝纶的信中，也谈到自己的忧虑及对未来的看法，其中还谈到汪濂亭的遭遇。汪濂亭回鄂后复与张之洞香帅不合，移主长阳鹿门书院，未几，辗转关中，流落以死，贤人末路，其可悲如此。张裕钊后来也是入关谋生，其状甚惨。

李鸿章任直隶总督期间，对莲池书院也极为重视。他扩书院、改教学、置图书，增加办学经费，并多次亲临督导，并且张裕钊莲池书院山长一职虽是张树声批准的，但也经过李鸿章同意了，张裕钊在任教期间与李鸿章也是十分融洽。

这种融洽被张佩纶打破了。一介书生的张佩纶在中法战争中是主战派，朝堂议事时一阵慷慨陈词，就被慈禧太后推上了福建前线，从来没带兵打仗的书生面对洋枪洋炮，自然是一败涂地。慈禧太后一气之下将其遣戍三年，光绪十四年（1888 年）解除遣戍回京，一向器重张佩纶的李鸿章更是怜爱有加，先是将自己女儿许配给他，并准备替他谋夺个莲池山长一职，这样一来张裕钊自然成了绊脚石。

不过张裕钊可是位声望极高的名师，京师门生众多，想弄走也绝非易事，李鸿章思来想去，给张裕钊写了一封信，信中写道：湖北巡抚奎斌函告说，湖北江汉书院需一位学高德重之人主持，张裕钊先生自然在人选之中，而莲池山长一职则由北学之秀张佩纶接任。张裕钊自然理解信中含义，这是李鸿章在下逐客令。于是他马上写信给吴汝纶，将信的内容进行了转述，并在无奈和伤怀中准备辞去山长一职。冀州知州吴汝纶身在官场，对李鸿章准备为张佩纶谋划莲池山长一职也有些耳闻，但今天见到此信后方知此事是真。

李鸿章拟安排自己的女婿张佩伦入主莲池书院，莲池书院的学生闻而大哗。见到这种阵势，张佩纶亦不敢强行就任，而张裕钊已远行湖北，赴任江汉书院，此时莲池讲席无人主持，李鸿章极费踌躇，且相当尴尬。

莲池书院山长之争的僵局给了吴汝纶弃官从教的机会。

李鸿章身在官场，玩弄起权术来张裕钊自然不是对手，但事情发展却不遂人愿，京师桐城派及张裕钊门生众多，大家本来对李鸿章滥用私情大为不满，特别是书院学生反对声音更是激烈，纷纷指责李鸿章为了谋一己私利，将德高望重的名师张裕钊赶走。而张佩纶恃才而骄，狂妄自负，盛气凌人，在大庭广众之下侃侃而谈，折损他人脸面而抬高自己，积怨甚多，无法为人师表。李鸿章虽然身为直隶总督，有直接任免莲池书院山长的权力，但是书院毕竟不是官场，犯了这些学子的众怒怕是不好收场，张佩纶此时也自知无法服众，知难而退，表示不愿接山长一职。更让李鸿章尴尬的是，张裕钊也喊着要走，此时书院山长一职出现空缺。吴汝纶挽留张裕钊无望，一开始还希望他即便辞去山长一职，也要留在冀州或深州讲学，以防止北方没有名师坐镇。为此他专门指派人前去商谈，但是张裕钊受不了被李鸿章轻视，不肯留。这场僵局从六月一直持续到十月。

吴汝纶十月初至天津，送别老友张裕钊，并拜谒李鸿章，见到这个局面，觉得自己的机会来了，因往年曾有此愿，遂面请辞冀州任，来为主讲，李鸿章“闻后大喜”，自然愿意做个顺水人情。吴汝纶回到寓所立刻写了份辞去冀州知州的文牍，来不及回冀州盖印，就借来清苑县大印盖上，第二天就拿着莲池书院山长名帖去拜谒李鸿章。“上下惊叹以为奇事，倾倒一城。”①

吴汝纶辞官归莲池，其中缘由除官场不得志及办学情结外，还有两个原因。

原因之一就是张裕钊的劝说，他在给吴汝纶的信中写道：自己十分顾恋莲池书院的门生们，对书院未来也表示出深深忧虑。若此时两人同时放弃书院，其他学派的名家接手，将改变莲池书院乃至京师的学派基础，让两人多年来为发扬桐城派而做出的努力付之东流，因此张裕钊力劝吴汝纶接手莲池书院。这样一来他可放心南下至江汉书院了，两人在两个知名书院讲学，南北呼应，可极大增强学派的影响力。

另外一个原因也较为现实，就是吴汝纶只能做个清官。在清代有“一任清知府，十万雪花银”之说，按照这个逻辑，吴汝纶身为一个知州若借机敛财，不消说生活多奢靡，至少不会穷困潦倒。但吴汝纶恰恰相反，由于几次家庭变故，仅靠每年八十两的俸银已入不敷出。另外知州每年拨给的六百至一千二百两养廉银也多用于官场接待、幕僚开支、杂役劳力费用，到年底基本上所剩无多。父亲病故那年，他要靠借钱返家守孝。虽然在冀州任上较为稳定，家中也没有太大变故，但一直未还清以前的债务。莲池一年俸银为一千六百两，比自己一年官俸加养廉银还多，在吴汝纶看来这可是真真切切的美差。他给张裕钊弟子张謇写信时还按捺不住心中惊喜，信中写道：你师到江汉，我来莲池真是天命啊，也是福从天降！信中还说：“此谓君子之福，小人无往而不知福也。”

当然在官场人看来，吴汝纶放弃白花花的银子，弃官从教简直无法理喻。

十月二十二日，吴汝纶给在山东汶上县做知县的弟弟诒甫，写了一

---

① 郭立志撰：《桐城吴先生年谱》，雍睦堂丛书，卷一，第49页。

封长信，详细谈了自己辞官归莲池的因由。他告诉二弟：辞官，虽然看起来是仓促间的决定，其实考虑是成熟的，并非孟浪行为。弟弟希望我官场得意，升阶腾上，不希望我及早抽身，但是，自揣才力，不比人差，久于州县，则意颇不平，不平而不欲露，又不欲求人，则徒自抑郁，终无能伸之日。莲池岁得一千六百金，节缩用之需汶上接济，当亦有限。若令在官则每岁所亏反多，仰接济者反巨。①

吴汝纶做直隶州知州，官秩为正五品（知府为从四品，散州知州为从五品），按定制每年俸银为八十两，俸米为八十斛，按照直隶的规矩（各省有别），其养廉银当在每年六百至一千二百两之间。但养廉银并不是官员的纯私人收入，日常官场上繁多的迎送往还，敦聘幕僚，蓄养杂役等费，都从这里支应。所以，除去这类开销后，往往所剩无几。家眷人口众多，养家糊口也是吴汝纶要认真考虑的因素。

张佩纶其人。

其实，张佩纶没有那么不堪，否则李鸿章最疼爱的小女儿也不会嫁给他。莲池诸生激烈反对他，一是对张裕钊的留恋，再就是对李鸿章以权谋私的反感。

张佩纶（1848—1903），字幼樵，号篑斋，直隶丰润人，同治十年（1871 年），中进士，授翰林院侍讲。早年任职京城，自任“清流”。署任左副都御史，以弹劾大臣而闻名。中法战争初起，力主抗战，以三品卿衔会办福建海防事宜，兼署船政大臣，马尾战败后，被夺职流放张家口。甲午战争期间，被弹劾干预公事，迁居南京。学问渊博，与张之洞并称“北派二巨子”。毕生致力于研究《管子》，擅长奏议。他是近代才女张爱玲祖父。

光绪十四年（1888）五月，张戍边期满返回，再次到天津投李鸿章幕。李爱张之才，不久将小女李鞠耦（1867—1912）许配给张做续弦。

---

① 郭立志撰：《桐城吴先生年谱》，雍睦堂丛书，卷一，第 49—50 页。

虽然年龄相差较大，但夫妇赌棋抚琴，唱和吟咏，颇得闺中之乐。李鞠耦即张爱玲的祖母。

张佩纶在《涧于日记》中对这段生活记载颇细，张写道："以家酿与鞠耦小酌，月影清圆，花香摇曳，酒亦微醺矣。"李鸿章特地为他们的书斋题名为"兰骈馆"。关于张李结合，文人梁鼎芬专门写诗曰："篑斋学书未学战，战败逍遥走洞房。"戏谑生动，传为佳话。

张佩纶婚后一直住天津李府。甲午战争爆发后，李鸿章抱养之长子李经方欲出任前敌统帅，为张佩纶谏阻，郎舅关系遂势同水火，时有"小合肥欲手刃张篑斋"之说。李经方运动御史端良，以罢黜官员妄论国事为由，弹劾张佩纶，结果光绪下旨，将张驱逐回籍。

张没有回祖籍丰润，而是偕妻定居金陵。光绪二十六年（1900 年），听到八国联军攻陷大沽口消息后，他急得咯血升许，并累画勤王和戎之策。次年李鸿章保荐其随办和约，张佩纶第三次来到天津入李幕，但对官衔坚决辞而不就。

才貌双全的李鞠耦嫁于中年张佩纶，不仅是当世人好奇，即是后人对个中因由亦颇有不解。张佩纶曾是李鞠耦的老师，师生多有诗词唱和。面对诗文俱佳的李鞠耦，张佩纶颇多欣赏。张佩纶读到才女李鞠耦所作两首七律，视为红颜知己，遂向李鸿章求媒而成。

张佩纶与李鞠耦婚后果然是"琴棋书画度光阴"，与李鞠耦还合写了一本食谱和一部武侠小说。

2. 初居莲池，锐意革新

光绪十五年（1889 年），吴汝纶 50 岁。二月二日，卸冀州任。

二月十三日，吴汝纶带着眷属孤幼四十余口，由新开之河航行，过天津。二十五日抵达保定莲池书院。

作为一个书院的主讲，吴汝纶终于从琐屑的迎来送往的繁文缛节中脱身出来，可以从容、闲适地赋诗读书作文。传统的中国知识分子骨子里都有文人清高脱俗的一面，当吴汝纶辞去官职，初到莲池书院的时候，面对熟悉的充满书香的环境，抑制不住兴奋，“此间书院园亭之乐，全省所无，以冀州易此，真乃舍鼠穴而归康庄，此近日一胜事耳”[①]，喜悦之情溢于言表。

吴汝纶抵达保定这天，大弟吴汝绳诒甫卸任汶上知县。在汶上知县任上，政声本来还颇为不错，不知道为什么“上官辄令还省”，缴还官印。堂兄吴康之任职山东郓城，此时也是因为幼子去世，不堪其悲，乞休还家。小弟吴汝纯熙甫久病不愈，竟在正月十六日去世。吴汝纶得以居莲池不久，还没有来得及高兴，家庭就遭到这些变故，让人伤痛不已。

吴门出了三个知县，任官均在北方。吴汝纶官河北深州、冀州，吴康之官河北郓城，吴汝绳（诒甫）官山东汶上。到此，吴氏北方“三剑客”，都从官场退下来，剑归鞘囊。

弃官从教的吴汝纶不辱使命开创新局。

光绪十五年（1889 年），吴汝纶带着极为舒畅的心情迈进莲池书院的大门，享受着整日里在书院园亭水榭之间讲学论道的快乐，没有污浊官场的牵绊之事。他在给友人的信中说：我从冀州任转任至莲池书院山长一职，简直是从老鼠洞里走上康庄大道，这是我几十年来做得最好的一次决定。

他在莲池书院十余年的任期内，实施了十分灵活的教育方式，改变陈旧落后的教学方法，开办了西文学堂，还聘请日本教师来书院讲课，进行外语及西方科技的学习。另外他还招日本留学生来院学习，极大改革了旧式书院的教学体制和制度。他的学生不乏严复、马其昶、林纾等名家。而其门下数千生徒更是遍布北方，使桐城派的学术思想及势力稳稳据牢北方。另外，吴汝纶不固守陈规，积极推行新学的主张更是能够

① 郭立志撰：《桐城吴先生年谱》，雍睦堂丛书，卷二，第 2 页。

与时俱进，他曾说：“开学堂以西学为主，所以取人之长，补我之不足。”

他改变书院生徒学风，反对围绕科举而学习，创立新式教学机构，增加“实学”“西学”课程，改革招生、管理环节，提高办学效率和教学实效，开源节流，多渠道筹措经费。

吴汝纶于光绪十五年（1889 年）二月二十五日到达保定，正式开始了他莲池书院的教职生涯。他的到来，使莲池书院充盈着“柳暗花明又一村”的庆幸。有莲池生徒这样忆述当时的情形：“连日以来，书院诸生，骤失名师，正在怏怏不乐，知先生在深、冀两州，整顿书院，造就人材，久有蜀郡文翁之誉，一闻其来，欢欣鼓舞，莫不喜出望外。两先生（张裕钊、吴汝纶）风教既同，如未易师，是以相得益彰。”吴汝纶的舒畅心情也溢于言表，快意之中也隐寓着大显身手的心志。

吴汝纶在莲池书院山长任上历时十余年，庚子事变后才卸此职事。其间，吴汝纶积极履职，在书院实施的教育，总体上比较灵活，不拘一格，如官课、斋课、古课兼顾，还曾开东、西文学堂，进行外语和西学方面的教育，又招收日本留学生，成为旧式书院改革的一个典型，也体现出他的教育思想特点。

刚到书院，应酬部署初定，开始考试。对于考试的方式进行变革，改开卷为关门闭卷，严肃考试纪律。

莲池书院以前的规矩，自李铁梅先生以后，皆习为宽纵，官斋两课，从无扃试（考生各闭一室应答试题）之事。吴汝纶到任山长，改为斋课日，亲率提调，扃门坚试，考一整天，到二更为止。三月初五日，补二月斋课，十五日加考古课，二十二日考三月斋课。诸生均恪守规矩，寂静不喧，未至二更，均已纳卷出场。足见北方士风习气之善，远非南省所能达到。官课，亦称“大课”。古代书院考试种类之一。书院考试分官课与师课两大类。官课由地方官员主持。师课又称“斋课”“馆课”，由山长（院长）负责。清光绪《昌平州志·燕平书院章程》记载：“每月课期二次，初三日为官课，十八日为斋课。官课由道州按月轮流扃试。

生员分超等、特等、一等，童生分优取、上取、次取，榜示书院。斋课由山长扃试，亦照官课分等第录取，仍由州榜示。

考完之后，吴汝纶亲自阅卷。三月初五日补斋课，直至四月十五日才阅毕，看卷累得腰酸背痛，头晕眼花，辛苦了一个多月。评价是：时文尚可，古课不行。

吴汝纶就任之初，最热心的是古学文辞教育。在考课之外，大举倡设古课，学习科举功令文字之外的经史学问。他遵循曾国藩“以义理之学为先”，“通义理之学，而经济该乎其中”的训育，注重学问经世济民的致用性。临堂讲学时，“不专注一家之言，与古今众说无所不采，亦无所不扫，其教人之法，必使博知世变易其守旧，谓非举中外学术会于一冶，以陶铸而裁成之，终不能成有用之材”，倡导师生直接论辩，相互探讨之风。其弟子曾言：“莲池之有经古课，虽由黄开其端，然士子之知有学问，实自张、吴始。”

从光绪十五年（1889 年）起，吴汝纶主讲保定莲池书院，到院后，锐意改革，聘请日本教师教授外文，改进教学方法。因此，国内慕名求学的青年很多，严复、林纾、马其昶、姚永朴、姚永概、李光炯、房秩五等人都受过教益。当时住在北京城的日本和西方文人学者也常往保定向吴汝纶请教，相互切磋。特别是日本教育界人士与他来往频繁。他们之间的相互交流，促进了吴汝纶对西学的了解，萌生了兴办新式学堂的主张。

吴汝纶不但积极倡导西学，而且也以实际行动促进西学在中国的实施与传播。吴氏主持莲池书院期间，率先在书院兴办东文（日文）、西文两个学堂，传播西学。不仅如此，他还主张缩减经学教育，加强天算、格致、政法、实业教育。

莲池书院时期也是吴汝纶教育思想转型的时期。长期协办洋务以及甲午之战给了吴汝纶深刻的影响，他日益认识到中国书院的应试之学不能“育真才”。在他 1892 年的日记中有这样的记载：“窃谓时局日棘，后来之变，未知所底，帖括之学，殆不足以应之。”

他说："文者，天地之至精至粹，吾国所独优；语其实用，则欧美新学尚焉。博物格致，机械之用，必取资于彼。"国家贫弱之根基在于科举文化的空疏不实，补救的措施在于学习西学，崇尚实用。他积极推行西学，改变书院以举业为中心的教育思想和课程制度。

学习西学，首先从关注西方文化著作、社会动态开始。他在书院购置大量新译书报供学生阅读，教学中密切联系时局，尽可能加入一些新学内容，"其于西国新法，苦心孤探，得其指要。"严复翻译赫胥黎《天演论》，寄给吴汝纶评定，吴大加赞赏，置之枕侧，时时阅读，并亲为作序，大举宣传和推售。后又精心考辨修改，写成《节本天演论》，使之更为通行。

吴汝纶又进一步认识到，"西学捷径，但读已译之书，其弊则苦于不能深入。其导源之法则必从西文入手，能通西文然后能尽读西书，能尽读西书然后能识西国深处。"为此他积极探索切实可行的办法。光绪二十四年（1898 年），他在书院设西、东文学堂，聘英国传教士贝格耨、日本学者中岛裁之担任教员，除教授英、日文外，还讲授欧美历史、地理、政治宪法、格致之学。

据其日记所载，他开始谋划西学课程："西学重专门，而以算学为首务，他学必以算学为从入之阶，明算而后格致诸学循途而致。今既不得通外国语言文字，则学算亦本务也。"他重金请来一些传教士讲习博物、算术、理化、法律，但禁止传习西方宗教。

中西之学是两个不同的学科体系甚至是思想体系，对于当时的士大夫乃至年轻学子来说是难于接受的。吴汝纶此时亲自写信或登门劝谕，"苦劝数月，得廿人"，并提供月俸二金，约以五年为限。五年之后，或出国再学专技，或自谋生业，悉听其便。

他在书院如此鲜明植入西学课程的做法，开了各书院之先例，虽遭种种嘲议，他依旧奋然行之，"所谓日暮途穷，不妨倒行逆施，不得与寻常之徒共议之也。"对于东文学堂取得的快速成效他欢欣不已。"三阅月而诸生能译东文者十余人，其收效之速亦从来未见"，"此等教师至以多为贵，来者不拒，此正开化要策。”他从光绪二十三年（1897年）起，就让自己的儿子跟随英国人学习英文，后又随中岛裁之留学日本，翻译日本课程讲义以及西方历史、教育、法学等方面的著作。

3. 吾桐城不能再见此人矣

光绪十四年（1888年），方宗诚去世，享年七十一岁。

六月十二日，吴汝纶在给友人孙海岑信中说："方存翁遽已殂谢，吾桐城不能再见此人矣。"

在十月八日所作的《祭方存之文》中，表达了自己的无尽哀思。文中回忆了方宗诚从扶持鼓励自己学文开始，在安庆大观亭"招携观游，试使为文"，到把自己推荐给曾国藩，以及后来在枣强做知县，"君在枣强，我刺深州，相望百里，事必咨谋"。

回忆了生活中的点点滴滴，细节颇为温馨："聚君一城，早晚见诲，贻书往复，日或三四，法语德言，杂以嘲刺，我悍不逊，口给为戏，相见大笑，袖还子书。"

光绪六年（1880年）六月，方宗诚辞官回家，十一月回到安庆。"逮我再起，君归已装，期我早罢，溪山徜徉。"等吴汝纶再任冀州时，方宗诚已经回桐城了。"斯言未践，君胡遽逝？"相期徜徉溪山，这个话还没有来得及实现，你为什么就走了？

方宗诚犹如一位老父亲在时时呵护着这个桐城后生，吴汝纶在方宗诚面前，也是无所顾忌，像个孩子单纯顽皮。真是感人至深。

咸丰年间，桐城为太平军与清军争夺的战略要地，近十年拉锯战，使得百姓辗转迁徙，不得安宁。方宗诚携家带口避乱于鲁砍山中的方家半天山脚下的柏堂书屋。连年战事，田地荒废，粮食奇缺，饥困交加，山外战火惨烈，半天山脚下的小河边，山谷里，读书声终日不绝。

方宗诚后来居安庆小二郎巷。这片宅子，过去是曾国藩的湘军营房，太平军失败后，大部分湘军随曾国藩移营南京，曾国藩临走时，将小二郎巷的一块营房赠送给方宗诚作为家宅，以表方宗诚在曾国藩幕府多年来不辞辛劳的感激。

方宗诚晚年得痹症，两脚不能行走，儿子方守彝左右服侍，在生活上力求其父满意。他曾亲手制作一辆小木轮车，自己挽于车前，其子推于车后，让其父每天游于院室之间，历时五年之久，直到光绪十四年（1888 年）其父病逝。

四月二十九日，吴汝纶惊闻幕府时好友萧廉甫去世。“萧廉甫已不复见矣，伤哉。”

萧世本（1834—1888），字廉甫，四川富顺人。先在籍治团练颇有声誉，曾国藩官直隶总督，招为幕僚。天津教案期间，任天津县知县。天津民悍好斗，锅伙匪贼经常为害地方，世本严惩之。曾与吴汝纶一起帮助曾国藩处理天津教案。

吴汝纶与萧廉甫在曾国藩幕府是非常要好的朋友，“昔在曾文正幕下，与廉甫起居相随”。萧廉甫长吴汝纶六岁，时常是一位兄长，吴汝纶在给潘执亭军门的信中回忆当时的情景，“环顾同僚中，相好如吾两人者，盖未有也”。离开曾幕后，两人虽然聚合无常，但“彼此关爱至切”，吴汝纶前时经济困难，萧廉甫时时周济，想想自己很惭愧，数年冀州之任，尚未能清结之前所欠款项，也没有能够给老友一些帮助。萧廉甫自负其才，而际遇不顺遂人意，因此常常愤慨。死后家无余财，“其身后萧然无以为敛”。

去年秋天，萧廉甫来信，谈到为其子“纳资赴选”，吴汝纶答应今春“以五百金相助”，前段时间忙于事务，五百金寄到时，廉甫已经不在人世了，世上还有什么事，比这更让老友伤心的呢？吴汝纶独自惆怅良久。

伤心事，接二连三。

光绪十五年（1889 年），吴汝纶五十岁。正月十六日，小弟吴汝纯（熙甫）卒于冀州官所，时年三十七岁。此事对吴汝纶打击很大。

吴汝纯曾官光禄寺署正，从七品文官，岁俸四十五两。后因身体多病，随兄居养息。这个弟弟，文才卓越，吴汝纶最为欣赏。小时候，一次兄弟同登枞阳浮山，八岁的小弟“高唱一绝”，文才初露，让人惊讶不已。刘声木《桐城文学渊源考撰述考》将其归为卷二方苞总领之后的桐城派作家，吴闿生《晚清四十家诗钞》共录其诗十三首，张廉卿、范肯堂在与其诗词唱和过程中，对其诗才大为赞赏，“皆称其才过乃兄甚远”。

吴汝纶在作《祭弟文三首》中痛苦地回忆：

> 前四五年，时时间作，久辄复平，至去年夏秋，愈益佳善，与朋游诗篇唱和，往复不休，张廉卿、范肯堂皆称其才过乃兄甚远，弟亦自喜疾损，谓可减兄忧也。及闻吾乞退，浸寻加剧，弟素冲淡，何以至此？[①]

这个小弟，虽然长期生病，但对吴汝纶的官场亦很熟悉，且也颇为在意。这次是因为听说哥哥要辞去冀州知州，而引发疾病发作加重，让吴汝纶痛心不已。吴汝纶对于兄弟向来是非常关心和照顾的，而且兄弟间关系也很融洽。大哥生病期间，他撤去仆役，自己亲自过问，拿汤递水，亲身服侍，小弟病体羸弱，“服食药饵，必具必精”，如果能够让其开心，竭尽财力而为之，有空闲就守在身旁不离开，十多年来，从不懈怠。

小弟吴汝纯正月去世，吴汝纶一直不敢告诉二弟，因为怕他身体不好，承受不了这样的打击。四月份，吴汝绳知道了小弟去世的噩耗，千里奔视，来到保定。兄弟“相见悲痛，非人所堪”。吴汝绳身体一直未能康复，吴汝纶又刚得咯血之病，“兄弟相守，彼此隐忧，都无欢趣”。

---

① 施培毅、徐寿凯校点：《吴汝纶全集》（一），黄山书社2002年版，第75页。

肺结核病是有很强的家族传染性的，他们兄弟几人都得有此病，不排除互相传染的可能。根据民间的经验，肺结核还是所谓的富贵病，少劳作，多进补，需要多吃猪油进行调养。显然，这些都做不到，吴汝纶虽然是州官，由于过于清廉，一大家子都靠他抚养，生活清苦，而且辛劳，思想负担也很重，精神没有轻松的时候。

二弟诒甫官山东汶上，病体艰难支撑。吴汝纶在保定，对于这个仅存的弟弟，特别放心不下，吴汝纶从这年开始，每入冬季，就将书院课卷，先期检阅完毕，行程千里，一个人单车赴山东，看望弟诒甫于官所，陪其过年，并且公事私事全都帮助料理，开春后才还保定。几乎年年如此，直到吴汝绳去世。他在答姚锡九诗中说的“从今岁岁治行具，为采风谣券两贤”即谓此。

光绪十六年（1890 年），吴汝纶五十一岁。正月初十，夫人汪淑贞卒于保定，享年五十五岁。此时，吴汝纶送小弟熙甫灵柩至天津，让其附轮船南去，吴汝纶即由天津至济南，探视二弟诒甫。在济南，十二日接到夫人去世的电信，汪夫人生四女，长次已嫁。

吴汝纶在当天日记中写道：“儿女失母，甚思之。”

兄弟、妻子相继去世，所有孤儿寡母都依附他。看着满门孤寡，吴汝纶的心情无论如何也好不起来。好歹还有个聪明伶俐的儿子，时时慰藉他那颗孤寂的心。吴闿生（1877—1950），号北江，学者尊称北江先生。天资聪颖，家学渊源深厚，又得见许多贤人才士，先后拜师范当世、姚永概、贺涛。范当世赞为“八岁能为子固文”，九岁能诗，诗集中有《生日诗》一首。吴闿生曾将李商隐“夕阳无限好，只是近黄昏”的诗句改为“但得夕阳无限好，何须惆怅近黄昏”。反弹琵琶出新意。其父退官主讲莲池书院，时年十二岁。

4. 良士相交，垂范若此

吴汝纶与通州才子范当世“一首诗”的因缘。

风云激荡的晚清社会，吴汝纶扶掖良士，爱才、惜才。吴汝纶与范当世关系非同一般，对其一生命运产生了决定性影响，由此也可窥视，在“三千年未有之大变局”中，下层士人的生存境况。

光绪八年（1882 年）三月，张謇向冀州知州吴汝纶举荐同乡好友范当世。张謇当年致吴氏信中有范当世诗一首。吴汝纶慧眼识英才，对这位青年贤俊留下了深刻印象，拜托范当世授业恩师张裕钊代为招致，恳请其北上。此时，范当世正在湖北协助张纂修《湖北通志》，事务繁杂，无法脱身，只能辜负此番盛情美意。吴氏爱才如命，求贤若渴，迫切的心情于书信中随处流露。

光绪十年（1884 年）四月，吴汝纶因州判署被盗案，久不见破，郁郁寡欢。吴汝纶因此案羞愧难当，心生辞官之念，故不望范氏北来。一旦案件有所进展，又初心不改，恳挚邀请。

光绪十一年（1885 年）三月，范当世如约赴任冀州讲席，贤主嘉宾，一朝遇合，可谓赏心乐事。范当世对吴汝纶兴利除弊、勤政爱民耳濡目染，感触颇多，随文以记。吴氏断狱严明，深得民心，有《入冀州境就野人闻吴公断狱事喜而作》；蝗虫肆虐，亲赴现场，有《挚父先生出行野四日不归极望成诗》，由衷敬佩其为官勤能。吴汝纶对范氏文学才华推崇备至，其《答姚叔节》曰“当今文学无出肯堂右者”。

光绪十一年（1885 年），冀州武邑令郑骧正式聘范当世为观津书院山长，慕名前来者络绎不绝。《重修观津书院增建试院记》记载：“诸生来试艺者益多，庭隅狎坐皆满，或至不容而露坐阶下。”范当世为师兢兢业业，诲人不倦，润物无声，声播四方。

吴汝纶本想让范当世担任信都书院山长，因其不拘小节，倜傥不羁，士人不免有所毁谤，因此而止。光绪十三年（1887 年），信都书院山长王树楠中进士，赴任四川青神知县，此为范氏入主信都的绝好时机，可惜诽谤再起，未能如愿。此间风波不止如此，更有甚者居心叵测，挑拨范、吴关系。诸小望文生义，挑拨离间，以其《百蟹诗》为藐视吴氏之作，造言生事。吴汝纶洞若观火，明辨是非，不为谣言所惑，反倒叹赏其乐观开阔的心胸，同情其寡不敌众的处境。两人均非凡俗之辈，听闻流言，“相视而笑”，莫逆于心，这份彼此的契合、信任殊为少见。

光绪十二年（1894 年），范当世以《况箫字说》一文深入阐述了文章音声之道。吴汝纶赞同张裕钊“姚氏于声音之道尚未能究及其妙”的观点，范氏一文视角新颖，令其惊喜不已。以推本溯源的方式强调音声为道至大，古代圣贤一以贯之，其中大有深意。《况箫字说》对吴汝纶颇有启迪，他在《答张廉卿》中进一步论述：“才无论刚柔，苟其气之既昌，则所为抗坠、曲折、断续、敛侈、缓急、长短、申缩、抑扬、顿挫之节，一皆循乎机势之自然，非必有意于其间。”

“声”与“气”关系紧密，创作主体内在充盈浩然之气，流泻为文中抑扬顿挫之音，水到渠成，非人力可强为，这是对“声音之道”的补充深化，两人砥砺切磋，呈现了桐城古文在晚清时期传承、发展的细节和脉络。由此可见吴、范两人在晚清对桐城古文发展进行的持续思考和共同探索。

范当世光绪十二年（1886 年）担任冀州观津书院教职期间，吴汝纶苦口婆心，以散其哀，败其誓，先后接近一年。光绪十四年（1888 年）十月，范当世就婚江西安福。吴汝纶这个“红媒”终于做成了。范当世妻子姚蕴素是著名散文家姚鼐（1731—1815）第五世侄孙女，爱国将领、史学家、文学家姚莹（1785—1853）孙女。日后，范、姚携手同行，不仅相敬如宾、诗文唱酬，更风雨同舟、相濡以沫，姚蕴素成为范当世生命中最重要的精神支柱。

光绪十四年（1888 年），吴汝纶弃冀州官位主讲莲池书院，如此情势之下，讲学其间的范当世只得另谋出路，以养家糊口。光绪十五年（1889 年）、十六年（1890 年），范当世身患重疾，情况危急，不暇他顾，唯寄身寺庙静心养病。

光绪十六年（1890年）十二月，吴汝纶电约范当世次年赴天津，为李鸿章教授其子。事实上，对于范当世，李鸿章起初并不中意，吴氏巧言申说，对其品格才华大加推扬，方成此事。范当世诗歌《七月七日感灵鹊》揭示了这一隐情。诗中以失路之黄鹄自喻，以巧言之灵鹊指代吴汝纶，主人则为李鸿章无疑。“主人初不怿，鹊语真媞媞”，透露了其入为西席的内幕，起初李鸿章并未欣然邀请，因吴氏大加赞誉，好言相劝，李方允许“借巢乌林西”，招其入幕。李鸿章是时权势显赫，炙手可热，成其西席，教授其子，是多少人处心积虑、梦寐以求之事。此时，范当世病体刚愈，不免消沉倦怠，吴汝纶的倾情举荐激起了他久违的生命激情。

光绪十七年（1891年）二月末，范当世至天津，课李鸿章次子李经迈。吴汝纶四月十日致其书曰：

> 前接傅相书，深以得名师为幸。旋接来示，敬悉宾主款洽。……吾为执事作合，乃自揣文学不足以阐扬傅相志业，将以千秋公议付之雄笔记载，以正后来国史，不区区为目前计也。[①]

吴汝纶身为作合之人，对宾主款洽由衷欣慰。书中透露了安排范入李幕的另一重要目的，以其雄文健笔实录李氏言行功业，避免后世误读曲解。光绪十八年（1892年）六月二十五日，吴汝纶向范氏明确提出辅修李鸿章年谱的建议。

甲午战争前后，两人书信中对内忧外患、分崩离析的国势屡发感慨，更是可见特殊历史情境下正直文人强烈的社会关怀。

置身风云激荡的晚清，未在科举道路上考取功名的知识分子很难实现自己救国救民的人生理想。范当世却是例外，能在困境中激扬诗书，

① 郭立志撰：《桐城吴先生年谱》，雍睦堂丛书，卷二，第4页。

昭名文坛，并以才华而为相府西席。其根本原因是自身心志高远、修身砥砺，而得贤士吴汝纶的赏识提携。二十余年的交往中两人关系密切，深相知交，患难扶持，有始有终。非范当世，吴汝纶助也无功；非吴汝纶，范当世行也无途。良士相交，垂范若此！

5. 桐城派北方古文圈子的形成

吴汝纶施教于北方，“门下注籍者数千人”，有日本人士也蹈海踏波前来受教。他以莲池书院为龙头，又影响着冀州、深州、天津等地书院，构成了一个同气相应的学术群体。

这在晚清学术史上是颇为耀眼的事情。促使了桐城古文学派中心的北移，形成了以吴汝纶为领袖的桐城学派的北方基地。胡适也以此把吴汝纶视为古文传统史上清末时期的代表人物。莲池书院融入了他鲜明的个人气质，俨然成为他施展抱负、弘扬学术光辉的舞台。他以姚鼐《古文辞类纂》为范本，积极引导诸生学习古文，“上自群经、子、史，下逮百家之言，一以文章衡之”，培养了一批“以辞章蜚声”的门生。他曾说过：“千秋盖世之勋业皆寻常耳，独文章之事，纬地经天，代不数人，人不数篇，唯此为难。”重辞章之学实是他“以文载道”“道能弘文”的修身化民、治平天下的思想的体现。

吴汝纶效法曾国藩最为重要的一点就是向往文士趣韵。所不同的是，曾国藩的实现是在其幕府中，有着强大的经济做后盾，而吴汝纶是以书院为中心，颇显清苦，但这丝毫不影响他坐赏“群芳”。他同范当世、贺涛、张裕钊、姚永朴、姚永概、赵衡、马其昶、吴汝纯等的“雅集”趣事，成为当时文坛的时尚话题。关于当时雅集文事、“觞咏唱酬”之盛况，吴汝纶侄儿吴君昂曾有记述：

> 初，范自通州来入幕，与伯父（指吴汝纶——笔者注）讲贯文学，伯父欢甚。后又得姚锡九、张采南两先生，继踵而至，

> 贺先生本主讲冀之书院，而张先生亦时自保定来游，于是一州之士皆贤豪英杰。是时家君病亦大愈，遂与诸公觞咏唱酬无虚日，为诗多至数十首。然后知人世之遭逢未若聚合之隆为尤可贵也。……未几，张先生还保定，范先生应试于江南，姚、张二君亦相率辞去，而诗文之欢且息。①

赵衡在《贺先生行状》里也记述了贺涛、张裕钊、吴汝纶、范当世与书院诸生，曾经一日燕集于莲池，在一起和谐有趣，颇有孔子《侍坐章》的情形。

在吴汝纶眼中，文章和义理并非一途，“文章不宜谈理”，否则“不能工也”。其实，吴汝纶这一观点，亦是师承有自。吴汝纶以前，曾国藩就多次谈及古文与义理的分途。吴汝纶继承并发展了曾氏这一论断，明确提出“文章不宜谈理”，强调二者（文章和义理）难以并入一途。他更强调“文”的重要，以为“自古求道者必有赖于文”，只有有文采的文字，才可以流传后世。在他看来，不是“文以载道”，而是“道以文传”，他尝言“与其伤洁，毋宁失真”。当然，吴汝纶的意思并非说文章可以“失真”，而是强调文章的艺术性，强调文字的雅洁。

吴汝纶对文章艺术性的强调，促进了桐城古文在艺术审美方面的发展，使之避免了沦为淡而寡味的说理工具。对桐城古文乃至近代散文文学性的发展，起到了至关重要的作用。

作为晚清最后一位古文宗师，吴汝纶最为突出的是对于古文的执着与坚守。尽管吴汝纶大力提倡西学，但并不一概否定“中学”，主张“新旧二学，当并存具列”。

吴汝纶在莲池期间，对古文古学的注重，对乃师曾国藩这方面学术

---

① 吴君昂：《冀州唱和序》，载吴闿生编《吴门弟子集》，卷八。转引自：柳春蕊：《晚清古文研究——以陈同光、梅曾亮、曾国藩、吴汝纶四大古文圈子为中心》，百花洲文艺出版社 2007 年 10 月版，第 354 页。

精神的继承和光大，对桐城派的延续和发展，一直颇能着意，并有明显收效，显示他在维护和弘扬门派学术方面，着实充当了无可替代的后继领袖的角色。

“清代河北全部一百一十九位古文作家中，张、吴的门人弟子竟达一百零三人。”①

曾国藩任直隶总督时，对该省的学风即有志引导，对士子治学之道，他强调应“以义理之学为先，以立志为本”。

吴汝纶对乃师的意旨自能心领神会，这时更有条件努力为之。他以莲池书院为龙头，以冀、深二地书院为辅翼，在施教和治学中不断扩大其文派和学派的影响。像贺涛在膺任京官后的多年间，仍兼冀州信都书院的教职，甚至是把主要的时间和精力投入于此，他经常向在莲池的吴汝纶请示施教方策，甚至不时把生徒的作业特别是古文佳品选送吴汝纶批阅。光绪二十四年，贺涛因“目疾较甚”，“又恐补官后不能久在京外”，想辞冀州馆事，向吴汝纶求替换之人，吴汝纶不予同意，故贺涛有“乃先生不以引手救，反挤之又下石焉”的戏谑之言。深州教席则由吴汝纶的另一高足冀州籍的赵衡（字湘帆）居之。莲池与冀、深二州书院，可谓构成了一个紧密相连、同气相应的“共同体”，成为以吴汝纶为领袖的文派、学派的基地。

吴汝纶生徒众多，或称其“布教北方，门下注籍者数千人”，并且高足多出，使其门派学人群体、学术势力在前有基础上更得以大大加强，愈具势头，这在晚清乃至民初学术史上是颇为醒目的事情。

本来“桐城流派”在“江汉东南”盛传，“大河以北无闻”，而“自张、吴两先生主讲保定之莲池书院，先后十余载，北方学者多出其门。此两先生者，皆尝亲承绪论于曾氏，于是燕、蓟之间始有桐城之学”。②

① 胡阿祥：《桐城文派作家的地理分布与区域分析》，《魏晋本土文学地理研究》，南京大学出版社 2003 年版，第 224 页。

② 钟广生：《陶序文集序》，载王树楠：《陶序文集》卷首。转引自：柳春蕊：《晚清古文研究——以陈同光、梅曾亮、曾国藩、吴汝纶四大古文圈子为中心》，百花洲文艺出版社 2007 年 10 月版，第 348 页。

更有人把“今文经学昌于南方，而桐城古文复以张裕钊、吴汝纶之传，流播于北”这一现象，明确指为“近世学术变迁之大略”的一个重要标志。

而在民国初年充当“文学革命”旗手的胡适，则把吴汝纶视为“古文传统史”上清末时期的代表人物。无论人们对该文派、学派在当时及历史上的价值有怎样不同的评价，但由于张裕钊、吴汝纶相继掌教莲池期间的努力，使其在直隶乃至北方地区蔚然成为气候。

吴汝纶一生致力于书院教学。“官深、冀二州，锐意兴学，亲教课之”。在莲池书院担任山长十四年，桃李无数。恰如顺天府廪生魏钟瀚所言：“先生之来畿下，垂二十年矣，畿下人士所以知讲学者，实自先生知深冀主莲池播其种焉。”[①] 虽有所夸饰，但也可见吴汝纶在晚清教育界的影响之大。

自太平天国战争开始，桐城派作家自觉加入曾国藩、李鸿章幕府，如方宗诚、萧穆、戴钧衡、徐宗亮、陈澹然、吴汝纶等，形成了共同的政治取向。

在文化上，可以说李鸿章、吴汝纶共同主导了曾国藩之后的桐城派发展方向。

李鸿章、吴汝纶开创的皖系政治与莲池派古文对晚清具有重要影响，桐城派古文与淮军政治的合作十分密切，也能见出桐城派文学与淮军政治权力的关系。

直至五四新文化运动之前，桐城派牢牢占据着北京大学与京城文化中心，乃至北方的文化市场，严复、林纾、马其昶还有众多莲池书院学生占据着重要岗位。这种地缘政治文化的延续直到袁世凯北洋政治权力垮台之后才渐渐结束，桐城派古文的合法性地位动摇，桐城派也迎来了新文化派的猛攻，丧失了文化中心地位。桐城派作家群体退出北京文化政治场域，选择南归，以私人讲学延续桐城派。

① 郭立志撰：《桐城吴先生年谱》，雍睦堂丛书，卷二，第38—36页。

吴汝纶在桐城派传承中的作用和影响。

在桐城派的历史传承中，方苞、刘大櫆、姚鼐、曾国藩、吴汝纶等人分别作为他们所属时代的文学巨匠与桐城派领袖，便有一条明晰的师徒链接主线凸显出来，吴汝纶是这个传承链条中的一环，作为桐城派末代大师，他所面临的时代与他的前辈有了很大的不同，自然在对桐城派的传承上又有了一些特殊之处。

吴汝纶关注的并不仅仅是两三百年来的桐城古文传统，而是整个“文”的传统，他维护的是这一大“文”传统。他着力的是中西问题，而非中学内部问题。这是他在特定时代对于古文的特定贡献，在某种意义上说，这一贡献比姚鼐、梅曾亮、曾国藩、张裕钊都要大。

据刘声木的《桐城文学渊源考撰述考》统计，吴汝纶的弟子共一百一十一人，占桐城派总人数的百分之十，这些弟子中，为桐城籍的共九人，其余均为外地人，桐城派并非一个局限于地域的地方性学术派别。吴汝纶培养的弟子不囿于地域，使桐城派在走向衰亡的岁月里仍然保持了一个全国性学术派别的雍容大度。吴汝纶还有两个日本籍的弟子：中岛裁之、中岛成章。

学生中有科举功名的共五十二人，其中进士二十一人。有各类官职者共五十人。

吴汝纶是幸运的，科举制度在他去世两年后才寿终正寝，中国历史上最后一个状元刘春霖，就是师从他十一年之久的弟子。他的弟子中，还出现了两位近代大学教授：一位是武锡珏，为河北大学教授；一位是魏兆麟，为天津法政学堂教授。标志着传统学术向近代学术的转型。

吴汝纶不仅在传承弟子上下力气，而且自己在学术上身体力行，丝毫也不懈怠。光绪二十年（1894 年），吴汝纶《尚书故》《说易》两部重要著作完成。

吴汝纶在与四女婿王子翔（光鸾）的信中，劝勉做人作文之道，提出非常著名的“学有三要”：学为立身，学为世用，学为文词。

光绪二十年（1894 年），这一年，张謇中恩科状元。这是一个有才的士子，颇为心酸而又光怪陆离的科场缩影。吴汝纶对张謇很早就很欣赏，这次中了状元更是褒扬有加。张謇科举之路异常曲折而艰辛，也可略窥所谓的科举之途的黑暗。

同治七年（1868 年），张謇十六岁，由于祖上是三代没有功名的冷籍，为了走上科举正道，经宋琛安排，张謇冒用如皋县人张铨儿子张育才的名义报名注籍。同治八年（1869 年），经县、府、院三试胜出，得隶名如皋县学为生员，即秀才。其后如皋张氏贪得无厌，索酬无已，后竟控诉于如皋官府，意在借官勒索，于是“冒籍案”发。自此连年缠讼，使张謇吃足了苦头，家道也转入困顿。幸赖通州知州孙云锦、江苏学政彭久余怜士惜才，曲为援护，屡费周折，才得以销如皋控案。

张謇从十六岁录取生员起，中间经十八岁、二十一岁、二十三岁、二十四岁、二十七岁前后五次赴江宁府应江南乡试（俗称南闱）均未中式。直至光绪十一年（1885 年）三十三岁，因孙云锦官江宁府尹，子弟依例回避，转赴顺天府乡试（俗称北闱），才取中第二名举人，俗称“南元”（南人列北榜名次最先者），声名渐著，成为“清流”着重延揽的对象，但此后张謇四次参加会试均遭失败。

从光绪十一年（1885 年）起，翁同龢、潘祖荫等对张謇就有了提携之意，特别是“期许甚至”“荐而不中”，几次误把他人卷子认作张謇的而取中会元，更说明了提携心情之迫切，因而才有甲午恩科试时翁同龢的志在必得。张謇三十四岁应礼部会试不中；三十七岁赴会试，试卷为无锡孙叔和所冒，孙中而张落；三十八岁应会试，场中误以陶世凤卷为张謇卷，陶中“会元”而张落第；四十岁赴会试，试卷又被武进刘可毅所冒，刘中会元而张又落第。士子们拼搏的科场，居然是这样混乱不堪。

光绪二十年（1894 年）慈禧太后六十大寿设恩科会试，张謇奉父命再次进京参加礼部恩科会试。二月，礼部会试，取中第六十名贡士；三月，礼部复试时中一等第十名，“初定十一，常熟师（翁同龢，江苏常熟人）改第十”；四月二十四日殿试时翁同龢命收卷官坐候张謇交卷，然后直接送到自己手里，匆匆评阅后，竭力加以拔擢。翁同龢不但做了其他阅卷大臣的工作，把张謇的卷子定为第一，还在光绪帝引见时，特地介绍说：“张謇，江南名士，且孝子也。”张謇得中一甲一名状元，循例授六品翰林院修撰。

6. 甲午之殇谁之罪

光绪二十年（1894 年），吴汝纶自夏入秋，五、六、七连月小疾，久病不愈，九月以后，才开始有所好转。此时，甲午战争爆发，吴汝纶以为“此事失疏在于平时，及至两军相当，愚见亦无可献之策也”，当时“除了千分之一的极少数人外，其余九百九十九人都相信大中国可以打败日本”[①]。吴汝纶在致信桐城文友陈静潭时说道：“近年未添一船一炮，以此海军遂无精进之观，纵陆军获胜，犹不足恃也，又况陆军并不能胜哉！”[②] 吴汝纶对战事的悲观是基于对实力和时局的清醒认识。

战争期间，吴汝纶并非“但谋自逸”，致信范当世时，言“独默计时艰，中夜太息，不能成寐，不知相公七十之年，旁无同心赞画之人，何以支柱危局耳！”[③]

此后事情的发展，果然不出所料。

光绪二十年（1894 年），朝鲜爆发东学党起义，朝鲜政府军节节败退，被迫向宗主国清朝乞援，日本乘机也派兵到朝鲜，蓄意挑起战争。光绪二十年（1894 年）7 月 25 日丰岛海战爆发，甲午战争开始，由于日本蓄谋已久，而清朝仓皇迎战，这场战争以中国战败、北洋水师全军覆没告终。清朝政府迫于日本军国主义的军事压力，光绪二十一

---

① 王炳耀：《甲午中日战辑》，台湾文海出版社 1982 年版，第 9 页。

② 吴汝纶：《答陈静潭》，施培毅、徐寿凯校点：《吴汝纶全集》（三），黄山书社 2002 年版，第 93 页。

③ 施培毅、徐寿凯校点：《吴汝纶全集》（三），黄山书社 2002 年版，第 92 页。

年（1895 年）4 月 17 日签订了《马关条约》。

甲午战争的结果给中华民族带来空前严重的民族危机，大大加深了中国社会半殖民地化的程度；另一方面则使日本国力更为强大，为其跻身列强奠定了重要基础。

甲午战争的失败，使李鸿章陷入政治命运的危机中。由于在战争中执行求“和”路线，他被骂为“投降派”。北洋海军在黄海海战中的全军覆没，使以李鸿章为首的洋务派所开展的洋务运动受到广泛的怀疑，淮军在战场上的一触即溃使淮军集团的实力大为削弱。可以说，甲午战后，朝野内外一片倒李之声。

正是对李鸿章“忍辱负重，支此危局”处境的理解，凡书信往来言及时局，吴汝纶皆极力为李鸿章辩解，斥责清流。

中日甲午战争（1894 年 7 月 25 日—1895 年 4 月 17 日）是因为日本侵占朝鲜而引发的一次，农业国与工业国之间的对抗，对于清朝来说是一次很失败的战争。

在中日甲午战争过后，梁启超在《李鸿章传》中写道：

> 西报有记者曰：日本非与中国战，实与李鸿章一人战耳。其言虽稍过，然亦近之。不见乎各省大吏，徒知画疆自守，视此事若专为直隶满洲之私事者然，其有筹一饷出一旅以相急难者乎？既有之，亦空言而已。①

在中日甲午战争期间，身为清朝大臣更是后期洋务运动的主导者之一的刘坤一，奉命出征朝鲜，但却只顾自己利益而逗留数月不出发，让李鸿章的淮军独自对抗日军。不仅如此，刘坤一出发以后也没帮到多少忙。

这还是奉命出征的，那些没有接到命令的大臣根本不会管此战争，只知道自守自己的职权范围之内的事情，毫无一丝为国分忧的精神，认

① 梁启超：《李鸿章传》，江苏人民出版社 2005 年 10 月版，第 65 页。

为中日甲午战争只是直隶省和满洲的私事，各省的行政大臣也不肯筹集一点粮食或者出点兵力来救急。即使有也只是随口说说而已，根本不会有所行动。

更令人惊讶的是，“帝师”翁同龢，竟然还在中日甲午战争时期算计李鸿章，还在进行他那愚蠢的党争。

还有一件事，黄海大战后，北洋舰队的一部分在刘公岛投降，一个投降的当事人写了一封书信给日军，信中写着请求日军放还广丙一舰。对日军说此船舰是属于广东的，还对日军说这次战争也与广东无关等内容。日军觉得十分可笑，最后也没把广丙一舰归还给广东。

日军只是觉得可笑，却不知道这其实就是大清朝的各省封疆大吏各自为政的思想。那些指责李鸿章的人也没看到自身的错误和不足，也没想到为国家做些什么。

丁汝昌自杀。

就在北洋海军在威海海战中面临覆灭之灾的时候，光绪二十一年（1895 年）1 月 23 日，丁汝昌收到了日本海军司令伊东祐亨的一封劝降书。此书收到十九天后，丁汝昌自杀。

这份日本人写的劝降书可谓一篇千古奇文，它根本不是一份劝说敌人放弃抵抗立即投降的战场文件，而是从中华帝国的科举制度开始说起，比照日本曾经经历过的辛酸历史，解剖中华帝国衰败的原因。即使在百年之后，仍值得所有中国人在夜深人静之时灯下细读。

甲午海战伊东祐亨写给北洋海军提督丁汝昌的劝降书：

明治二十八年一月二十三日

伯爵大山岩　顿首

伊东祐亨　顿首

大日本帝国海军总司令官中将伊东祐亨致书与大清国北

洋水师提督丁军门汝昌麾下：

时局之变，仆与阁下从事于疆场，抑何其不幸之甚耶！然今日之事，国事也，非私仇也，则仆与阁下友谊之温，今犹如昨。仆之此书，岂徒为劝降清国提督而作者哉？大凡天下事，当局者迷，旁观者审。今有人焉，于其进退之间，虽有国计身家两全之策，而为目前公私诸务所蔽，惑于所见，则其友人安得不以忠言直告，以发其三思乎？仆之渎告阁下者，亦惟出于友谊，一片至诚，冀阁下垂谅焉。

清国海陆二军，连战连北之因，苟使虚心平气以察之，不难立睹其致败之由。以阁下之英明，固已知之审矣。至清国而有今日之败者，固非君相一己之罪，盖其墨守常经，不通变之所由致也。夫取士必以考试，考试必由文艺，于是乎执政之大臣，当道之达宪，必由文艺以相升擢。文艺乃为显荣之梯阶耳，岂足济夫实效？当今之时，犹如古昔，虽亦非不美，然使清国果能独立孤往，无复能行于今日乎？前三十载，我日本之国事，遭若何之辛酸，厥能免于垂危者，度阁下之所深悉也。

当此之时，我国实以急去旧治，因时制宜，更张新政，以为国可存立之一大要图。今贵国亦不可不以去旧谋新为当务之急，亟从更张。苟其遵之，则国可相安；不然，岂能免于败亡之数乎？与我日本相战，其必至于败之局，殆不待龟卜而已定之久矣。

既际此国运穷迫之时，臣子之为家邦致诚者，岂可徒向滔滔颓波委以一身，而即足云报国也耶？以上下数千年，纵横几万里，史册疆域，炳然庞然，宇内最旧之国，使其中兴隆治，皇图永安，抑亦何难？夫大厦之将倾，固非一木所能支。苟见势不可为，时不云利，即以全军船舰权降与敌，而以国家兴废之端观之，诚为些些小节，何足挂怀？仆于是乎指誓天日，敢请阁下暂游日本。切愿阁下蓄余力，以待他日贵国中兴之候，宣劳政绩，以报国恩。阁下幸垂听纳焉。

贵国史册所载，雪会稽之耻以成大志之例甚多，固不待言。法国前总统末古末哑恒曾降敌国，以待时机，厥后归助本国政府，更革前政，而法国未尝加以丑辱，且仍推为总统；土耳其之哑司末恒拔香，夫利加那一败，城陷而身为囚虏。一朝归国，即跻大司马之高位，以成改革军制之伟勋，迄未闻有挠其大谋者也。阁下苟来日本，仆能保我天皇陛下大度优容。盖我陛下于其臣民之谋逆者，岂仅赦免其罪而已哉？如榎本海军中将，大鸟枢密顾问官等，量其才艺，授职封官，类例殊众。今者，非其本国之臣民，而显有威名赫赫之人，其优待之隆，自必更胜数倍耳。

第今日阁下之所宜决者，厥有二端：任夫贵国依然不悟，墨守常经，以跻于至否之极而同归于尽乎？亦或蓄留余力，以为他日之计乎？从来贵国军人与敌军往返书翰，大都以壮语豪言，互相酬答，或炫其强或蔽其弱，以为能事。仆之斯书，洵发于友谊之至诚，决非草草，请阁下垂察焉。倘幸容纳鄙衷，则待覆书贲临。于实行方法再为详陈。

谨布上文。[①]

无法得知这位日本军人为什么会在这样的时刻与自己的战争对手谈论主题如此重大的国家政治问题。这不是一封通常意义上的劝降书，从内容上看，它根本不是一份劝说敌人放弃抵抗立即投降的战场文件。

这个日本军人从中华帝国的科举制度开始说起，比照日本曾经经历过的辛酸历史，解剖中华帝国衰败的原因。奇特的是，这些关于国家变革的理论竟然出自日本的一介武夫之笔，由此可见日本人对自己国家的崛起有着多么深刻的感受和认识，它确实需要中国人“虚心平气”地深

① 王芸生编著：《六十年来中国与日本》第二卷，三联书店 2005 年 7 月版，第 173—174 页。

思，思“墨守常经不谙通变”之痼。

在世界政治格局发生巨变的时代，对于封闭的中华帝国来说，“更张新政”已是“国可存立之一大要图”，否则，这个巨大的帝国即使再买多少军舰也难逃覆没的厄运。

7. 为李鸿章“止谤”

吴汝纶是李鸿章的忠实追随者。

光绪二十一年（1895年）七月初，吴汝纶再次被李鸿章“召令入都”，“念其徒党散尽，遂治装径往”。但到京二日，即接汶上急电，吴汝纶二弟吴汝绳于七月二十一日溘然而逝。处理完丧事回到保定，已经是九月底了。李鸿章父子帮吴汝纶偿还了诒甫在汶上县任上亏空的五千金巨款。

这件事，李鸿章父子的雪中送炭让人心生敬意，还让人有诸多感慨。真不愧是吴门兄弟，吴汝绳也是清官一员。

甲午战后，吴汝纶写了不少文章为李鸿章辩护。吴汝纶认为，“户部奏立制限不令购船械”的政策束缚了北洋海军的发展。在甲午战争全面爆发前，吴汝纶就已作出胜负预料。他预言清军必败，不仅海军必败，陆军也必败。“目前用兵与往昔不同，专以军械新旧分胜负。”清廷停止新购船炮，“一旦有事，船炮不及倭奴，遂至海军束手，渤海任他人横行，则虽陆军麇集平壤，何能济事！又况军械不能足用，士气孤怯！……默计时艰，中夜太息，不能成寐”。①

为李鸿章“止谤”，谋为李鸿章洗刷骂名。

甲午战后，吴汝纶不惜精力为李鸿章编辑全集，亦是二人关系中的重要一笔。甲午前，吴汝纶有意让范当世为李鸿章著书立传，战后，范当世一去不返，吴汝纶便自己着手担起这一重任。

---

① 吴汝纶：《与范肯堂》，施培毅、徐寿凯校点：《吴汝纶全集》（三），黄山书社2002年版，第92页。

光绪二十二年（1896年）八月，吴汝纶上书李鸿章："某郁郁于此，杜门谢客，暇辄手吾师奏稿一编，近卅年国故，备在尊疏，亦治国闻者之要删也。"[①] 在致李经迈信中说道："国史、方略等，皆不足仗。退之有云：'文书自传道，不仗史笔垂。'正谓此也。"[②]

此后，将编辑进展情况时时告知李鸿章父子，并多次言及编辑此书之用意。

十月十五日，答潘藜阁：

> 自东事起至今，傅相为中国士大夫所唾骂，此由政府扬其焰，而后进之士闻声和之。弟以为傅相经营远略三十年，前十年事具在奏稿，中十年则奏稿尚或假手幕僚，至总署信函，则全系亲笔，后十年则机要事件，皆在电报，亦不肯倩（请——笔者注）人代办，必出亲裁。现拟将此三者辑录成书，则历年支持危局，力求富强之苦心，具在简册，亦止谤之一道也。辑成之后，拟请周玉山廉访刘香林观察分任刊资，似亦二公所乐为者。[③]

后来，在致信刘含芳（芗林）时说道：

> 合肥（李鸿章——笔者注）在中国决为不朽之人，编辑文集并不颛颛（zhuān 用心专一貌——笔者注）为一时解谤，当与后之知人论世者考求心迹，使是非昭然具见本集，无所容其阿附也。至于身后之名，窃谓五洲自有公论，非中国一国所能任意高下，惟一时自谓清流者，全未识老臣颠末，亦不得不宣

---

① 吴汝纶：《上李相国》，施培毅、徐寿凯校点：《吴汝纶全集》（三），黄山书社2002年版，第124页。

② 吴汝纶：《答李季皋》，施培毅、徐寿凯校点：《吴汝纶全集》（三），黄山书社2002年版，第133页。

③ 郭立志撰：《桐城吴先生年谱》，雍睦堂丛书，卷二，第14页。

布其生平筹略，使有心者公共平议也。[①]

关于文集的这个见解，在今天已经看到了事实，吴汝纶真的烁见千古。

吴汝纶与李鸿章一样，在对外关系上，也力主“和”。他之所以持这样的观点，并非贪生怕死，而是缘于他对当时国家实力的了解。国力太弱，只凭几条铁甲舰，根本不足一战，“战”只能带来更多的耻辱。他认为“乱”言“兵事”是书生之见，嘲笑主战派，“侈口言与人战，岂不可笑耶！”吴汝纶十分赞同李鸿章的主“和”策略，他认为李鸿章“不战”“求和”的外交策略意在“忍小忿而图远略”。

“一世之功，万世尤嫌。”这是吴汝纶为座师李鸿章鸣不平的言论，真可谓铁粉一枚。

吴汝纶当此多事之秋，为了维护李鸿章，做了这样几件事情：

1. 编辑李鸿章的公文奏牍。

在答潘藜阁的信中说得极为清楚：

自东事起至今，傅相为中国士大夫所唾骂，此由政府扬其焰，而后进之士闻声和之。弟以为傅相经营远略三十年，前十年事具在奏稿，中十年则奏稿尚或假手幕僚，至总署信函，则全系亲笔，后十年则机要事件，皆在电报，亦不肯倩人代办，必出亲裁。现拟将此三者辑录成书，则历年支持危局，力求富强之苦心，具在简册，亦止谤之一道也。

2. 危难时刻回到李鸿章身边。

吴汝纶在与二弟诒甫的信中说：

① 施培毅、徐寿凯校点：《吴汝纶全集》（三），黄山书社2002年版，第152页。

朝中不信李相，颇有意摧折之，幸太后尚倚重耳。然军事棘手，君臣之间亦在危疑，李相心绪不佳。吾与之情谊素深，虽不在位，亦不宜恝（jiá 淡然——笔者注）然漠视。拟九月初至津一见，并在彼小住数日，以示绸缪（情意殷切——笔者注）之意，归后再挈子侄到汶。

3. 关键时刻给李季皋出谋划策。

吾师素日言论风采，咄咄逼人。执事在左右，应请随机进言，劝以虚与委蛇，彼为无町畦（田界，喻规矩，约束——笔者注）与之为无町畦。孙仲谋周公瑾英风壮采，宜少从韬晦也。

认为李鸿章从海外邦交回来，即“初归抗疏乞休”，“愚意诚不见其可”。宜行韬晦，少锋芒毕露。

4. 直接回击陈宝箴等人的攻击。

光绪二十年（1894 年）甲午战争爆发。当时，范当世经吴汝纶推荐，在李鸿章家教授其子。甲午之役李鸿章有决死之志，以其子托付给范当世，所谓受人托孤重寄。范当世与陈三立是儿女亲家，以其女嫁陈三立儿子陈师曾，陈三立的父亲陈宝箴（字右铭），深恨李相，让范当世一定离开李家。当时李鸿章已离任，陈宝箴接任直隶总督，所以才有后面与吴汝纶面争之事。

与吴汝纶挺身而出不同，范当世为避免在清流和李鸿章之间成为夹缝中人，于甲午年十月送长女南下成婚，以嫁女省亲为名，借机离开李鸿章。姻亲正是《马关条约》签订后上书奏诛李鸿章的陈宝箴。得知范当世“将北渡，复托词以归”，吴汝纶劝范肯堂留北，不要被亲家父亲陈宝箴左右，且在复信中以告诫的口吻，对他此种行径，进行了一番责备。

在这种政治局势下，吴汝纶竭力为李鸿章辩护，被陈宝箴骂为“孝子慈孙”。吴汝纶虽对此颇为愤懑，但他并不回避自己与李鸿章的特殊关系：

> 某虽皖人，未受李相荐举，其来直隶补深州，乃曾文正所成就，丁忧服阕，例补冀州，则李相疏题耳。然窃观李相措注（处置——笔者注），无甚剌谬（là miù，违背——笔者注）。若国势积弱不振，殆非一人之咎，私怀此议已久，要未敢辄陈执事之前者，以其为不入耳之言也。某少孤立，无先达相知攀附于时，生平知遇，前惟曾文正，后惟李相。今虽外议籍籍，某诚不能随众波靡，为吹毛之讥讪。①

这段历史，可以看见陈宝箴对朝廷的“忠贞”，也能看到李鸿章的大度。

几天后，吴汝纶“接傅相电约过谈”，见面后，李鸿章笑着说：“闻与方伯争和议是非，至欲辞馆，有之乎？”吴汝纶回答说：“此皆书生结习，以争为戏耳，未至失欢也。”并纳闷自己“与方伯往返函札，何以遽传之津郡？”但“察傅相之意，始终甚敬方伯”，可见李鸿章并未介意陈宝箴对自己的不敬，甚至上书要杀了自己，而吴汝纶是一心一意为李鸿章辩护。

吴汝纶与之过招的陈宝箴可不简单。

陈宝箴（1831 年—1900 年 7 月 22 日），号右铭，江西义宁（今修水）人。光绪二十年（1894 年）调直隶布政使，次年秋，升任湖南巡抚，一直到光绪二十四年戊戌（1898 年）政变。被光绪帝称为“新政重臣”的改革者，系清末著名维新派骨干，地方督抚中唯一倾向维新变法的实权派风云人物。

---

① 吴汝纶：《与陈右铭方伯》，施培毅、徐寿凯校点：《吴汝纶全集》（三），黄山书社 2002 年版，第 103 页。

光绪二十年（1894年），中日甲午战争爆发，光绪皇帝召见陈宝箴，询以战守方略，所奏甚合帝意，乃命陈宝箴督东征湘军转运。翌年陈宝箴得知《马关条约》签订，悲愤交集，痛哭流泪，叹道：“无以为国矣！”后屡为国事上疏，痛陈利害得失，希望变法图强。

当时，陈宝箴任直隶布政使，签约的李鸿章从日本回来后，也住在天津。帝国官场传言，李鸿章将复任直隶总督，陈宝箴则不仅不去拜见他，还放言说：“李公朝抵任，吾夕挂冠去矣。”他来，我就走，辞官不做。有人替李鸿章辩解，陈宝箴说，我之所以愤恨李鸿章，是因为他作为最受信任的封疆大吏，深知中国不堪一战，却不能谏阻最高统治者草率做出应战的决策，导致中国落下战败割地赔款的结局。

光绪二十四年（1898年），戊戌变法维新以及因慈禧太后发动政变而遭受失败。清光绪二十四年八月初六（1898年9月21日）慈禧发动政变，幽禁光绪，通缉康、梁，杀“六君子”于京城菜市口。农历八月二十一（10月6日）惩处陈宝箴、陈三立父子的上谕发出：“湖南巡抚陈宝箴，以封疆大吏滥保匪人，实属有负委任。陈宝箴着即行革职，永不叙用。伊子吏部主事陈三立，招引奸邪，着一并革职。”

1900年，陈宝箴去世。有学者考证，他是在义和团运动最疯狂的时候，被慈禧赐死的。死前，留下遗嘱：“陈氏后代当做到六字：不治产，不问政”。在此之后，陈家再未涉足宦海。一个政治家族消失了，但一个文化世家从此崛起。

江西义宁陈氏家族，铁骨铮铮，光耀中国文化史。

总共用了四代人的时间，随后进入这个家族最辉煌的阶段，走出了陈宝箴、陈三立、陈衡恪、陈寅恪、陈封怀等杰出人物，被后世誉为“陈门五杰”。义宁陈氏由此成为中国历史上罕见的文化大族。

陈宝箴的长子陈三立（1852—1937），与谭嗣同等人，被称为“维新四公子”，名动一时。在文学史上，陈三立被誉为“最后一位古典诗人”。

陈三立对历史的贡献，不仅是中国古典诗人的最后一座高峰，也不仅是抗战年代中国不屈的一根脊梁，还有其膝下五个儿子，个个是人杰：

长子陈衡恪，著名书画家，吴昌硕之后、齐白石之前，中国画坛最重要的人物，没有之一；次子陈隆恪，著名诗人；三子陈寅恪，蜚声国际的史学大师；四子陈方恪，著名诗人，风流倜傥，被称为“金陵最后一个贵族”；幼子陈登恪，著名古典文学研究专家，武汉大学外文系主任、中文系“五老”之一。

陈衡恪（1876—1923）有一个更为人所知的名字，叫陈师曾。他是天才横溢的画家，但秉承其父陈三立之风，认为画画与做人，不可分割。他曾说，文人画有四大要素：“第一人品，第二学问，第三才情，第四思想，具此四者，乃能完善。”陈师曾曾赞助过鲁迅办杂志，和李叔同是知交，与齐白石是莫逆之交。齐白石说，他与陈师曾二人的关系是，“君无我不进，我无君则退”。

陈师曾有个儿子，叫陈封怀（1900—1993）。陈封怀日后成为中国近代植物园的创始人之一，是义宁陈氏家族，自陈宝箴之后第四代的代表人物。

大家最熟悉的人物，当属陈寅恪（1890—1969）。

1925年，清华要办中国最好的国学研究院，第一件事是请人、挖人来当导师。时任国学研究院筹委会主任的吴宓，很快落实，请来了王国维、梁启超和赵元任，每一个都是当时学界的超一流大师。第四个导师，吴宓向清华大学校长曹云祥，隆重推荐了他在哈佛的同学：陈寅恪。清华教务长张彭春表示强烈反对，理由是，陈寅恪学问虽好，但一无学位，二无著作，不符合聘任条件。吴宓当即与张彭春辩论说：陈寅恪前后留学十八年，真正是为学问而学问，其他人只是为学位而已，学了四五年就跑回国来了。又说，陈寅恪虽然没有正式著作发表，但他发表过的一封《与妹书》节录，其中透露的学问之深广、见识之高远，已然秒杀国内一堆教授。然而，纵使吴宓如何力捧陈寅恪，清华教务处就是不肯聘请一个“双无”导师。吴宓急了，直接找到曹云祥，当场甩下一句话：如果清华不愿聘请陈寅恪，那我吴某的筹委会主任不当也罢。在吴宓的辞职要挟之下，清华终于同意，聘请陈寅恪为“四大导师”之一。

陈寅恪有一套著名的讲课规定——“四不讲：前人讲过的，我不讲；近人讲过的，我不讲；外国人讲过的，我不讲；我自己过去讲过的，也不讲；我现在只讲未曾有人讲过的。”

从陈宝箴，到陈三立，到陈衡恪、陈寅恪，再到陈封怀，每一个人，都足以突破家族的界限，上升为中国人的精神榜样。清风亮节，铮铮铁骨，一个国家，任何时代都需要这样的人。致敬，义宁陈氏家族！

甲午以后，吴汝纶虽然居保定任莲池书院山长，坚持不入幕府，但对李鸿章处境及时局时时关注。

吴汝纶居莲池书院期间，李鸿章再三邀其入幕。李鸿章显然希望吴汝纶能到自己的幕下朝夕相伴，成为自己的得力助手。光绪二十一年（1895 年），李鸿章从国外周游回来之后，立招吴汝纶入幕，吴汝纶坚辞。第二年，李鸿章再招，吴汝纶再次力辞。光绪二十二年（1896 年 10 月 2 日）吴汝纶在《答潘藜阁》中反复致意自己不愿入李鸿章幕府。这封信把吴汝纶与李鸿章之间的关系很微妙地展现出来：

傅相此次在津，计不久留，恐无休养十余日之事。弟已作函，言明不赴津迎候矣。傅相去年之约，弟虽未坚辞，亦未遽允诺。幕府，津要之地，非少年锐气、耳聪目明、心手敏捷者，不能胜任。今不佞朽钝不堪，旋看旋忘，时复若聋若聩，岂可持此衰庸，干与重要，此实肺腑之谈，无一言半词客气，虽傅相再三见约，终必不敢应命。弟之执拗，傅相知之甚深，故向来不肯强逼。执事与弟至契，万勿与我代陈。弟与傅相上下相与之际，实非他人所能参与。若由执事预陈，则傅相疑为吾两人已有成议，必将坚其罗致之心，实则执事与弟，议并不合，若再三强逼，止有弃馆逃归之一法。弟虽不入幕府，尚欲借傅相余光，谋书院馆地，以自存活，今因执事欲引而进之，反令远引而逃，穷饿故里，此必非傅相与执事所忍为也。然则执事倘真爱我，当保全我，慎勿于傅相前说及贱名。万一傅相问及执事，但云曾函约来津，渠自有家事，不能分身。……若经此次披露肝胆，执事尚坚持初见，全不为下走熟筹，是直不以我为朋友也，吾亦岂敢曲从哉！来示又欲使弟居幕府而兼书院。此则往年傅相亦尝说及，弟答以如此垄断贱行，是犯天下之不韪，万不可从。今在书院久，知此席亦绝无遥领之理也。弟决计不入幕府，亦非恝然（jiá 淡然，无动于衷——笔者注）于傅相，此后倘闻有重大利害之事，弟有所见，必当竭尽愚虑，效其一得，若有命召，亦必速往，决不置身事外也。①

吴汝纶虽是莲池书院的山长，但也在相当程度上担当起李鸿章幕僚的角色，而且不是一般的幕僚。李鸿章之所以不“强求”吴汝纶入幕，乃是由于他深知吴汝纶的个性，如果强求，就等于逼走吴汝纶，还不如以折中的方式维持现有状态。

作为吴汝纶本身来说，为何屡次拒绝恩师之请？主要是淡于名位，已经从官位上主动退隐山林，何必再入他人幕下，那岂不是舍本求末之举，再就是个人身体原因，已经垂垂老矣，身体状况不好，精力不济。主动谋求莲池山长之职，生计是最重要的因素，就像当年入张树声之幕，也正是为生计所迫。

吴汝纶对于幕府一直保着一种矛盾的态度。他希望借助幕府实现自己对名利的追求，他不是一个纯粹清高的知识分子，名利于他并非是可以随手抛弃的诱惑，他也无法平静、从容地面对清贫的生活。但是，他又渴求个人独立价值、独立人格的展现。吴汝纶作为幕僚，总有寄人篱

① 施培毅、徐寿凯校点：《吴汝纶全集》（三），黄山书社2002年版，第125—126页。

下、随波逐流的感觉，他曾说：“吾辈官职卑下，逐处随人。”这种寄人篱下的感受其实就是对个人独立追求的一种诉求。当他于名利、自由都不能忘怀时，他选择了一条折中的道路。

作为莲池书院的山长，他有自己独立思考与行为的空间，又能周旋于李鸿章的左右。“这种貌似周全的选择也许就是吴氏一生难成大业的缘由，没有孤注一掷的选择，就难以有凌绝群峰的成功。”①

8. 为严复《天演论》作序

光绪二十一年（1895 年），举国愤怒的《马关条约》签订，严复先后在天津《直报》上发表《论世变之亟》《原强》《辟韩》《救亡决论》等文章，鼓吹变法维新，救亡图强。吴汝纶过天津，一访严复，二人相谈甚为契合，许多观点都很一致，特别是对于救中国于灭亡的边缘，危机感颇为近似。

由于吴汝纶是继曾国藩之后的桐城名家，在文坛上颇具影响力，因此严复在归国第二年（1880 年），慕名投拜于吴汝纶门下，学习桐城古文，磨炼文章，以应付科举。同时吴汝纶本身也留心西学及洋务，对严复崇敬有加，故吴汝纶虽为严复老师，实与严复保持亦师亦友的关系。

严复（1854—1921），字“又陵”“几道”，福建福州人。同治五年（1866 年），十二岁的严复以第一名的成绩考入中国第一所近代海军学校马尾船政学堂，接受全面的西方现代科学教育。

五年后，严复以最佳成绩毕业并上军舰实习。光绪二年（1876 年）作为第一批海军留学生进入英国皇家海军学院深造。课余精心研读西方哲学、社会政治学著作，并到英国法庭考察审判过程，比较中西异同。光绪五年（1879 年），严复学成归国，先任福建船政学堂教习，光绪

① 曾光光：《桐城吴汝纶研究》，黄山书社 2014 年版，第 64 页。

六年（1880 年）调任天津北洋水师学堂总教习，后升会办、总办。

说起严复的《天演论》，就不得不说吕增祥。

设计、建造南京中山陵和广州中山纪念堂这两大巨构的优秀建筑师吕彦直，就是吕增祥的二儿子。

吕增祥，字秋樵，别号临城，籍贯安徽滁州，与严复年龄相仿。光绪五年（1879 年），吕增祥考中举人后即以知县发直隶（治所设在天津），在李鸿章麾下任职，“是畿辅李鸿章的‘三循吏’之一”。

吕增祥为人豁达热情，不吝钱财。尽管四处为官，但只要回到天津，就开门迎客。天津一带主张变法维新的知识分子，如与严复一起在天津创办《国闻报》的王修植、夏曾佑，曾国藩的四大弟子之一的吴汝纶，以及后来的外交官孙宝瑄等都喜欢到吕增祥家里来聚会、畅谈。当时的吕家，真可谓“谈笑有鸿儒，往来无白丁”。

光绪六年（1880 年），严复从福建调天津，任北洋水师学堂总教习。正巧与在李鸿章麾下任职的吕增祥相遇。刚过而立之年的严复与吕增祥均相貌堂堂，气宇轩昂。一个刚刚留洋“海归”，另一个则刚刚科举入仕。二人风华正茂，风流倜傥，言谈十分投缘，相见恨晚，遂以诗文相酬唱。

严复与吕增祥志趣相投，互相敬慕，且比邻而居，二人的友谊和交往便自然地延伸到了儿女辈。吕增祥的二女儿吕静宜嫁与严复长子严伯玉；三女儿嫁与严复在英国留学时的同班同学罗稷臣的长子罗仪韩。严复的二女儿严璆则是吕增祥的二子吕彦直的未婚妻。如此，严、吕两家有来有往，亲上加亲。

甲午战争北洋海军全军覆灭，严复悲愤交加，深感有责任救民族于倒悬，遂致力于译著，成为中国系统翻译介绍近代西方学术思想的第一人。他还同时发表政论，创办报纸，力主变法维新。

严复那部将进化论引进中国，使之成为戊戌变法强大思想武器的《天演论》是在 1896 年译成的，最早协助严复翻译和传播《天演论》的正是吕增祥。

光绪十六年（1890 年），吕增祥从日本卸任回到天津后即步严复的后尘，用自己的积蓄在天津的法租界紫竹林内建宅安家。严、吕两家比邻而居。实际上，吕增祥在天津紫竹林的这个家住的时间并不长。更多的时间是奉命到太行山东麓的临城、晋鲁豫交界处的开州、河北的献县等地出任知州。难怪严复等常以“吕临城”“吕开州”称呼他。

吕增祥善诗文，属安徽桐城派，国学修养比严复还要深厚。严复十二岁就开始接受西式教育，留学英国回来后，曾猛力补习国学，四度参加科举考试而不逮。严复是个追求完美、对自己要求十分严格的人。他给自己的译著提出了“信、达、雅”的要求。为求译文的“信、达、雅”，严复在翻译《天演论》的过程中，经常请教吕增祥，请吕增祥给稿本提修改意见。光绪二十三年（1897 年）冬季，为便于商榷和修改《天演论》译本，严复干脆请吕增祥住到了自己家中来。二人日夜相守，早晚切磋，不亦乐乎。转年二月，吴汝纶闻之大呼羡慕——光绪二十四年（1898 年）二月二十二日，吴汝纶在《答吕秋樵》信中说：“闻去冬寓严几道所，想日相娱嬉，有聚合之乐，甚羡甚羡！”[①]

光绪二十二年（1896 年）严复撰《天演论》成。

人只相信自己所相信的。严复遇到吴汝纶，吴汝纶遇到《天演论》，似乎出于偶然，其实是一种必然。如果吴汝纶没有关于《天演论》所阐释的这些思想，那么《天演论》到了手边，就是异端邪说。

光绪二十三年（1897 年）二月，严复将《天演论》手稿，让好友吕增祥转交吴汝纶，吴得之大喜，“虽刘先主之得荆州，不足喻也”。

《吴汝纶尺牍·答严几道》：

> 二月七日，答严幼陵云：吕临城来，得惠书，并大著《天演论》，虽刘先主之得荆州，不足为喻。比经手录副本，秘之枕中。[②]

---

① 吴汝纶：《答吕秋樵》，施培毅、徐寿凯校点：《吴汝纶全集》（三），黄山书社 2002 年版，第 181 页。

② 郭立志撰：《桐城吴先生年谱》，雍睦堂丛书，卷二，第 14 页。

吴汝纶称赞严复“博雅兼能，文章学问，奄有东西数万里之长”。

严复倾慕、敬重吴汝纶，并主动结交。光绪二十三年（1897年），吴汝纶首次收到严复寄来的《天演论》译稿，读而奇之，赞不绝口，立即致书严复，大加鼓励。严复在翻译实践中也虚心求教，二人书信往来频繁。

吴汝纶也直言不讳地提出修改意见：

> 顾蒙意尚有不能尽无私疑者，以谓执事若自为一书，则可纵意驰骋，若以译赫氏之书为名，则篇中所引古书古事，皆宜以元书所称西方者为当，似不必改用中国人语。以中事中人，固非赫氏所及知。法宜如晋宋名流所译佛书，与中儒著述显分体制，似为入式。此在大著虽为小节，又已见之例言，然究不若纯用元书之为尤美。①

本来严复是请吕增祥为《天演论》作序，吕增祥考虑到这本书的价值“宏伟”，自己不足以担当起这个“重任”，就推荐安徽老乡桐城派古文大师吴汝纶作序，以吴汝纶当时的江湖地位和文才人品，会为此书增光添彩。事实也果然如此，吕增祥确实是严复的挚友。

光绪二十三年（1897年）十一月九日，严复专修一函，恳请吴汝纶为《天演论》作序，吴汝纶欣然接受。光绪二十四年（1898年）正月，吴汝纶作《天演论序》成。

《天演论》出版后，吴汝纶到处誉扬，宣传推广，他对《天演论》的帮助是多方面的。

光绪二十四年四月二十二日（1898年6月10日），严复在《天演论》“译例言”中表达了对吴汝纶的感激：“迨书成，吴丈挚甫见而好之，斧落徽引，匡益实多。”

---

① 郭立志撰：《桐城吴先生年谱》，雍睦堂丛书，卷二，第14页。

严复翻译一直得到吴汝纶的鼎力支持，光绪二十九年（1903年），严译《群学肄言》“译余赘语”深情怀念吴汝纶：“不佞往者每译脱稿，即以示桐城吴先生，老眼无花，一读即窥深处。盖不徒斧落徽引，受裨益于文字间也。故书成必求其读，读已必求其序。”

为彰显吕增祥对《天演论》译本的贡献，在1901年富文书局本《赫胥黎天演论》的封面上，严复特意注明吕增祥的名字——“侯官严几道先生述《赫胥黎天演论》吕增祥署检”。“署检”者，校对也。“严几道先生述”，“吕增祥署检”再清楚不过地表明了吕增祥与《天演论》译本的关系，以及吕增祥对《天演论》的翻译和传播所作出的贡献。严复很聪明，用这种特殊的方式表达自己对挚友吕增祥的谢意和怀念之情；也用这种特殊的方式，把吕增祥对《天演论》译本的贡献铭刻在青史上了。

吴汝纶与《天演论》的“风云际会”，也是其对西学认识不断深入的结果。

所以，当严复请他为其译著《天演论》作序时，吴汝纶欣然应允，并且高度评价了赫胥黎“天演之学”及严译之功：“执事之译此书，盖伤吾土之不竞，惧炎黄数千年之种族，将遂无以自存而惕惕焉，欲进以人治也，本执事忠愤所发，特借赫胥黎之书，用为‘主文谲谏’之资而已。”①

吴汝纶说严复借赫氏之书，“主文而谲谏”，他自己又何尝不是借为《天演论》作序，来阐发自己的进化史观，同时又表达了自己对国家民族命运的担忧：“严子之译是书，不惟自传其文而已。盖谓赫胥氏以人持天，以人治之日新，卫其种族之说，其义富，其辞危，使读焉者怵焉知变，于国论殆有助乎！”②

---

① 郭立志撰：《桐城吴先生年谱》，雍睦堂丛书，卷二，第14页。

② 吴汝纶：《天演论序》，施培毅、徐寿凯校点：《吴汝纶全集》（二），黄山书社2002年版，第147—149页。

他认为，赫氏之天演进化之说“以天择、物竞二义，综万汇之本原……因物变递嬗，深研乎质力聚散之几，推极乎古今万国盛衰兴坏之由，而大归以任天为治。赫胥氏起而尽变故说，以为天不可独任，要贵以人持天”，只有发挥人的“天赋之能，使人治日即乎新，而后其国永存，而种族赖以不坠，是之谓与天争胜”，如此，则可以“天行人治，同归天演”。[①]

他盛赞赫胥氏之学说“博涉”“信美”，为“吾国之所创闻”，“其书乃骎骎与晚周诸子相上下”。在吴汝纶看来，国势振兴，“全在得人”，而目前人才之匮乏，则由于西学未兴。吴汝纶曾经与薛福成言及“转移风气，以造就人才为第一”。又言：“窃谓各关道当聘请精通西学能作华语之洋人一名，更请中国文学更高者一人，使此两人同翻洋书，则通微合莫之学，辅以雄峻曲雅之词，庶冀学士大夫，争先快睹，近可转移一时之风气，远可垂之后代，成一家之言。”

可见吴汝纶于西学之重视，以之为“转移风气”、造就人才之凭借，可以成一家之言而传之后世。对于中学之缺陷，吴汝纶也有清楚的认识，“中国之学，有益于世者绝少”，“在今日，强邻棋置，各国以新学政治，吾国士人，但可守其旧学，独善其身则可，于国尚恐无分毫补益也”；吴汝纶认为要拯救国家之“亡”，士大夫讲西学为第一要义。他说：“将来后生，非西学不能自立于世。”“中华炎黄旧种，不可不保，保种之难，过于保国。盖非广立学堂，遍开学会，使西学大行，不能保此黄种。”

无论个人、朝廷、国家、种族，都到了危急存亡之关头，而惟有西学畅行，才可以存国保种。国家形势之遽变，使得吴汝纶认识到中西之优劣系于“学战”。

吴汝纶对西学于个人、社会、国家、民族的重要性给予了充分的肯定，认识到教育及学校课程的改革，西学的引入、倡导与付诸实施，关

① 吴汝纶：《天演论序》，施培毅、徐寿凯校点：《吴汝纶全集》（二），黄山书社 2002 年版，第 147—149 页。

涉到国家民族的前途命运。吴汝纶思想不仅倾向洋务一派，而且其为学以经世致用为己任，尝言："学有三要：学为立身，学为世用，学为文词。三者不能兼养，则非通才。"[①]

而当时的中国正经历着"千年未有之变局"，当时之民众正处于水深火热之中，吴氏以为要救民于水火，"必振民之穷而使之富焉，必开民之智而使之智焉"，"今外国之强大者，专以富智为事。吾日率吾穷且愚之民以与富智者角，其势之不敌，不烦言而决矣"，对此吴汝纶开出的药方是"而所以富智民者，其道必资乎外国之新学"。这里，吴汝纶反复言及"富"与"智"，并且把富国智民的方法锁定在外国新学上，显然不同于传统文人"重义轻利"、羞言财富的思想观念。

吴汝纶一生用力最勤者乃在于兴学堂，办教育，倡西学，造人才。面对危机四伏，日蹙百里之国势，吴汝纶一直在思考着救国之策："至于振兴国势，则全在得人，不在议法。"

吴汝纶因为自己古文大师的地位，与晚清的文士名流均有很多交往。

光绪二十二年（1896年）三月十四日，吴汝纶与濮青士畅论国情：

迁岁日本之役，应待失机，遂致溃败不可收拾。中国积弱不能振，专以虚骄之气应敌，当未事之先，西国人士众知日本之日进无疆，而中国之因循坐误也。日日言之，盖已大声而疾呼矣，吾国士大夫闭目而不一睹也，及至事起，自应审量彼己，不得轻于一发，而中外以和为耻，不度德量力，攘臂言战，一败再败，至于遣使行成，割地弭财，而始得厝火片刻之安，则又洗手无事，上下相与优游暇豫，以奉行故事为务。由此观之，人才不兴，政令不改，习俗不变，殆未有可以转危为安者也。[②]

① 郭立志撰：《桐城吴先生年谱》，雍睦堂丛书，卷二，第11页。
② 郭立志撰：《桐城吴先生年谱》，雍睦堂丛书，卷二，第12页。

这个濮青士（1830—1909），可是最早的红楼梦研究“专家”。

据红学专家周汝昌研究，甲戌本《脂砚斋重评石头记》虽由刘铨福所藏，第一个为之作题记的却是青士、椿餘。这个青士就是濮青士，椿餘是其胞弟。

他们早能看出小说作者手笔的造诣，与当时坊间俗传程本中所存在的窜乱之间的不相协调，怀有疑问，颇有见地识力。周汝昌因为要追索一下甲戌本流传的来历，便注意此本的藏者刘铨福与题者青士、椿餘二人。

濮青士精研内典（佛教的东西），通天算、地理、壬遁（奇门遁甲）、刀槊诸术，好鼓琴。他和他三弟椿餘都喜欢作诗，“诗古文得阳湖恽氏之传”。青士、椿餘兄弟少小齐名。乡试同榜举人，会试殿试，又同榜进士。他们兄弟之间的感情也很深厚，他们同在半亩园赏阅《红楼梦》甲戌本并作题记。

吴汝纶与译界奇人林纾（琴南）。

光绪二十六年（1900年）林纾客居杭州，研读《史记》。后在北京任五城中学国文教员，所作古文，为桐城派大师吴汝纶所推重，名益著，于是任北京大学讲席。

光绪二十七年（1901年），吴汝纶其时在五城大学堂（北京师范大学前身）。林纾在五城学堂见吴汝纶，二人“论《史记》竟日”。

林纾自言在京与吴汝纶论《史记》为文之用心，深得吴之首肯。他标榜桐城派，但其实他的古文跟桐城派并不相同。像《冷红生传》《苍霞精舍后轩记》《赵聋子小传》，都善于叙事抒情，写得生动而有感情，或杂以诙谐，能感动人，不像桐城派文的谨严而较平顺。

林纾翻译小说始于光绪二十三年（1897年），与精通法文的王寿昌合译法国小仲马《巴黎茶花女遗事》，这是中国介绍西洋小说的第一部，为国人见所未见，一时风行全国，备受赞扬。接着他受商务印书馆的邀请专译欧美小说，先后共译作品一百八十余种。

严复在译文界算是扛把子，译著《天演论》广为流传，提出的翻译三准则“信、达、雅”也影响深远。但这位翻译界的扛把子亦对刚接触翻译的林纾盛赞不已，称林纾的翻译首作《巴黎茶花女遗事》“销尽支那荡子魂”（注：彼时的支那尚未堕为中国的蔑称）。受到首作的鼓励，之后林纾的翻译作品源源不绝，横跨十余国，而奇特的事情是，林纾本人却从未学会一门外语。尽管声名显赫，林纾却依旧因为与人在《新青年》上争论古文废止而沦为笑谈，背负一身骂名。

林纾不懂外文，选择原本之权全操于口译者之手，因而也产生了一些疵误，如把名著改编或删节的儿童读物当作名著原作，把莎士比亚和易卜生的剧本译成小说，把易卜生的国籍误成德国等。即使这样，林纾仍然译了四十余种世界名著，这在中国，不曾有过第二个。

9. 吴先生的五个女婿

光绪二十二年（1896 年），吴闿生肺病卧养山中。其时正读《资治通鉴》。儿子学识的进步是让吴汝纶最为高兴之事，吴闿生也不辜负父亲大人的希望，在学问上得乃父真传。

这一年，吴家还有一件喜事。光绪二十二年（1896 年）三女与柯劭忞定婚，转年（1897 年）结婚。

柯劭忞元配夫人去世较早，继配即吴汝纶三女儿。议婚时，汝纶先生夫人欧氏因新婿年龄与其女相差较大，比老岳父仅小十岁，结婚时已经四十七岁了，且系续弦，坚不同意，但挚甫先生爱柯之才，因而坚决主张这门婚事，而且终成婚配，三女吴芝芳也是一位才女。

汪淑贞为吴汝纶生了四个女儿。

她们成人后，大女儿嫁给了无锡举人直隶知州薛翼运。薛翼运（1862—1929），字南溟，生于无锡官宦家庭，祖父与曾国藩是朋友，父亲薛福成跟吴汝纶都是曾国藩的四大弟子之一。薛翼运的幼子薛寿萱又是荣家老大荣敬宗的女婿，这荣敬宗乃荣毅仁的伯父。薛氏集团，国内“丝业巨子”，荣氏集团，又一个商业巨头。强强联手，富可敌国。

二女儿许配桐城举人汪应张，应张的父亲汪景度是布政司衔署河南南汝光道，是吴汝纶的朋友。这个二女婿本也一表人才，“丽皙端丰，伟然大男子也”，可惜英年早逝，生于1863年，卒于1891年，只活了二十九岁便夭折了。

三女儿吴芝芳，桐城名媛，以才闻人。才女必得才子配，这女婿柯劭忞的名望之于山东，可不亚于岳父吴汝纶。柯劭忞（1850—1933），字凤荪，是近代北方极著名的史学家。山东胶县人，七岁就会咏诗，有“燕子不来春已晚，空庭落尽紫丁香”之句，人目之为神童。其所著《新元史》，成就极大，后来被列入“二十五史”之中。

日本东京帝国大学因此书授予柯劭忞名誉文学博士学位。中国当年在日本的留学生极多，而得到博士学位的极少。何况柯氏又没有在日本留过学，只是清朝的翰林，曾到日本考察过学政。以这样的资格获得日本博士学位的，在近代史中，只有柯劭忞氏一人，其原因就是因为一部《新元史》。当年日本东京帝国大学有“博士论文审查会”。根据不同的论文，聘请不同的专家来审查。审查《新元史》的是当年东京帝大极负盛名的史学权威箭内亘博士，时任教授。工作极为仔细认真。有一天他的学生仓石武四郎教授去看他，见满屋中摊的都是书，其师正在紧张查对资料。对他说：这部著作的价值可在博士之上，也可在博士之下，要把原书与旧“元史”不同之处，一一加以比较，查对核实评价之后才知道，所以这些工作是颇麻烦的。可以想见当年帝大审查《新元史》时态度之严谨。不过后来毕竟是通过了审查，获得了学位。其后日本设“东方文化事业总委员会”，因柯氏为东京帝大文学博士，名重一时，因而聘之充任委员长。

柯劭忞历任翰林院编修、京师大学堂总监督（即校长）、清史馆代馆长总纂、帝师（宣统）。为其岳丈吴汝纶订正了《尚书故》四册。

吴芝芳是柯劭忞的继配，有段轶事说吴芝芳过门后，让柯夫婿带她去前夫人灵位行礼。进入寺庙，行礼毕，看到悬挂在墙壁上的挽联，仔细看后，指出挽词之中的语句瑕疵，知道柯夫婿所写后，很是嗤笑了夫婿一番。

他们育有三子：柯昌泗、柯昌济、柯昌汶。

长子柯昌泗，二子柯昌济，金石专家、历史学家。柯昌济，1925年毕业于清华大学文史研究院，1921年就出版了《殷墟书契补释》一书。是第二代甲骨文学者，与商承祚、容庚、唐兰等齐名，是罗振玉、王国维等古文字大师的继武者。

四女配直隶知县王光鸾，本邑枞阳镇人。工诗擅书，早有才名。

侧室欧氏生有一儿一女。唯一的儿子吴闿生（1877—1950），有超轶之才。

五女1892年生，许配同邑好友姚浚昌第四子姚永棠（1890年生）。

光绪二十三年（1897年）八月二十五日，吴汝纶得知中国蚕丝业受西商冲击，忧心忡忡。便与大女婿薛南溟讨论商业，怎么做丝业生意。所言虽是书生之见，亦可见吴汝纶的商业头脑和判断时势的智慧。从中也可管窥，当时中国民族企业所经历的种种：

与薛南溟云：传闻去年行商耗折，至为悬悬，亦不得源委。甥行商闻系缫丝。去年丝商均系折阅，以愚见揣之，大率数端：西人商学精深，中国全无商学，欲与争胜，譬犹以弓矢与外国机器火器炮弹开仗，决不能敌，一也；印度新加坡锡兰等处，皆讲缫线，日本尤为极盛，中国丝业日坏，西商买丝必取精美，华丝为所唾弃，二也；各报中论无锡买茧之弊，甚属痛快，不能改除积习，丝业决无起色，三也；所用华人，用钱浮滥无节，坐蚀成本，于商业并不精通，四也。窃料商务去年之败，四者必处其一。

此乃中国通患，非一人一家之失计。外国国家保护商业，中国官场全不体察，全不顾惜。吾甥今年闻再办理，想以默识其利害所在，改弦而更张之。鄙意欲求国家保护，既不可得，

> 欲兴丝业，似宜仿照外国考察蚕子之法，以清其源，仍与西商合立公司，彼有成本在内，乃不至群体相挤，亦有术以御之，又须延精于商学之西商，为之经理，务求工艺精好，丝业成色过乎他国乃望畅销。如宁波税务司康发达，颇具深心，欲兴中国丝业，不知尊甫在宁波时，此人已在彼否，曾相识否。渠曾上总署条陈，欲国家筹数万金，便可整顿华丝，而诸公置之不理。甥当于此人往来，能罗致局中，必得大益，虽一年折阅，必可使后来大获。
>
> 愚见如此，未识有当否。他人谓仕宦家不应行商，乃妄说。甥此举具有大志，我所佩爱，不足为墨守旧法者言也，但行商之术亦应用能手讲新法，不应守旧耳。[①]

10. 洞悉世情，不愧李鸿章高参

光绪二十二年（1896 年），因与日本签订《马关条约》而被骂为汉奸卖国贼，剥夺了重要职务，闲居北京贤良寺的背锅侠李鸿章，接到一项重大任务，作为全权特使前往俄国参加沙皇尼古拉二世的加冕典礼。此时，李鸿章已满了七十三岁，风烛残年。从未放弃东山再起的李鸿章，将这次出访，当成了自己重返大清权力中枢的绝佳机遇。

从天津出发之时，他感受到了久违的欢乐。门生故旧前来送行就不必说了，便是普通老百姓，前几天还在臭骂他呢，此时也冲到街边，一睹这个身负联俄抗日重要使命老臣的风采。那一路的热情，是之前饱受争议的李鸿章难以忘怀的。诚如《1896：李鸿章的世界之旅》里写的，“李鸿章在天津总共停留了 6 天，但出乎意料的是，他及其随行人员在天津受到了中外人士的热烈欢迎兼欢送”。

国内气氛已然如此温暖，到了国外，过之不及。

---

① 郭立志撰：《桐城吴先生年谱》，雍睦堂丛书，卷二，第 15 页。

作为东道主，俄国得给世界各国来参加典礼的人最好的待遇，因此，李鸿章受到俄国的厚待是自然的；之后他一路往西，在德国会见了铁血宰相俾斯麦，19 世纪三大伟人中的两个，成功会晤，彼此都留下深刻印象；在荷兰，他受到年轻漂亮的威廉明娜女王亲切接见；在比利时参加枪炮公司时，人家特意带他去从不向外人开放的车间；在法国，巴黎车站的欢迎仪式让他久久难忘；在英国，维多利亚女王给了这个中国老臣最高礼遇；他们之间交谈愉快，早已了解外交礼仪的李鸿章，或许在见到女王时，想起了当年乾隆皇帝的那些大言不惭；最后，他横渡大西洋，进入北美。先到美国，再过加拿大，搭邮轮回国，途经日本横滨时，尽管日本当地官员也准备了热烈的欢迎仪式，但他硬是不下船，实践终生不再踏上日本土地的承诺……再回天津之后，受到的欢迎，比他几个月前出发时更隆重。

李鸿章这次出访，不但受到欧美政府的高度重视，还向各国商界、政界以及华人发表了很多演讲，极力维护了清朝的面子。国外大报，基本给予了一致好评。可以说，游历几个月，做了“海归”的李鸿章，给自己的职业生涯，镀了一层黄灿灿的金——就像德国克虏伯造炮公司给他建的那尊铜像一样。

回京之后，觐见了慈禧太后与光绪皇帝，李鸿章等着好事发生呢，结果，上谕加标点，都只有十六个字——着在总理各国事务衙门行走，钦此。

李鸿章的失望，可想而知。

但国外走一走，无疑让他本来就开阔的视野，变得更为开阔，后来的东南互保，不掺和慈禧太后跟列强的恩怨，未必与此没有关系。

有人说李鸿章回来之后被处罚里边的水很深，其实也没有那么复杂，就是简单的权力斗争。当时慈禧太后想让李鸿章重修圆明园，但是国库没钱，因此李鸿章就先去圆明园里边看了，看需要多少预算。结果就因为这件事反李鸿章人士给光绪皇帝打报告说李鸿章私闯禁地，再加上在之前的菜市口斩杀太监寇连才事件，李鸿章算是彻底得罪了光绪一派。寇连才本是慈禧的心腹，被派到光绪身边做卧底，目睹了光绪的所作所为，他发现慈禧才是祸国殃民的大罪人，所以，他上奏折，请求慈禧把权力还给光绪，请求惩办李鸿章等等。结果可想而知，被斩首。寇连才是中国历史上最“爱国”的太监，死后百姓为他收尸建庙，称为“烈宦”。

当时的李鸿章虽然手握实权，但是并没有一个正儿八经的官职，因为他在甲午战争之后可以说处于半退休状态。慈禧在跟光绪的斗争中，现在已经处于下风，急需李鸿章这样的人来维持她的统治。可以说，李鸿章出国之后被罚这件事表明，李鸿章就是一个彻彻底底的工具人。

光绪二十二年（1896年）八月，李鸿章周游列国回来，欲乞休退隐。

吴汝纶致信李季高，力劝李鸿章不能如此。细读此文，可以发现吴汝纶于时事、人事世故的把握分析可谓深刻、周全。

奉朔日手示，知师相将临。来示谓覆命之日，即抗疏乞休。某则谓此时局又与去年不同。吾师所处，凡一身毁誉是非，皆可置之度外，但视国家轻重何如耳。此次远聘殊邻，凡以联邦交也，若政府能识大体，则覆命之后，必应重任师相，乃于邦交有益，若归国即投闲散，则是我国以废退不用之人出聘诸国，尚何邦交之可联乎？此朝廷不放归之一说也。闻师相所至，必考其国政兵谋之得失厉害，又颇定购船械，此乃尽瘁之诚也，老而弥笃。环顾同列，殆如赵充国所云，无逾老臣者矣。国事虽不可为，师意仍夙夜匪懈。归朝以后，倘两宫倚畀，计必矢孟明拜赐之言，成廉颇用赵之志，决不甘退老园林，终留遗憾，此师相不能恝（jiá无动于衷，不经心）然于国之又一说也。有此二端，虽执事几谏劝休，亦恐于事势不甚切当。万一还朝之后，内意仍信先入之谗，弃之散地，届时再徐图引疾，故自不迟，初归抗疏，愚意诚不见其可。[1]

十月五日，答李季皋云：

师相入觐，计两宫圣人天颜有喜，惟内用总署，无从展布。某意谓内意响用，不过回任，今时人财两空，亦难指麾如意，则回翔总署，未为失计。但愚心所不能遽释者，以师门左右有失意之人，必且谗构于外，而吾师素日言论风采，咄咄逼人。京城见者目骇耳回，久之不能相安，便恐有语井心兵含沙射影者。执事在左右，应请随机进言，劝以虚与委蛇，彼为无町畦（田界，喻规矩，约束——笔者注）与之为无町畦。若师近来好庄文，必且会心于此。孙仲谋周公瑾英风壮采，宜少从韬晦也。过庭之暇，倘可以鄙意上达乎。[2]

吴汝纶不愧是李鸿章的高参，洞悉世情，精于世故，周全细致，也正是缘于这一点，李鸿章对吴汝纶信任有加。

11. 袁世凯的“投机”，国人似乎看到了希望

光绪二十一年（1895 年），时局多艰，吴汝纶忧国事，九月二十六日与龙赞卿言国家“无御侮之才”。袁世凯早年投奔安徽庐江老乡吴长庆，发迹于朝鲜战争，归国后在天津小站训练新军。这让国人似乎又看到了一线希望。

袁世凯派人到鲁、苏、皖、豫等地招募两千二百五十名步兵，三百名骑兵，再加上四千七百五十名定武军，称“新建陆军”，作为他小站练兵的兵源。袁世凯在小站练兵以德军为蓝本，制订了一整套近代陆军

① 郭立志撰：《桐城吴先生年谱》，雍睦堂丛书，卷二，第 13 页。
② 郭立志撰：《桐城吴先生年谱》，雍睦堂丛书，卷二，第 13—14 页。

的招募制度、组织编制制度、军官任用和培养制度、训练和教育制度、粮饷制度等内容的建军方案。在军事装备上，袁世凯注重武器装备的近代化和标准化，大胆采用西方的先进技术。

十一月二十二日，吴汝纶在与袁世凯的信中说：

> 秋初在李相坐中，获接清尘，旋以私事匆匆出都，未得时亲大教。九月自山东还，传闻钦承简畀（钦承：敬爱，敬奉；简畀：经过选择而付予——笔者注），训练强兵，中国新受大创，若令师旅瀸熸（jiān 溃败——笔者注），一蹶不振，此百世之耻也。苟将帅不得其人，则孱军滥竽，无横草之用，徒拥笳鼓自卫，适足为方外笑柄耳。执事久护属藩，经略素裕，又激于去年挠败之辱，奋然以练兵自任，取资西法，奖率军人，行见苍头特起，大振威棱。使长城高与云连，小丑皆知汉大。非执事其将谁望，汴贺无已。[①]

从袁世凯身上似乎看到了中国军事强大的希望。

十二月二十二日，吴汝纶再次与袁世凯在信中说：

> 去年之败，由陆师仍中国剿办内匪之兵，全未讲求西法，其水师船少炮旧，不能御敌。今经此大创，一切矫而反之。闻雄部专以西法教练，此最目前要务。若果练成劲旅，即远邻窥伺之渐，可以潜戢（收敛——笔者注）。此国家缓急足恃之长策也。诸将能一变中国自是之旧习，肯低心学西法，便是中国转弱为强之兆。草野下士，无任翘勤（殷切盼望——笔者注）。[②]

应该说，袁世凯进入军界，是吴长庆的功劳，崭露头角，是李鸿章

① 郭立志撰：《桐城吴先生年谱》，雍睦堂丛书，卷二，第 11—12 页。

② 郭立志撰：《桐城吴先生年谱》，雍睦堂丛书，卷二，第 12 页。

的发现，而袁世凯之所以夺得直隶总督兼北洋总督这个“天下第一督”的显赫位置，则非荣禄一人之功，既有人举荐，也有戊戌变法失败的时势原因。

袁世凯青少年时期发愤苦读，但屡试不第，光绪五年（1879 年），二十一岁的他再次参加乡试，不料又没考中，他干脆将自己的诗文一把火烧了，朝天怒道：“大丈夫当效命疆场，安内攘外，乌能龌龊久困笔砚间，自误光阴耶！”从此，弃文从武，奠定了他一生的道路。

淮军将领吴长庆同袁世凯的养父袁保庆（也是他叔父）是结拜兄弟，养父死后，二十二岁的袁世凯前往山东登州投奔吴长庆，吴长庆感其养父之恩，收留袁世凯在其幕府，与张謇（清末状元、实业家）一起，成了他的两大重要幕僚。可见，初入军界，得益于吴长庆的使用。

光绪八年（1882 年），清朝的藩国朝鲜爆发内乱，吴长庆受命去朝鲜平叛，让袁世凯任前敌营务。两年后，吴长庆调防奉天金州，便将自己的部众留下一半归袁世凯统领，以帮办朝鲜军务身份驻扎朝鲜，并帮助朝鲜训练新军。然而，“不两月，慰廷（袁世凯字慰廷）自结李相，一切更革，露才扬己，颇有令公难堪者，移书切让之。”（张謇《啬翁自订年谱》）

吴长庆调防金州之后，袁世凯主动结交直隶总督兼北洋大臣李鸿章，以“一切更革，露才扬己”取媚于李鸿章，让那个如慈母严父的吴长庆十分难堪，为此，张謇特写一信给袁世凯，严厉指责他这种朝三暮四的行为。然而，袁世凯如果不朝三暮四，他就成不了袁世凯。

自从结识了李相，袁世凯的官职就蹭蹭蹭地往上升。李公做清朝公卿多年，官至“天下第一督”，目人无数，资历很深，要推荐个人不过小事一桩。

袁世凯平定朝鲜内乱后，极获李相赏识，因朝鲜乱虽平，但局势并不稳，还得派人在朝鲜坐镇，但袁世凯此时的官位不过“同知”，为此，李鸿章向朝廷请求为袁世凯加官，于是，官升三品，以道员出现，全称“钦命驻扎朝鲜总理交涉通商事宜三品衔长用道袁世凯”。

甲午中日战争后，李鸿章在一片骂声中开去直隶总督之职，以协办大学士闲居京师，袁世凯见李鸿章大腿似乎抱不住了，便去另攀高枝，他这次想攀的是真高枝：帝师翁同龢，然而，这个帝师却有点看不起他，据翁同龢光绪二十一年五月二十九日日记载：“温处道袁世凯慰廷来见，此人开展而欠诚实。”帝师就是帝师，看人一针见血，意思是袁世凯活泛有余，诚实不足。

翁同龢的评价切中袁世凯最突出的特点，“开展”既指活泛，也指有能力，他给光绪皇帝上的万言条陈，就反映出他能力的卓越。后来推荐他的人就多了，先有刘坤一、李鸿章、王文韶等封疆大吏联名保荐，后有奕䜣、荣禄等王公大臣联名奏请，于是袁世凯开始督练新军，这些训练的新军，后来就成了他手里的王牌——“北洋新军”。

正因为他掌握了军队，后来为变法派看中，又因为向荣禄告密由工部侍郎升山东巡抚，再升直隶总督兼北洋大臣，从此成了李鸿章去世后可以左右晚清政局的重臣。

对于袁世凯来说，李鸿章绝对是他的恩人，李鸿章对袁世凯有知遇之恩。因为袁世凯早年拜在了李鸿章的门下，所以袁世凯对于李鸿章是非常尊重，而李鸿章对于袁世凯也是非常赏识的。但是李鸿章和袁世凯在后期出现了问题，原因是李鸿章在和日本签订了丧权辱国的条约以后，名声受到了致命的打击。这个时候是李鸿章的低谷时期，袁世凯看到李鸿章失势，改换门庭，拜到了翁同龢门下，而翁同龢与李鸿章是死敌，他们已经争斗了几十年，所以李鸿章对袁世凯非常不爽。

李鸿章两次让袁世凯当面下不了台。

在贤良寺时，一日袁世凯来谒见，劝李鸿章暂时告归，养望林下，朝廷一旦有事，到时一定会起复重用老臣。语未毕，李鸿章即厉声呵斥袁世凯：“止止！慰廷，尔乃来为翁叔平（翁同龢字）做说客耶？我一息尚存，决不无故告退。此等巧语，休在我前卖弄，我不受尔愚也。”袁世凯只得俯首谢过，诺诺而退。袁世凯走后，李鸿章对身边的人说：“袁世凯，这真是小人！”

还有一次，尤使袁世凯难堪。

李鸿章出使回国后，驻节天津，尚未复命。直隶的一帮官僚同起进见。其时，袁世凯已授直隶按察使，尚未到任，专任练兵。入座后，寒暄数语，袁世凯即面陈练兵事宜，谓现在部署粗定，德教习亦已选聘，日内订立合同。词尚未毕，李鸿章即勃然变色，举所持手杖，连连用力顿地，砰砰作响，说："呸！小孩子，你懂得什么练兵！又是订什么合同！我治兵数十年，现在尚不敢自信有何把握。兵是这样容易练的？难道雇几个洋人，扛上一杆洋枪，念几声'横土福斯'，便算是西式军队么？"袁世凯涨红着脸，一句话也说不出来。同班中皆直隶僚属，甚难为情，在场的直隶官僚都俯首不敢相顾视。袁世凯此时已然渐露头角，风头正健，李鸿章有意挫折之。

真可谓姜还是老的辣。

瓜分中国的狂潮中如何自存。

光绪二十三年（1897 年），10 月 20 日德国借口两名传教士被杀（巨野教案）侵占胶州湾。法国军舰为避台风闯入广州湾（广东湛江），为这一深水良港而动心。沙俄为争夺清朝领土，将军舰强行开进旅顺口。

德国人蠢蠢欲动要侵占山东胶州湾，胶州是柯劭忞的故乡。吴汝纶规劝三女婿柯劭忞，不要头脑发热回乡办团练。团练只能防御小贼，若用以抵御外患，简直儿戏。大丈夫"绝不图力所未逮之功"。九月二十六日，吴汝纶给三女婿柯劭忞写了一封长信，同时又给三女儿写了一封信，要女儿"朝夕劝阻之。兵戎大事，岂可以不料彼己而贸然舍此身命哉"。

在给李季皋的信中，吴汝纶表示，中国要避免"瓜分"的局面，莫如结交英国，天下强国莫如英，而包藏祸心于中国者莫如俄。

光绪二十四年（1898 年）6 月至 9 月 21 日以慈禧太后为首的守旧派势力向以光绪皇帝为首的维新派势力发动了一场血腥政变。政变的结果是，持续了百余日的戊戌变法宣告失败，戊戌六君子被杀，康有为、梁启超等逃往国外，光绪皇帝失去了人身自由，被软禁于中南海瀛台，而以慈禧太后为首的守旧派势力重新掌权。

戊戌政变是慈禧太后一生当中发动的第三次宫廷政变，第一次是1861 年 11 月同恭亲王奕䜣发动的辛酉政变，第二次是 1884 年 4 月懿旨罢斥恭亲王为首的全部军机处成员而以醇亲王代之的甲申易枢，三次政变都以慈禧太后的胜利而告终，也都成就了她垂帘听政的政治野心。

光绪二十四年（1898 年），国家危亡之际，吴汝纶们思考民权，寻求国家富强之策——遍立公司。虽然颇多幼稚，但确是当时士大夫的认知水平和一腔忠愤。

二月二十四日，吴汝纶在给廉泉（侄女吴芝瑛丈夫）的回信中说：

时事无复可言，鄙意恐黄种将绝，颇思振兴民权，中国民愚无能复振，其始起当自立公司肇端。公司之法，当详采外国章程。一公司成，必于众股中立数人数十人为董事，此诸董事皆由股众推选，各家身命所寄托，其选必精，不似铨部之选官，乡党之选饮宾也。近来士大夫，百务皆可徇情，独居官之账房，居家之筦租人，则必真知灼见，用不当其才者，乃绝无而仅有焉，以此推之，公司董事之必能得人也。一公司如此，推之十公司百公司，无不如此，则又合十百公司而推举数人数十人为总公司之董事，此总董事必其分董事之智且能者，其材智轶出乎群众无疑也，则又合群董事而推择一二人以主持民权，如此则民权之振兴有望，而吾民族之利害，可以推行无滞，而其术必自先立一小公司始。不然则西人之士农商工，无事不足以兼并中民，中民安托命哉。[①]

① 郭立志撰：《桐城吴先生年谱》，雍睦堂丛书，卷二，第 18—19 页。

光绪二十四年（1898 年）7 月 3 日，京师大学堂成立。

光绪二十二年（1896 年）6 月，刑部左侍郎李端芬在给清政府的《请推广学校折》中，第一次正式提议设立“京师大学”。1898 年初，随着变法维新运动日益发展，康有为在《应诏统筹全局折》中再次提出：“自京师立大学，各省立高等中学，各府县立中小学及专门学。”

1898 年 6 月 11 日，在康有为、梁启超的推动下，清光绪帝爱新觉罗・载湉颁布《明定国是诏》宣布变法，而建立京师大学堂是其重要举措。诏书中强调：“京师大学堂为各行省之倡，尤应首先举办”。于是由梁启超起草了一份《奏拟京师大学堂章程》，这个章程是北京大学的第一个章程，也是中国近代高等教育的最早的学制纲要。

《奏拟京师大学堂章程》提出的“兼容并包”“中西并用”，重视师范教育，基础学科与专门学科相结合，课程设置要“严密切实”，破格选拔人才等，体现了康有为、梁启超的变法主张，为中国现代高等教育的发展设计了良好的开端。

1898 年 7 月 3 日，光绪皇帝正式批准设立京师大学堂，由孙家鼐主持在北京创立，最初校址在北京市景山东街（原马神庙）和沙滩（故宫东北）红楼（现北京五四大街 29 号）等处。许景澄任中学总教习，美国传教士丁韪良任西学总教习。

京师大学堂，是北京大学的前身。作为戊戌变法的“新政”之一，是中国近代第一所国立大学，是当时国家最高学府，最初也是国家最高教育行政机关，行使管理职能，统辖全国教育。后历经“戊戌政变”、义和团运动、八国联军侵占北京等变故，以致停办。

12. 庚子乱局中的莲池书院

光绪二十六年（1900 年）五月二十五日清晨，慈禧太后的案头平整地摆放着一道硃笔谕旨。字迹尚未全干，慈禧太后用单框老花镜照着看，字体略有点变形，但有两行分明写着“与其苟且图存，贻羞万古；

孰若大张挞伐，一决雌雄”二十个红字，悲壮中透着苍凉。无论如何，历史记住了这个世界性的时刻，大清向东西方列强同时宣战。

光绪二十六年（1900 年）是庚子年。八国联军占领北京，国家沦亡。光绪、慈禧西狩。六十一岁的吴汝纶，再次经历庚子之乱的磨难。此年，儿子吴闿生二十四岁。

光绪二十六年（1900 年），几乎已经在两次鸦片战争、中法战争以及中日甲午战争中被抽干了的大清帝国又一次迎来了洋人的刺刀。八国联军的军靴再一次踏上大沽的时候，四十年前的英法联军点起的圆明园之火还在烧着。

紫竹林，原为天津城东南、海河西岸一个小村庄。咸丰十年（1860 年）《北京条约》签订后，天津开放为通商口岸，法、英、美等国首先在紫竹林强划租界，至 19 世纪 90 年代末，俄、德、日又在海河西岸划定租界，此后这一地区统称紫竹林租界。它是帝国主义列强在天津的巢穴，也是八国联军侵华的军事据点。

光绪二十六年（1900 年）五月十六日（6 月 12 日），盘踞在紫竹林内的侵略军肆意挑衅，无故枪杀市民数人，激起天津居民极大愤怒，天津义和拳遂张贴揭帖，声言将攻打租界。

十九日晚，义和拳四百多人向侵略军发起进攻，开始了攻打紫竹林租界的战斗。二十一日，大沽炮台被八国联军攻陷，数千敌军乘火车开往紫竹林，遭到义和拳和清军的奋力拦击。当天下午，租界内一股侵略军准备夺取天津武备学堂，数十名学生与敌人展开激战，隐蔽在学堂房屋中向敌人猛烈射击，最后全部壮烈牺牲。二十七日，六百多侵略军进犯海河东岸、距租界近十公里的东机器局（俗称东局子），被清朝守军击退。六月初一，八国联军又纠集二千八百多人从三面包围机器局。

八国联军在租界各道口都建有工事，埋有地雷。为冲破敌人地雷封锁，战斗中大摆“火牛阵”，在几十头牛的尾巴上捆上油絮，点燃后向租界猛赶，惊恐的火牛狂奔乱跑，将敌人埋设的地雷扫除净尽，义和拳民随后猛冲，摧毁租界建筑物多处。随后，在马家口附近设下埋伏，将企图偷袭的敌军打得措手不及，并乘胜追击，再次焚烧了租界内的洋楼。

紫竹林，大清帝国的最后战役，最后的血性。

在紫竹林，前仆后继的义和拳和清军让绕了大半个地球的联军士兵再一次领略了中国人的勇气。这是这场战争中为数不多的曾让他们感到过绝望的时刻。紫竹林外，大清打光了她最后的精锐，也打出了最后的血性。相对于 1900 年 7 月一夜间崩溃的北京城防，它更像是这个帝国的最后战役。

被打得千疮百孔的紫竹林见证了这个古老帝国黄昏前最后的余晖。

五月二十一日，俄意日比英法德美八国，下战书给中国制军，制军计无可施，遂请天津拳民头目，给予军火，令与敌抗，开天津狱纵囚，令打头阵，水会继之，拳民又继之，官兵在后，即于此日开仗。此后日日开仗，天津市上死者甚多，而紫竹林终未焚毁。

东方大国，拖着他庞大而羸弱的躯体，被西方列强摁在地上，践踏蹂躏。

庚子逃亡录。

义和拳乱初起时，吴汝纶多次告诫地方大吏，乱民滋祸，应该严加剿治，不可放任，危害大局。大吏廷雍等正挟拳匪自重，反而嗾使拳党与吴汝纶为难，于是趁机围攻打劫莲池书院。吴汝纶幸好事先有事外出，不在书院，差点遭到不测，眷属们则事先听到风声，躲避至满城县。

五月二十七日，吴汝纶告诉儿子吴闿生，本日内洋兵肯定会入都，混乱局势无可挽回。保定暂可无事，但防拳民败而不散，退据省城，则难免惊慌，当相机趋避。到满城，莲池学生张国昌，他是满城本地人，会诸事关爱，让吴闿生在满城县照顾家人，不必速思回保定。

六月五日，吴汝纶本打算跟学生张国昌同赴满城。看张国昌的意思，似乎慑于街巷流言，生怕吴汝纶再到满城，引起麻烦。吴汝纶想，还是小心为是，也就不再去满城县了。

时局至此，满城不可久居，有人劝入山中，吴汝纶担心将来土匪蜂起，山中亦非乐土。吴汝纶决定往冀州，觉得似乎比其他地方安稳，小乱小惊，仍自不免，冀州朋友较多，觉得还有所依靠。

吴汝纶早晨出城，冒雨行至大激店刘福家。这个村庄没有教民，也没有拳民，还算安静，打算暂且在此勾留，等将吴闿生和眷属们送往冀州，车行过此，与家人见上一面，再往他处，不跟家人眷属同行，避免再起祸端。乱世车马难觅，好歹朋友都很贴心靠谱。

吴汝纶早晨从保定莲池书院逃出来后，有人从保定来，告诉他，有拳民六人在后面追赶，幸亏走得及时，没有追上。

六日，吴汝纶冒雨至唐县王古愚处，到唐县后，眷属亦至唐县。拳民仇恨吴汝纶的，也闻风紧接而至。吴汝纶乃由唐县至祁州，由祁州至安平，最后到深州，留于南庄李家，马上入城，趁此难得的“空闲”，为深州人修订《深州风土记》。

这一路，危机四伏，风险重重，要不是朋友多，转移得快，差点就丢了性命。

廷雍之死。

廷雍为清廷宗室，满洲正红旗，贡生出身。1900 年春，义和拳兴起，时任直隶按察使的廷雍极力主张扶植，而布政使廷杰主张镇压，两人为此经常发生激烈争执，而直隶总督裕禄这时移驻天津，对此事不置可否。根据保定知府沈家本的建议，将天主教传教士和教徒都迁移到乡下的清苑县东闾村和徐水县安家庄两处教徒村，由官府拆毁城内天主教堂，以平息局面。

同年 6 月，清廷明确表示支持义和拳后，将主张镇压的布政使廷杰调离，而将主张扶植的廷雍升任为布政使。直隶省的教堂在短期内几乎全数被烧毁、许多传教士被杀，其中在保定的新教传教士全部被杀，其中包括北关教堂的北美长老会传教士，南关教堂的毕得经牧师等美国公理会传教士，以及在保定的英国内地会传教士，传教士及其子女被杀共二十三人，同时中国教徒被杀一百多人。屠杀在 6 月 30 日和 7 月 1 日（农历六月四、五日）两天进行，地点在保定南城外凤凰台（今环城南路医药公司西侧）。屠杀发生时，廷雍下令紧闭城门，不使基督徒和传教士逃脱，并且派张协戎督兵镇压教民。

7月，八国联军攻陷天津，直隶总督裕禄上书请辞，被慈禧革职留用，7月8日，调任李鸿章为直隶总督，但李鸿章迟迟不愿北上赴任。8月5日，裕禄在天津杨村兵败自杀，于是廷雍又被朝廷委任为护理直隶总督。

8月15日（农历七月二十一日），八国联军攻占北京。10月11日，直隶总督李鸿章抵达北京议和，下令不准抵抗。10月16日（闰八月二十三日），英、法、德、意四国军队占领保定，10月23日（农历九月初一）夜逮捕廷雍等清朝官员，关押在北大街原福音堂内。11月6日（农历九月十五），占领军将布政使廷雍、守尉奎恒、参将王占魁押赴直隶总督署大堂，用《大清律例》进行审判，判处三人死刑，并且特意选择在凤凰台斩首。廷雍任直隶护理总督五十三天。

廷雍死后，清廷表示对廷雍被杀事件“愤懑”，表示中国官员应交中国自行处分，不应侵夺自主权。廷雍无头的躯干运回北京，和一银头葬于清河镇。

庚子年李鸿章议和。

大清向西方列强宣战之后，由于东南督抚私下与西方国家签订了“东南互保”协议，拒绝向北京增援，致使八国联军长驱直入，一直打进北京城。慈禧仓皇携光绪西逃，并下旨让李鸿章火速进京与洋人议和。然而，向来对慈禧唯唯诺诺的李鸿章却一反常态，与朝廷打起了太极。

早在1900年6月18日，李鸿章就已经接到“火速进京”的命令，虽然在当时并没有说是“议和”，但李鸿章已经猜测到这种结局。表面上，李鸿章当即回复“遵旨北上”，但实际上，他却行动迟缓，一直到7月17日才离开广州，前往上海。到了上海后，他又刻意拖延了两个月，直到9月15日才开始启程，当他到达塘沽时，慈禧已经西逃，京畿地区在八国联军的铁蹄下早已面目全非、支离破碎了。

李鸿章是朝廷重臣，在甲午战争之后虽然一度遭到贬黜，但连他自己都明白，那只是朝廷为了安抚民众和舆论而采取的不得已手段罢了。1899年12月，朝廷不还是授予他“两江总督”的头衔吗？如果没有“庚子国难”这一出，李鸿章很有可能会东山再起，成为权臣。那么，就出现一个疑问：素来标榜“忠君爱国”的糊裱匠李鸿章，为何这次竟然敢奉旨不遵、刻意拖延呢？

李鸿章“抗旨”的背后错综复杂，既有对局势的考虑，又夹带了许多个人感情。他这么做的目的有多个深层含义。

不要认为李鸿章是封疆大吏、朝廷重臣，他的安全就得到保障，在义和拳运动中没有一个人是安全的。众所周知，义和拳在当时打出的口号是“扶清灭洋”，义和拳向北京进发时，扬言要杀掉“一龙二虎三百羊”，“一龙”指的是光绪，“三百羊”泛指那些亲洋的官员，“二虎”指的就是李鸿章和庆亲王奕劻。奕劻大权在握，又掌管总理衙门；李鸿章就更不用多说，“洋务运动”的坚定拥护者，在西方国家享有很高的声誉，签订《马关条约》时，伊藤博文指定李鸿章为谈判代表就是最好的证明。

虽然“怕死”可以成为李鸿章暂缓进京的借口，但李鸿章这么做还有一个目的，就是想迫使慈禧改变对待义和拳的观点。可此时的慈禧，已经对列国宣战，“君无戏言”，不撞得头破血流，她是无法回头的。

严格来说，李鸿章的这次入京是名不正、言不顺。所以，他找出各种借口留滞广州，无非就是在等朝廷赋予他新的权力。7月8日，新的委任状终于下来，李鸿章不但成为新的直隶总督，还兼任北洋大臣，官职和声望一下子就恢复到甲午战争之前的顶峰时期，有了这个保障，李鸿章才安心启程前往上海。

七月二十一日，北京城破，两宫西狩。随后李鸿章奉命为议和全权大臣，可以“便宜行事”，朝廷“不为遥制”，真正成为大清国存亡之所系。这时，李鸿章担心行在中枢仍为载漪、载勋、刚毅等人把持，外面议和终难奏效，遂联合两江总督刘坤一、湖广总督张之洞、山东巡抚袁世凯等东南督抚，密劾载漪、刚毅等人，并力推荣禄赶赴行在，促成了行在中枢"易主"，随后力主严办庚子"祸首"，为停战议和打开局面创造了条件。

闰八月十九日，李鸿章一行到京，一场艰难的马拉松式谈判开始了。众所周知，城下之盟的挽回空间本来就很有限，但列强之间的矛盾和制衡关系，却也能巧加"利用"；列强希望两宫早日回銮的心情，也可成为推动早日撤退洋兵的用力点；美国人提出的门户开放，亦可用以保持中国领土和行政的基本完整。经过一年的漫长交涉，辛丑年七月二十五日（1901年9月17日），议和全权大臣李鸿章、奕劻与德、奥、比、西、英、法、美、意、日、俄、荷等十一国公使终于在屈辱的《辛丑条约》上签字。清廷的国际地位沉入了谷底，但总算保住了国家，也可以勉强说是"转危为安"。在此过程中，李鸿章力任其难，殚心竭虑，挽回一分是一分，但其跋扈固执，比方说另一议和大臣奕劻插不上话，经常电报发出去李鸿章才给奕劻通报，以致误判之处也有所不免，比如他认为先签俄约，然后问题可以迎刃而解（由于刘坤一、张之洞、奕劻等人的反对，以及形势变化，没有先签）。然而，如时人所说：此时"若无公在，更有何人足以当此重任"，不愧为大清国力挽狂澜之柱石。

近代史上，最早认识并提出变局的，应该是李鸿章，在给同治皇帝的奏折中，李鸿章就提出了"中国遇到了数千年未有之强敌，中国处在三千年未有之大变局"。对这一观点，历史学家蒋廷黻给予了极高评价，认为这是19世纪中国人看世界眼界最高、看得最远的一句话。梁启超曾建议李鸿章叛变清朝，被李鸿章拒绝，他对梁启超说了句意味深长的话：一代人只能做一代人的事情。

莲池书院在庚子之乱中毁废，"鸟焚其巢，书院已无居止之地"。此时乱局未定，十月二十五日，吴汝纶在给南宫县绅士宋弼臣的信中表示，藩臬（明清两代的布政使和按察使的并称）都在催促回书院，并且希望兼领南宫东阳书院，但吴汝纶已经不想再就书院了，准备等道路能够通行，见过傅相，商求南归之策。

吴汝纶月末回保定小住了几日，于是就应李鸿章之召，迅速赴京。

光绪二十六年（1900 年）七月，八国联军攻入北京，国家处多难之秋，吴汝纶忙于为李鸿章出谋划策，佐其议和。

这一年，范当世家庭遭遇重大变故，正月岳父卒于湖北竹山县署，五月其女因病殁于江宁，先后奔赴两地吊丧，此间双方无暇联络。

范当世以韩愈、孟郊之交往比拟他与吴汝纶的深相知遇，并慨叹满目疮痍的现实无处安放这份深挚的情谊。同年，范当世偶遇吴汝纶兄长之子，有《赠挚父先生之兄子长文》。乱世相逢，感慨万千，时事艰难，人情可贵，成为惨淡凄苦现实人生的重要支柱，以致临别不舍，泪下衣襟。

13. 晚清“裱糊匠”李鸿章之死

光绪二十七年（1901 年）二月，吴汝纶在京师创办东文学社、报馆。连续几个月都是在为此事奔走。

东文学社聘日本人中岛裁之任总教习，先后延日本教习五十余人。廉泉（吴芝瑛丈夫）任总理。不吸食鸦片者，均可免费入学。初有学员三十名，旋增至二百八十余名，有汉学修养者编入“专门学班”，培养翻译日文能力。后又分为“专门科”与“速成科”，少年编入“普通学班”，教授日语及普通学科，后又分为“中学科”与“师范科”。

与此同时，创办报馆。

吴汝纶在给李季皋的信中说：

报馆陆续集股一万四五千元，业已竭尽愿力，临行所上呈词，师相违和，稽阁未批，目前可否批示，无任跂望。[1]

《老残游记》的作者，晚清奇人刘鹗亦答应投资报社，后又爽约，吴汝纶多次写信催要投资款项，皆没有结果。

在京时多方奔走，积极筹办的东文学社与报馆，都初见成效，学生报名人数异常之多，超出预期，只是经费奇缺。

五月十五日，晨起小雨，雨止，吴汝纶送儿子至火车旁。已经二十五岁的吴闿生，跟随中岛伯成游学日本，有东文师生十六人同行。吴汝纶与儿子约定，别后父子互相邮寄日记。

保定莲池书院出了“中国历史最后一名状元”。

光绪二十七年（1901 年）七月二十六日，吴汝纶回到保定。

莲池书院虽然在庚子之乱中毁坏严重，但学生学习的热情很高，在废毁的校舍中又艰难地支撑起来。因为吴汝纶招收的莲池学生，很多都是寒门子弟，不仅学习古文刻苦，而且穷人家的孩子也特别懂事。

有一个叫刘春霖的学生，家道贫寒，世代为农，其父先后在济南、保定府衙当差。他天资聪颖，学习刻苦，深受老师喜爱。入莲池书院读书，连续攻读十余年，学业长进很快，颇得吴汝纶赏识。光绪三十年（1904 年）中甲辰科状元，刘春霖中状元后的第二年就废除了科举考试，所谓“第一人中最后人”。刘春霖擅长书法，尤以小楷著名，娟秀端庄，流布甚广。时有“大楷学颜（真卿），小楷学刘（春霖）”的说法。当年，翁同龢见过还没有登第的刘春霖的笔墨，曾惊叹不已，预言他将大魁天下。

刘春霖状元及第实属偶然，其中还有一段趣事。

光绪三十年（1904 年）7 月，清廷照例又举行了一次殿试，主考大臣经过认真挑选，把入选的试卷按名次排列，呈请慈禧太后“钦定”。

---

① 郭立志撰：《桐城吴先生年谱》，雍睦堂丛书，卷二，第 29 页。

当时内外交困，忧心忡忡的慈禧太后正准备做七十大寿，想从科举之中得到一点吉兆。她首先翻开主考官列为头名的试卷，字迹流利清秀，文词畅顺华丽，内心颇喜。但目光一投向落款时，一股阴云陡然升起。夺魁的举子是广东人朱汝珍，一见“珍”字便想起了珍妃，因为珍妃支持光绪皇帝改良，使慈禧太后十分不悦，后来将珍妃推入井中溺死，所以一见“珍”字便肝火上升；又加上朱汝珍是广东人，更使慈禧火上浇油。想起太平天国洪秀全，维新派康有为、梁启超，高举反清大旗的孙中山……这些大清朝的“首逆”都出自广东，在慈禧看来广东人是她的克星，是无法容忍的，于是将朱汝珍的试卷扔到一旁。当慈禧翻开第二份试卷时，心头又不禁高兴起来。因为第二份试卷是直隶（今河北省）肃宁人刘春霖的，“春霖”二字含春风化雨、甘霖普降之意，这一年又逢大旱，急盼一场春雨。加之直隶地处京畿，“肃宁”又象征肃静安宁的太平景象，这对烽火四起、摇摇欲坠的清王朝，自然是“吉祥”之兆。于是，大笔圈定，名列榜首，发榜时刘春霖由原来的第二名而成了头名状元，经过主考官的保奏，为照顾社会舆论，朱汝珍的名字虽然没有抹去，也只得屈居刘春霖之后了。

光绪二十七年九月二十七日（1901 年 11 月 7 日），《辛丑条约》签订两个月之后，李鸿章抱恨而终。弥留之际，两眼“犹瞠视不瞑”，其心腹周馥安慰数语，“忽目张口动，欲语泪流”，遂亡。

消息传到河南开封，据亲历者吴永（曾国藩孙女婿）记述，回銮驻跸于此的两宫“并震悼失次”，慈禧太后大哭数场，“随扈人员乃至宫监卫士无不相顾错愕，如梁倾栋折，骤失倚恃者。至此等关键，乃始知大臣元老为国家安危之分量，想此时中外朝野必同抱此种感想”。虽然同是签订屈辱的不平等条约，但在朝野眼中，李鸿章的晚节已经迥异于 1895 年从日本马关带伤回国之时。

李鸿章逝世，吴汝纶在悲痛之余，受其子委托，为李鸿章拟写各种文字奏稿。

在吴汝纶眼中，李鸿章就是独撑危局的栋梁，“吾师以一身任天下之重”，是孤独的英雄。

早年在进攻太平天国天京战役中，李鸿章用西方汽船将六千淮军将士从安徽运往上海，借助西洋武器装备，率先攻破苏州，临阵督战，在军事上，曾国藩“自谓不及也”，认为“未见古来英雄，见胡林翼、李鸿章”。

“少时敏手事澄清，老作中朝万里城。”这是吴汝纶送李鸿章考察欧美五国的诗句，形象地概括了李鸿章一生的功业。李鸿章纵横捭阖，在外交、军事和现代事业上有开创之功，堪称国家万里长城。

吴汝纶刻画李鸿章形象，最见古文义法，着重突出李鸿章有着儒家忠诚品德以及与现代世界竞争的新人格精神。庚子拳乱，八国联军占领北京，慈禧与光绪逃亡西安，天下无人收拾之时，“公孑然身犯险难，入不测之敌军，左右前后尽敌国人，动辄防检。公掉舌摇笔，与众强国胜兵相抵抗”。事成，而李鸿章以积劳成疾遽然去世。吴汝纶为李鸿章身上的竞进精神所感动，“自少至老，历常变夷险，未尝一日言退”。甲午战败后，幕僚劝李鸿章退出政治，但李鸿章却言“今事败求退，欲安归咎！”李鸿章逝世后，谥号文忠，正是对他人格精神的高度肯定。

李鸿章说：“我办了一辈子的事，练兵也，海军也，都是纸糊的老虎，何尝能实在放手办理？不过勉强涂饰，虚有其表，不揭破犹可敷衍一时。如一间破屋，由裱糊匠东补西贴，居然成是净室，虽明知为纸片糊裱，然究竟决不定里面是何等材料。即有小小风雨，打成几个窟窿，随时补葺，亦可支吾应付。乃必欲爽手扯破，又未预备何种修葺材料，何种改造方式，自然真相破露，不可收拾，但裱糊匠又何术能负其责？”

丈夫只手把吴钩，意气高于百尺楼。
一万年来谁著史，三千里外欲封侯。

这是李鸿章二十岁的时候写下的一首诗，当年意气风发的他憧憬着自己将来的封侯拜相。

李鸿章，晚清三大名臣之一，十七岁中秀才，二十一岁中进士，二十三岁进入曾国藩的帐下，曾被曾国藩视为自己未来的接班人。年纪轻轻，起点也非常的高。足以见得这是一个能力很强，有远大抱负的人。

临终前，李鸿章又写下了另外一首诗：

> 秋风宝剑孤臣泪，落日旌旗大将坛。
> 海外尘氛犹未息，诸君莫作等闲看。

由当年的年轻气盛，意气风发，到后来的年老体弱，声名狼藉。李鸿章的一生不可谓不悲壮，但是国家不强大，就算李鸿章再想展现才能，也没有展现才能的余地。于是才有了李鸿章由早期的“欲封侯”到后来的“孤臣泪”。

九月李鸿章去世，吴汝纶乃决意南归，北方官绅攀留未允。时有直隶绅士魏钟瀚等邀集北方人士不列弟子籍者一千二百人上书乞留。

吴汝纶一生称之为“师”的有三人：曾国藩、李鸿章、宝鋆（jūn）。与此三位名公大卿师生关系的建立都是源于科举考场。

> 公生平无所师事，独与曾李二公称师者，以乡举时曾为江督、李则闱场监临，皆所谓受知师也。又，宝相国鋆为乙丑座主。尺牍中称师者惟此三人。[①]

吴汝纶同治三年（1864 年）十一月参加江南乡试，主考官即为两江总督曾国藩，按惯例，乡试中举者须拜见座主，即主考，吴汝纶与曾国藩的师生关系就此建立。李鸿章时为江南乡试的监考官，宝鋆则是同

① 郭立志撰：《桐城吴先生年谱》，雍睦堂丛书，卷一，第 5 页。

治四年（乙丑年）吴汝纶参加会试时的主考，吴汝纶自然也就是李鸿章、宝鋆的学生了。

吴汝纶跟随李鸿章的时间，要远远长于跟随曾国藩，但在个人情感上，吴汝纶更尊崇作为一代理学大师的曾国藩。

他曾说：

> 吾壮时佐曾文正幕，四十以后佐李文忠幕，遭际亦幸矣。然佐曾公时，日有进益，而佐李公幕十余年，则故我依然。[①]

吴汝纶此语显然包含有学术及感情上的因素。在曾国藩幕府中，吴汝纶常常得到曾国藩在学术上、道德上的指点，故“日有进益”，但在李鸿章手下，李鸿章不管在学术上，抑或道德上都不可能给予他更多的指点。

这其中要表达的深意是什么呢？个中之意，只能由后人细细品味了。

吴汝纶一直在晚清两棵大树的庇荫之下，青年时期在曾国藩幕府，中年以后则在李鸿章幕府，即便是就任深州、冀州知州时期，也是在李鸿章手下，在他身上往往流露出传统知识分子对权贵不自觉的依附性。

每个人在历史中都有自己特定的位置。

① 李志茗：《晚清四大幕府》，上海人民出版社 2002 年版，第 235 页。

第五章　东瀛壮游

应承京师大学堂总教习之职，赴日本考察学制，本属无奈之举，但由于遇事总是不愿苟且的吴氏作风，这无心插柳，倒成就了吴汝纶在近代教育中的重要地位。日本人对饱学大儒的礼遇，对中国弃之如敝屣的国学的珍视，让吴汝纶找回了中华文化的自信。与伊藤博文一席话，“其言绝痛”，国势危殆，中国再不变化，将有亡国灭种之祸，作为一个有责任感的知识分子，如芒刺在背！

1. 张百熙“为天下学子”一跪

光绪二十七年（1901年），吴汝纶六十二岁。李鸿章去世后，吴汝纶依靠的最后一棵大树倒下了。

十一月十日，杨濂甫观察转述李氏兄弟的意思，请吴汝纶南归，收束李文忠遗集，吴汝纶已经在李氏兄弟面前应承下来。李鸿章文集是个庞大的工程，李氏兄弟想得颇为周到，这个事情非吴汝纶莫属。

十一月二十九日，袁行南观察替袁世凯挽留吴汝纶。此时袁世凯任直隶总督，李鸿章去世后，光绪二十七年（1901年）11月，袁世凯受命署理直隶总督兼北洋大臣，次年实授，一跃而成为中外所瞩目的实力人物。袁行南署清河道，莲池书院归属其管理，因为之前吴汝纶有书寄袁行南辞馆。莲池书院斋长李右周、王古愚入都，也请求吴汝纶留下来。

吴汝纶十二月三日入京，居船板胡同周宅。

五日，汪剑斋（立元）大令来到船板胡同对吴汝纶说，张百熙尚书欲聘其为京师大学堂总教习，吴汝纶当即辞之，决定随李氏兄弟南归，不想留在北方了。

七日晚间，袁世凯设席宴请吴汝纶。在晚宴之前，袁世凯和张百熙都先行拜访了吴汝纶。

莲池书院诸生转求直隶京官，函请袁世凯恳留书院主讲，宴席上，袁世凯留行甚恳，张百熙尚书亦执礼甚谦，面请吴汝纶为京师大学堂总教习，吴汝纶当面辞谢。满座都是为挽留吴汝纶的说客，吴汝纶归志已决，都没有应许。

十二月九日，张百熙尚书穿戴齐整，又来到船板胡同周宅。与吴汝纶面谈，坚请其为京师大学堂总教习，吴汝纶也很执拗，固辞。张百熙便穿着大礼服跪下不起，并说："吾为全国求人师，当为全国生徒拜请也。先生不出，如中国何！"

张百熙不顾自己的身份，求贤若渴，不惜为天下学子一跪。

吴汝纶一生中很多时间都是从事教育。他主持河北莲池书院十年之久，学生达数千人，并有外国学生，极有声望。而且他早年即锐意改革，力倡西学。在莲池书院时即开设英、日文及格致（理化）课程。办学校、走新路，正是他朝思暮想的事。但为何真要他干时，又打"退堂鼓"呢？并非年迈体弱，也并非不能胜任，这些都是托词而已，他看透了清廷腐败透顶，倾轧排斥太甚，教育尽管无名无利，卷进"政府窝"里也不安生，雄图大略难以施展。

张百熙为了挽留吴汝纶给朝廷上了奏折。

张尚书于圣旨下达后的第三天，又给曾国藩孙子曾广镕信中提出只"暂留一年"的妥协条件。这时，吴汝纶的心也软下来了，只得暂时应允下来，以免张百熙这个管学大臣对朝廷交代不了。

像张百熙这样的管学大臣，甚为难得。当时的吴汝纶只是一介文人，而张百熙是朝廷的命官，身兼要职，但他不顾自己的身份毅然向吴汝纶下跪，只为求得一位才子的出山。

当张百熙受慈禧太后命令，任职为京师大学堂的管学大臣时，第一个问题就是请谁当总教习。曾经有一个年轻人，很为张所看重。张的姨太太生了病，这个年轻人居然在家里设香案，为张家姨太太祈祷。张百熙听说这件事，叹息道："我本来很爱他的才，但是我没想到……"后来就渐渐疏远了这个佞人。

张百熙后来想到了吴汝纶。细想一下，吴汝纶是桐城派大家，他的弟子们也都很有出息，对当时中国的社会影响也是极大的。当时，最负盛名的桐城派三大家俞樾、王闿运和吴汝纶中，吴汝纶"思想稍新，影响也稍大"。严复、林纾都是吴汝纶的弟子，"并世译才数严林"，这两个人以古文译西方名著，对近代文风影响之大，只有梁启超可以比肩。

虽然吴汝纶没有答应张百熙京师大学堂总教习之职，但为了他那“为天下学子的一跪”，吴汝纶还是有所变通，答应先不言就职，“往日本一访学制”。

吴汝纶同意“出山”后，首先提出要到日本去考察学制。张百熙一听也正中下怀，满口答应。后来有的传记中说到，吴先生是为“答知遇，故自请为出海之行”。这固然也是古代先贤传统道德的一面，但在办学前，提出先考察日本学制，主要还是同意“出山”后，改革教育的必然要求。因为他一贯力倡西学，认为只有西学才是强国富民之道。而日本当时正是明治维新时期，他给友人的信中早就说过：“日本近年专仿西国公学”，所以学习日本教育制度，即学习西方教育制度。这是他上任前必备的先决条件。

正月初七，李亦元来吴汝纶处谈，之前托陈伯平转告张尚书往日本访学制的建议，“尚书甚喜”，只是不能遂辞教习。吴汝纶当晚写信告诉在日本游学的吴闿生，说自己将东游日本。

正月二十六日，肃邸（肃亲王善耆）约在三十日下午五点来吴汝纶寓所，与秦教士相见。三十日下午五点钟，肃邸来寓，与美国教士秦恒瑞一谈。

二月二十日，肃邸（肃亲王善耆）招饮，张尚书为客，同坐皆学堂有事之人，宴席间，张尚书告诉吴汝纶，似乎东游的事情有所变化。办好一件事情，实属不易。

三月一日，吴汝纶回到保定莲池书院。

学生见吴汝纶要离开了，连日诸生来见，都依依不舍。十九日，莲池书院诸生二十五人，为吴汝纶在城北朱氏花园举行饯别宴会。

四月十二日，吴汝纶将书院书籍移归保定安徽会馆。

十四日，吴汝纶正在督促家僮检点书物，应留应带的物件，书院学生群集而来，行李东西亦不能装束，饭后至西关客栈候车，诸生皆来送。晚上到京城，居译书局。

十五日，出访中岛，之后赴官书局，京师大学堂诸君皆在，留下来跟诸位同仁一起吃了一顿饭。日暮归寓所，人感到非常疲倦，心情也是颇为复杂。

日本之行，颇多波折，终于确定。

十六日，胡梅轩来告，日本之行，张尚书已代备一切，惟请自定行期。于是议定二十五六日成行。张百熙安排大学堂提调绍英（字越千）和荣勋（字竹农）与吴汝纶同去日本。吴汝纶告诉胡梅轩，拟带两个学生，以及日本人中岛同往。吴汝纶所带的学生，一为广宗杜之堂显阁，一为桐城李德膏光炯，后光炯在乡里颇得重名。

十七日，张尚书招饮，坐客尽教习监督，及学堂有事之人。席间，张尚书为大学堂事务颇为慷慨激昂，希望诸君和衷共济，力襄盛举。同时，也为吴汝纶一行东游日本，举觞祝福。觥筹交错间，气氛颇为融洽。

二十五日，李鸿章灵柩启程南归，吴汝纶与众人一起送至齐化门外。

2. 受命东游，考察日本学制

光绪二十八年（1902 年）五月三日，吴汝纶在塘沽登上日本轮船玄海丸号，十五日抵达日本长崎，开始了为期四个月的学制考察。随他同行的有京师大学堂提调、浙江补用道荣勋（字竹农，军机大臣荣禄的侄婿），京师大学堂提调、兵部员外郎绍英（字越千）等五名文武官吏，十六名学生以及自愿充当译员的吴汝纶日本籍门生中岛裁之。

五月一日，在京城吴汝纶辞别张尚书。

三日早晨五点，至火车站，学堂诸公皆送行，十一点钟至塘沽。

光绪二十八年（1902 年）五月初三，吴汝纶从塘沽出发，先到营口（牛庄），经烟台赴长崎。轮船遇雾即停，一直到十五日才抵达日本长崎。

十六日，抵马关，作一绝句。

十七日，抵神户。领事蔡运南（中国驻日蔡公使之弟），到船相候。

从玄海丸上岸，赴领事府小坐，遂至同文学校一览，至商话别所一坐，考察活动就此开端。

蔡运南领事告诉吴汝纶，松方伯的儿子松方幸次郎，在此造船，约往观船厂。午后，至松方造船厂，遍阅各厂，继观船坞炼钢所。晚上赴松方府第筵宴，作谢松方幸次郎诗一首。

清朝最高学府总教习来日本考察教育，日本朝野上下十分重视。刚到日本，就有大批记者前来采访。时事报社川面弘、大阪朝日新闻社下山田为助、大阪每日新闻社竹中清均到船采访。

《九州日日新闻》刊熊本的评论文章：

> 清国今日之革新，非一局一部之修补，当由其根底基础，以希改进，譬病既入膏肓，终非外科手术之所能愈也。今兹吴先生为教育视察之事，来游我国，清国之当道，着眼百年之大势，良可庆。①

《东京二六新报》发表署名文章：

> 教育者，作一国之精神者，国家之真际，实由教育以得而存焉者也。是以古来有为之为政者，皆莫不重之。于清国教育在最重位置之吴先生，此次来视察日本之教育，我邦岂可不欢迎先生以为荣乎？②

吴汝纶一行于光绪二十八年（1902年）5月从塘沽出发，先后到长崎、神户、大阪、京都。吴汝纶用很短几天时间考察上述几地的一些学校，之后主要集中在东京进行考察。

① 施培毅、徐寿凯校点：《吴汝纶全集》（三），黄山书社2002年版，第752页。
② 施培毅、徐寿凯校点：《吴汝纶全集》（三），黄山书社2002年版，第754页。

吴汝纶一行所到之处，都得到盛情款待，“所至大会宾客，与为宴飨，谓之欢迎会，动辄数十百人”。[①]

他虽已年过花甲，但全力投入，先后参观了大中小学、师范女校、幼稚园、军校、残疾人学校、各种专科学校、实业学校四十余所，主要是对这些学校的学制进行考察。除参观访问学校外，吴汝纶还遍访跟学校有关的官厅。他在文部听讲十七次，其内容均是有关教育行政、教育设计、学校管理法、设施、卫生、教学法等。

此外，吴汝纶还访问了学校领导、教育行政长官、教育名家以及政军界人物。例如，东京帝国大学总长山川健次郎、文部大臣菊池大麓、外务省总务部长珍田舍己、教育家伊泽修二、前文部大臣滨尾新等等。同时，出于对近代日本国家的关注，还参观了议院、法院、警视厅、监狱、造船厂、造币厂以及各种会社、银行、电话局、邮局等。

考察日本学校教育制度是吴汝纶东渡扶桑的中心任务。

吴汝纶殚精竭虑，以“拼命三郎”的精神，投入参观考察活动。他每天黎明即起，在赤日炎炎之下，每日步行几十里。在东京时一天会客十人到一百多人。他每参观一个学校，对讲堂教室的建筑面积、结构、图书、仪器等等，都详细询问，亲作笔记，回来详作整理，因此，天天“开夜车”。

八月六日，晨起，吴汝纶先访细田谦藏，然后去拜访日本国府顾问田中不二麿。田中曾到欧美各国访问考察西方新的教育制度，回国后制定了日本的学校考试教育制度。这位大顾问住的地方很远，吴汝纶为了节约经费不肯乘马车，只雇了人力车，带了一名翻译。不料雨后路滑，车行不久即翻倒在地。吴先生跌伤了鼻子，“血流如注，昏不知人”，翻译大惊，将他扶起，送往附近医院，简单处理了一下伤口，刚止住血，就再坐车到田中官邸，与他谈了很久。接着又拖着疲乏之躯，拜访了教育家辻新次等数人才归。后数日，跌伤处还隐隐作痛。“其勤事不顾身，

---

① 施培毅、徐寿凯校点：《吴汝纶全集》（三），黄山书社2002年版，第404页。

大率如此”。

他在长崎、神户、大阪、京都和东京等地走访各类学校，广结朋友，与他们手谈、唱和。

为了取得第一手资料，吴汝纶日夜翻阅日文书籍，也能看其大意，久了也能听懂一些日语并作笔记。他与当时日本知名教育家众拙信及伊泽修二接触频繁，时常讨论教育改革。他在西京大学与该校总教习木下广次作深谈后，木下后来与日本国人私下谈道：吴先生精思卓识，旷绝一世之才。日本维新之时，断无如此人才。有此人才，中国教育之兴隆指日可待。

吴汝纶一行受到日方的空前重视，不仅经常被邀出席招待会，记者采访，新闻报道不断。光绪二十八年七月八日（1902 年 8 月 11 日），吴汝纶还被明治天皇召见。

吴汝纶在日本接触了大量的政府官员和教育家，他还拜会了首相伊藤博文，前首相大隈重信，文部大臣菊池大麓等，并与日本著名教育家伊泽修二、嘉纳治五郎、山川健次郎等讨论教育问题。

在访日期间，吴汝纶经常给张百熙及一些同僚、友人写信，纵谈访问心得，提出思考建议。吴汝纶在这段时间先后七次给张百熙写信，报告访问行程与心得，提出教育改革建议。例如，请求速开师范学校、普及小学教育、大减功课、废除科举、兴女学、聘请日本教习及留学生相关事宜。同时，吴汝纶还和同僚、友人书信往来，探讨教育问题。例如，与贺松坡的书信中谈及西学中学如何兼顾，与方守彝谈到聘请日本教习和留学生相关事宜，与姚叔节探讨普及国民教育问题等。

这次访问虽以了解学制为主，也可以说是一次全面的社会考察。

吴汝纶详细记述了明治维新以来，日本学校的沿革及当时各级各类学校在学科设置、讲授方法、管理体制、附属设施（如校舍建造、图书馆等）、教育经费支出等方面的情况。全方位地考察和调查了日本各级各类学校及相关教育部门的情况，如西京大学预算表、西京寻常中学校宿舍规则、私立女子职业学校概则、高等学校预备科课程表等，还将他与日本十几位资深教育家和教育界行政官员的交往记录、笔谈结果等写入《东游丛录》，为研究者提供了翔实的史料参考。“学堂卫生之术最重要，其房屋高矮，间架大小，墙壁色明暗，窗牖位置，坐几案相距远近，上下尺寸，皆有定制，皆历经考验利病，博采欧美善法而成者。其教育精神所注，似亦以强国强种为主。”

吴汝纶对日本教育的考察，可谓殚精竭虑，其教育改革的总体思想，依然以救亡图存，强国强种为主。

在日本的四个月期间，吴汝纶先后十八次赴文部省，听取学界人士对日本教育状况的全面介绍，并在长崎、神户、大阪、东京、京都等地参观各类学校近四十所。

吴汝纶所处的时代背景让他清醒地意识到要改变中华民族被瓜分、欺辱的亡国灭种厄运，必须学会自强御侮的能力，其先决条件是提高全民族的科学文化水平。他说：“盖必振民之穷而使之富焉，必开民之愚而使之智焉。今之内治者无所谓富民之道也。”“以团结国民为主，谓之国民教育。其法务使人人读书识字，程度不必高，而为教普遍，即能强国。”

中西兼容，建立文化自信。

日本之行，吴汝纶在文化观上最大的一个收获就是：建立起一种对“国学”的文化自信。

五月二十九日，吴汝纶访问日本一所女子学校，见学生在弹习古筝，这让其非常感慨：“筝，中国乐，今少知者，日本乃习之于女学校，吾甚愧赧。”[①] 吴汝纶没有料想到，屡屡受到国人“鄙弃”的中华传统文化竟然颇受日本知识分子尊崇，日本学者对于汉学的精通程度让他惊讶，一些在国内几乎失传的传统礼乐也在日本得到很好的传习。

日本学者在与吴汝纶交谈时，也认为中国传统文化不可遽言废弃。日本教育家古城贞吉对吴汝纶说：“勿废经史百家之学，欧西诸国学堂必以国学为中坚……五方交通，学有长短，如废贵国之文学，则三千年

---

① 施培毅、徐寿凯校点：《吴汝纶全集》（三），黄山书社2002年版，第716页。

之风俗无复存者，人则悉死，政则悉败矣。”①

日本人对于中华传统文化的态度，使吴汝纶开始以一种客观、公正、平和的心态来看待传统文化。日本人对中国文化的理智态度与择其优而用之的方式，使他开始反思自己原来对于中学的偏激态度。

吴汝纶访日期间，张百熙制定的《钦定学堂章程》（即壬寅学制）于8月15日颁布。吴汝纶在离开日本回国之前，已将部分日记、日本友人的书信和访日期间的报刊报道、专论汇编成册，由著名的日本三省堂书店印制，书名《东游丛录》，这是晚清新政初期一份非常有意义的历史文件，对张之洞主持的《奏定学堂章程》（即癸卯学制，1904年1月13日癸卯年十一月二十六日公布）也有所影响，其中很多内容至今读起来还有新鲜感。

《东游丛录》成为清末制订学制的重要参考文献之一，从而也奠定了吴汝纶在中国近代教育史上的地位。

吴汝纶生活在清代道咸同光之际，中国遭逢三千年未有之大变局，由“天朝帝国”变为列国之一，由闭关自守变为被动开放，由自给自足的自然经济开始启动工业化进程。吴汝纶敏锐地感受到时代变动的脉搏，走在了时代思想的前列。他努力了解西方，倡导学习西方先进的科学与良善的制度，反对因循守旧。他不畏人言，勇于担当，日本访求学制，尽力介绍西学，呼吁中国走向世界，虽备受攻击而百折不挠，无怨无悔。他学养深厚，博古通今，对中国社会诸多问题的批评，均鞭辟入里，见识超群。

3. 朝野惊睹大儒风

清国大儒吴汝纶在日本受到了空前的欢迎和最高的礼遇。

① 施培毅、徐寿凯校点：《吴汝纶全集》（四），黄山书社2002年版，第703页。

六月一日，吴汝纶一行，参观大学医学校、音乐学校，晚上赴东邦协会欢迎会，宴会的主人为黑天侯。二日，三岛君毅请假来设宴请吴汝纶，席上，三岛君毅对吴汝纶来访表达深深的敬意，并当场赠诗，吴汝纶与大学堂提调绍英（字越千），皆次韵答之，细田谦藏与其友佐仓孙三皆为赠序，临席演说，吴汝纶亦写三纸答之。此间，还补和土居香国诗一首。

七日，晨访嘉纳治五郎，之后赶赴大学校，参观学生毕业典礼发放文凭的仪式。这天，明治天皇也到大学参加观礼。

参加完大学典礼后，立即赴上野精养轩的宴会。这是日本文学家的盛事，参加宴会的有六十四人，得诗九首，森槐南最善，文七首，重野成斋最善。再叠韵答土居香国。重野，名安释，日本文学家。森槐南，名大来，日本诗家第一。后汇聚宴会诗文，成《精养轩燕集》，录有欢迎吴先生诗多首。

吴汝纶有《森槐南即席有赠再叠再和二首》赠日本名诗人森槐南先生：

浑流谁与辨淄渑，美酒酡颜已不胜。聊借佳人发孤笑，不须佛慧记传灯。

君诗有味美如渑，欲抗颜行愧不胜。愿放光芒照千劫，长明不数佛前灯。①

注：淄渑：淄水和渑水的并称，皆在今山东省。相传二水味各不同，混合之则难以辨别。比喻性质截然不同的两种事物。

传灯：不论是汉传佛教还是藏传佛教，在佛教道场或诸佛菩萨节日，人们都会点灯传灯祈福，漫漫长夜，幽暗无明，一灯相照，顿现光明，照彻宇宙，照彻自心，佛法代代相传，亦

① 施培毅、徐寿凯校点：《吴汝纶全集》（一），黄山书社2002年版，第456页。

如灯灯长明，亦称灯灯相续。

森槐南（1862—1911），日本明治时期著名汉学家及汉诗词作家，名大来，字公泰，号槐南小史，通称泰二郎，别号秋波禅侣。生于名古屋，十三岁能作汉诗，十六岁即在刊物上发表填词。森槐南的唐诗及中国古典诗格律研究，日本学界至今奉为圭臬；于中国戏曲、小说研究，亦称大家。所作汉诗词苍凉开阔、韵致悠长，颇具欣赏价值。

日本天皇听说来了清国大儒，也破格延见以示敬意。其实，天皇也想一睹大儒的风采也未可知。

八日晨，与毓将军同赴宫省，觐见日本明治天皇。这位维新变法的强国之君，竟然也礼贤异国下士，不嫌吴汝纶的官卑职低，破例接见了这位才五品的京卿。而按一般惯例，他只接见大使级的外国官员。这种殊荣，说明了吴先生的德才威望，非同凡响。

本日应三省堂主人龟井忠一之邀游江岛，龟井忠一的三省堂就是后来出版《东游丛录》的出版社。夜宿最高楼上，晚宴席上，吴汝纶赋诗一首赠龟井。

九日，早晨起来，坐楼上，眺望富士山。不久，起雾了，趁着早晨清凉的空气，出寓所至海边观打鱼。早饭后，上山观庙，庙藏古器物，有唐宣宗所颁铜镜。晚上至留学生会所与留学一谈。作和诗一首，次韵和冈正一。

在日本考察期间，他应邀为日本学者的著作写了几十篇的序、跋、题记。

七月二十二日，应金子济民之邀，吴汝纶为其所作《周易本义启蒙纂要》作序。次韵和酬新冈旭宇。二十三日，作矢津昌永《世界地理》序。

二十四日，日户先生招游观水上放烟花。槐南有诗，依韵奉和。二十五日，木村知治晨送诗来，依韵和答。作高桥白山《咏经子史绝句千首》跋。

吴汝纶一到日本，立时产生了“轰动效应”。

初到日本时，吴汝纶即受到日本朝野各界数千人的欢迎。吴汝纶先后访问了长崎、神户、大阪、西京、东京等地。他参观访问时，均由日本外部、文部派官员陪同，礼以上宾。所到之处及活动情况，全国各新闻媒体均作跟踪报道。他除参观了从高等学府到小学的各类学校几十所外，还参观了日本的银行、邮局、造币局、警视厅、监狱、炮工厂、博物馆。甚至还检阅了近卫师团的卫队。日本的文化、教育、学术界名人，更是慕名来书来访，或组织各种欢迎会、座谈会，向他请教，或探讨中国文化研究中的疑难问题。

有位菊池晋，邀他晤饮，曾在寓所迎候七个多小时。二人相见，赋诗酬唱，成为知己。仅留下赠诗的日本友人就有四十多位。有的人为得他的一诗一字而为荣。上自名公贵人，下及女子仆从，不少人都以一睹这位清国大儒之风采为一幸事。

在如此盛情赞扬之下，吴汝纶始终保持谦逊的风度。在赴大阪欢迎会时，与会七八十人，都演说颂词，并投诗相赠。

吴汝纶即席赋诗一首：

观光论乐吾何敢，缟纻当年有祖风。
两海同文经法在，秦齐莫漫问雌雄。

注：缟纻（gǎo zhù）指细白的生绢，比喻友谊深厚。典见《左传》。

吴汝纶在日本期间，共作酬答诗七十余首。这些诗作，虽然是觥筹交错之间，酬答友人的临时之思，但都能于无形之中，发抒大邦风度、名儒胸襟，一种睥睨海宇之神韵，往往于不经意间悄然流露。他的诗作，深得杜工部神髓，日本朝野为之倾倒。

在日本期间，吴汝纶虽然是大儒，也遇到有人向其挑战中国古学的时候。

吴汝纶在《信夫恕轩席上辨难周易》的答谢词中讲了这样一件事情。

有个名字叫根本的日本老儒，吴汝纶刚到的时候，以书剑相赠，吴汝纶为其作了一篇序言，于序文中述说了“皇统一系之说”，日本老儒认为，汤武之前也是“皇统一系”，吴汝纶据《史记》黄帝征神农，以辨其一系之说，日本老儒据《国语》黄帝、炎帝为兄弟，以驳《史记》，吴汝纶又说，《史记》据《帝系姓》说本孔子。日本老儒辩屈，于是问吴汝纶，有人说《十翼》不足信，这个说法怎么样？吴汝纶据汲冢《古易》只有《阴阳记》，无《十翼》，以证《十翼》后出。日本老儒无词相难，就说汲冢《阴阳记》就是《十翼》，吴汝纶就说，那只是你的臆想而已，毫无根据。日本老儒对于中国古籍未作深入研究，只得了皮毛之见，因为吴汝纶不肯附和其说，就心生嫉妒，在报纸上发表文章，大肆宣扬，以逞其怒。吴汝纶一笑而过，觉得不足计较，应该回归真正的学问之争。

其实，现在看来，他们二人之争并无对错，只是汉学与宋学的不同见解。

汉学和宋学是中国经学史上的两大流派，它们分别对儒家经典做出了自己的诠释，而它们对经典的诠释又是与各自学派的性质和特点分不开的。

汉学与宋学经典诠释之不同，大致可从以下几方面加以区分：

一是就经典诠释所依傍文本的重心而言，汉学以五经系统为主，宋学则以四书系统为主；二是就经典诠释的方法而言，汉学重训诂，宋学重义理；三是从经典诠释的理论深度而言，汉学以经学诠释为主，宋学则在经学诠释的基础上加以哲学诠释；四是就儒家经学与宗教的关系而言，汉学以排斥佛、道二教为主，宋学则对佛、道二教既有排斥又有吸取。当然，汉学与宋学的区别不是绝对的，双方在经典诠释上亦有一定程度的沟通。二者共同构成了中国经典诠释的主要传统，并对中国哲学的发展产生了重要影响。

4. 留学生事件背后的新旧之争

七月一日，诸生陆世芬等来见吴汝纶，商量留学生吴稚晖（敬恒）之事。吴汝纶抽空作了一篇《周易象义辨正》序。

二日，吴汝纶赴上野六书展览会。永坂招至向岛，即席答菊池君森槐南诗。晚归闻吴敬恒被警视厅捉捕回国。吴汝纶立即与蔡元培（字鹤庼、鹤卿）、夏悌山往见蔡公使理论留学生之事。

这个事件的起因是，驻日公使蔡钧拒绝承诺为九名私费生作入成城学校的担保，激起了以吴敬恒为代表的留学生的抗议，要求与公使面谈，但公使让日本警察将之拘留。

三日晨起，吴汝纶得知，虽然次日释放，但被处以强制送返国内，吴敬恒自杀未遂。吴汝纶十分关注此事，为此事跟蔡公使反目，并与日本外务省官员等交涉。

晚归则闻下午两点吴敬恒等已起解。吴汝纶经过多方努力，仍然目见此变，一筹莫展，非常愤慨。

七月十四日，长冈子爵来谈，据称因学生与公使相持，出为调停。二十六日，吴汝纶把随他到日本考察学制的人员和留学生十余人召集起来，商讨学生与公使争持之事。大家都觉得吴汝纶出面，能够解决此事。

此后，吴汝纶多次与日本官员谈及留学生事宜。在出访外务省政务局山座圆次郎时，吴汝纶“告以私费生有益于国，望外务部爱惜保护，以振鄙国新机。”在访问外交部长官珍田舍己时，吴汝纶“请其官、私学生皆一律待遇。”又就成城学校事件解释说：“至学生与政府反对，实无其事，若欲明其来历，则近来学生会馆有干事，若五人保一人，决无他虑，且我学生中私费生皆有余之家、开化之士，岂有学归谋反者乎！

此可请放心也。”

吴汝纶访日期间十分关注中国的留日学生，在吴汝纶不懈的努力下，最终九名留学生获得入成城学校的许可。

当民族、民主革命的风潮已兴，清廷对汉人的单独活动，更是非常顾忌。他们在委派吴汝纶考察日本时，又派了两名大学堂提调为副偕行，一是绍英，一是荣勋。他俩名义是“扈从”，实际的任务是暗中监视吴汝纶在日本的活动，并负有密报的责任。

当时清廷驻日本公使是蔡钧。此人不学无术，专靠诬陷拍马溜须而当上外交官。吴汝纶在日本受到热烈欢迎的接待，常见之于报端。蔡见后心里像是打翻了一罐子醋，以为吴汝纶是来争夺他的公使宝座的。与吴汝纶同行的“副使”荣勋，到了东京即不与吴住一起。他在使馆中养尊处优，吴汝纶不把他放在眼里，也是怀恨在心。他本是荣禄的走卒。他与蔡钧勾结，狼狈为奸，频频给清廷大臣满人荣禄和庆亲王函电诬告吴汝纶在日率领留学生宣传革命。庆亲王是个老糊涂虫，军机大臣荣禄正掌大权。早在去日之前，张百熙曾要吴汝纶拜望荣禄。吴先生生性耿介，不愿趋炎附势，没有去拜见，他早耿耿于怀。荣勋告状，正中下怀。

本次留学生之争，在日本报纸有所披露。在日本留学的吴闿生，每逢看到这些诬告消息时，都很震惊。但告知父亲时，吴汝纶往往一笑置之。

一波未平一波又起。腐败的清廷，任人唯亲已是固习。此时国内官场又大起变化，原为北洋大臣的袁世凯和湖广总督张之洞，奉诏入京，参与国务政事。他们对主办教育者都想换用自己的亲信。这时，张百熙自身不保，不得不连发数封电报，催吴汝纶回国。但吴汝纶认为考察未结束，既来之，则安之，不能半途而废。他抓紧时机，争分夺秒，到秋初才回国，基本完成了任务。

九月八日，拜访大隈伯，之后至早稻田学校观览。回来途中访教育家辻新次，没有见到。转头访高桥作卫，巧的是，吴汝纶一行已经离开了而高桥归，追回来还谈了一通。

访严范孙。严范孙见老师来了，非常高兴，谈了很久，留吃晚饭。本来这天是日本友人菊池晋安排了晚宴，吴汝纶忙碌之中，把这个事忘了，后来想起来，匆忙赶到，已经九点钟了。虽然吴汝纶迟到，但是大家热情还是很高，菊池晋父亲菊池僩（xiàn）也在，老先生对中国文化特别有兴趣，要亲睹大儒风采，席间，作诗相赠，吴汝纶依韵和之，又谢菊池晋一律。宾主尽欢而散，回寓所已经是夜里一点钟。

九日，严范孙陪同老师游览庆应义塾，吴汝纶回寓所简单料理了一下行李，晚上赴江木衷檀乐会之招，席间次韵和答江木一律。

十六日，吴汝纶上午至日本东西本愿寺。

本愿寺僧听说来了大儒，坚约一游其寺，吴汝纶在僧人带领下，先至客堂一坐，堂后有假山，泉声淙淙可听，然后施礼佛堂，于是在僧人的引导下，游览本愿寺的涉成园，园有十三景，未能遍游。晚上回寓所，吴汝纶作十绝句。

东西本愿寺都是在京都，已成为日本一道文化风景线。吴汝纶看到，本愿寺宏伟的建筑群和宽敞的砾石广场与其显得较为简朴的入口大门形成了鲜明的对比。

东本愿寺，在京都东南角罗城的一侧，从京都车站向北步行十分钟即可抵达东本愿寺，按中国古洛阳城东西寺对立而建，后西寺被毁。这是京都最大的木造大寺院。本寺周围环绕水渠，东西的山门是大师堂正门，非常壮丽。东寺为密宗空海弘法大师寺，有木结构的东寺五重塔，高五十七米，属平安时代的重要古迹，居日本木造五重塔之冠。寺内有许多佛像，多数为日本“国宝”。西本愿寺，是京都最大的寺院，其建筑保存着中国盛唐及宋元时代的风格，宏伟壮丽，富丽堂皇。如被列为国宝的“唐门”，正面雕饰有唐代风格的狮子，侧面雕刻着中国古代尧舜禅让等故事，寺内的黑书院、白书院、招贤殿等处珍藏着许多中国古画。

第二天又应本愿寺之招，吴汝纶赠自己所写《十咏》给方丈光莹大师。这天是日本武德会的日子，吴汝纶观览了武德会盛况，舞蹈、击剑后，表演骑射，骑士们的表演堪为奇观，精彩纷呈。

武德会结束后，赴欢迎会，参加的有七十余人，宴于日本西京名胜之地，山色接于栏槛，泉声鸣于檐下，主客甚欢，吴汝纶即席赋诗答谢与会诸公：

西京山色好，人意好于山，
归国船应重，人山并载还。[①]

5. 满国皆是李傅相

在出访过程中，虽然说日本人对吴汝纶有诸多礼遇，有些还是破格的接待，但吴汝纶也经历了几件很不愉快的事情。

其中一件便是，吴汝纶在日本时，一天一位山根少将前来拜访。当谈及吴汝纶的儿子以后的志向是学什么专业时，吴汝纶回答说，儿子日后“将学政治、法律”。

山根少将闻言，哈哈大笑说：“贵国人喜学宰相之学，满国皆李傅相也。”

山根少将的话，对吴汝纶触动很大。吴汝纶认为“其言切多讽，记以示儿”，并把这件事记录在日记中。吴汝纶当下并未反驳，不过“记以示儿”的做法，表示他内心里认为山根少将之言不无道理。

虽然全国皆李鸿章的说法有些夸张，但的确中国许多年轻学子读书的初衷就是考取功名，学所谓的“帝王之术”，想的是如何做大官，要埋头做事的基础学科则无人问津。

还有一件是，与高木政胜的一场唇枪舌剑。

吴汝纶在日本期间，曾和这个国家的法学家高木政胜有过一次笔谈，笔谈的主旨是商榷法律问题，本应是友好的。但当谈及国际公法时，

① 施培毅、徐寿凯校点：《吴汝纶全集》（四），黄山书社2002年版，第778页。

气氛便顿趋紧张。这是因为国际公法与我国多年来备受列强侵略现状格格不入，勾起了吴汝纶对国家的伤痛，和对帝国主义的愤懑。

下面就是他们之间的一场唇枪舌剑：

问（凡“问”均吴汝纶语）：

用法无论宽严，以平为主。今自优胜劣败之说兴，以强为主，不复论是非，吾以为列强争竞霸术，生民之福，不知伊于胡底。

答（凡“答”均高木政胜语）：

西欧人以利为先，虽有法律，唯思互相吞噬耳。贵国与敝国、朝鲜，此乃有仁义之教。愚以为三国不同盟以制西欧之强欲，则生民无免其祸之时。

问：三国同盟善矣，三国之自为交际，尤以不诈虞，不相欺凌以图私利，其交乃固，然后外侮可共御也。鄙意以为东亚三国，强不侵弱，此不贪彼国之利权，乃能彼此同心。

答：欲使三国同心，则莫如起德教，欲兴德教则莫如兴佛教，仆学佛于此十余年矣，深幸佛教，故偶涉及宗教赘语，幸恕焉！

问：德教之事，儒佛一也，无如立国者不信何！皆口称盟好，心则欲剜他人之肉，以补己身，同盟之国，有不寒心者乎！君以法家学佛，近于东餐西宿矣，能以佛法起化贵国，使皆为佛土，亦邻国所深愿也。

答：仆不德，不敢当也。虽然，弘教之事，常以一身殆供牺牲以当之。

问：此志即能兴教。[①]

① 吴汝纶：《东游丛录》卷四《函札笔谈》，日本三省堂书店明治三十五年版，第44—46页。

经过这一席的唇枪舌剑，他们的笔谈也就告终，可谓不欢而散。至此，我们不能不想到，吴汝纶官非大臣，一介书生，在日期间，却备受礼遇，此次晤谈，又谊属宾主，他没有因私情而废公义，其凛然大节，令人敬仰。

高木政胜所鼓吹的中、日、韩三国同盟，是否包藏后来“大东亚共荣圈”一类的祸心，我们难作猜测。从此后数十年间一系列事件俱见日本军国主义借同盟之名，行鲸吞东亚之实的狼子野心，蓄谋已久。此时此际，吴汝纶一闻三国同盟之语，即如此敏锐地作出针锋相对的回应，可见其具有很高的警惕性。

当对话涉及国与国的同盟，吴汝纶一方面称“善矣”，给予肯定；另一方面又揭示出同盟国之间，其原则应是“强不侵弱”，更见其具有很强的处理国际事务的原则性。笔谈中，吴汝纶所言“口称盟好，心则欲剜他人之肉，以补己身”，实寓甲午年日本对朝鲜及我国的侵略战争，及强占我台、澎和辽东半岛的罪恶历史，辞锋之锐利，有如利刃，直使有侵略野心者无地以自容。孟子曾说过：“遁辞知其所穷。”

我们从这段笔谈中也可以看到，自吴汝纶单刀直入涉及中、日、韩三国之事后，高木政胜便已张口结舌，只能用德教、佛教一类的遁辞来掩饰其所穷了。

这真是：神禹九州终不改，螺蛳哪能便吞象。

6. 马关：伤心之地

九月十八日，归国途中，船至马关。来的时候没有来得及上岸，这次归途，在马关吴汝纶遇到友人盘桓数日。马关，是一个对于中国人有着深刻伤痛的地方。友人们为他在春帆楼饯行。春帆楼是李鸿章与日首相伊藤议和签订丧权卖国《马关条约》之处。酒酣耳热，楼主人请他题词，留一墨宝以作纪念。先生潸然泪下，无限悲伤地说：“身处伤心之地，我还能写什么呢！”于是挥笔写下“伤心之地”四个大字。此事曾在日本新闻报道，引起强烈反响。《马关条约》于1895年在此签订，吴汝纶深以为恨。

后来他又写了一首七绝《过马关》以抒爱国情怀：

愿君在莒幸无忘，法国摧残画满墙。
闻道和亲有深刻，欲移此碣竖辽阳。[①]

注：在莒：即“无忘在莒”，戒人在得意时不要忘记过去的艰难岁月。齐桓公为公子时，因齐国内乱，曾流亡于莒，备受困厄。典出刘向《新序·杂事四》。

日本人为了炫耀自己甲午海战的战功，曾在签订割让台湾并赔巨款条约之地竖碑纪念。吴汝纶感愤应将此碑移到辽东半岛竖之，以昭国人。

吴汝纶在日记中，详细记载了这一天的所见所感：

船至马关，前来时未及上岸，今船人约往一游，至春帆楼，李文忠公与伊藤议和处也。楼主人乃一寡妇，姓藤野，乙未和定后，日本政府欲买此楼归公，主人不肯也；闻余至，备素绢求书，为书前过马关一绝与之。主人留余等饮，及去，又以茶馈余。船人以开行尚早，复导至接引寺，门署云：“清国请和大使李鸿章旅寓”，入室，则皆议和时所留摄影也。[②]

吴汝纶的这一段文字几乎没有任何感情色彩，但在平静的叙述背后该有多少忧愤、凄楚！约在一个月之后，吴汝纶回到安庆，在安庆游迎江寺时写下了这样的文字：

---

① 施培毅、徐寿凯校点：《吴汝纶全集》（一），黄山书社2002年版，第447页。
② 施培毅、徐寿凯校点：《吴汝纶全集》（四），黄山书社2002年版，第790页。

晨游迎江寺，见小碑路旁，则甲午日本之战，有候补典吏吴文誉者，湖北竹溪县人，求从军不可得，乃投江而死，有绝命书，以生为国民不得为国御寇为恨。①

路旁的一块小小墓碑之所以能让吴汝纶如此感慨，其原因就在这墓碑的主人为一誓死抵御日寇的节士。“生为国民不得为国御寇为恨”，恐怕也是吴汝纶内心的独白。从这些文字可以看出因战争带来的伤痛一直是吴汝纶内心挥之不去的阴影。

吴汝纶在日本期间，曾经拜访过日本首相伊藤博文。

九月十一日，日本文学家森槐南陪同吴汝纶访伊藤博文。与伊藤博文一席话，“其言绝痛”。伊藤博文说，中国事势岌岌，即从今实力兴学，五年速成，已有鞭长莫及之势。其言极为危切，国势危殆，让吴汝纶“闻之心悸”。中国再不变化，将有亡国灭种之祸，作为一个有责任感的知识分子，听到这些话，如芒刺在背啊！

让我们把目光再移回1895年的那场“和谈”。

3月14日，李鸿章乘坐德国商船“公义号”从天津出发，在海上颠簸了五天，19日到达日本小城马关（今下关）。作为中日双方的关键决策者，他和伊藤博文在东亚政治场上的地位已发生翻天覆地的变化。伊藤博文狮子大开口：停战可以，但前提是“中国应将山海关、天津、大沽三地交由日军占领，中国军队交出武器，而且这期间日本驻军的费用要由中国负担”。说完他颇为得意地看向李鸿章。这是他和幕僚经过一个晚上的苦思冥想得出的“高招”，目的是逼迫中国放弃停战要求。

一向冷静的李鸿章脱口而出：这个条件根本无法接受。他质问伊藤博文：这些军事要地日本军队根本没有到达，为什么竟然想凭借和谈占领呢？万般无奈之下，清政府只能告诉李鸿章，放弃停战要求。伊藤博

---

① 施培毅、徐寿凯校点：《吴汝纶全集》（四），黄山书社2002年版，第790页。

文十分高兴，下令出兵占领澎湖列岛。3 月 23 日，日军登陆澎湖列岛，继续侵略战争。这一切使得和谈毫无作为空间。谁也没想到，就在此时，历史突然给了李鸿章一个机会。

3 月 24 日下午，李鸿章结束了与伊藤博文的第三轮谈判，拖着疲惫的身子，乘坐轿子，从春帆楼返回在马关的住地接引寺。

正当李鸿章陷入沉思之际，一名暴徒忽然从围观的人群中冲出，对着轿子开了一枪。这凶手名叫小山丰太郎，是个深受日本军国主义和仇华思想影响的青年。李鸿章真是命大！这颗子弹居然不偏不倚从他的左颊骨穿过，虽然枪伤面积较大，却没有伤及大脑，他算是捡回了一条命。

李鸿章遇刺的消息很快传到了伊藤博文那里。他咬牙切齿痛骂小山丰太郎的愚蠢，因为行刺打乱了他所有部署。

无论出于私交还是为了谈判，伊藤博文都真的害怕李鸿章死在自己眼前。

这一消息立即传遍世界，各国舆论一片哗然，转而同情中国，表示不能坐视中日谈判不理。尤其是沙皇俄国，他们与日本争夺中国东北最为激烈，此前一直以为日本志在中国台湾，于是懒得理睬李鸿章的外交求援。现在得知日本意欲独占在华利益，立即让驻华公使频繁出入清政府的总理衙门。

这一下子，伊藤博文担心了，日本最怕的就是中俄联手。考虑到李鸿章遇刺毕竟是自己理亏，伊藤博文决定放弃踞地为质的要求，实行无条件停战，但停战范围不包括台湾、澎湖。

4 月 1 日，李鸿章离开病榻，中日重启谈判，伊藤博文眼见危机过去，一面为李鸿章修了一条专通春帆楼的秘密小路以保安全，一面在谈判桌上翻脸如翻书。

4 月 15 日，李鸿章跟伊藤博文进行最后一轮谈判。这一次，李鸿章真的连老脸都豁出去了。他苦苦哀求伊藤博文，包括军费减少五千万两乃至两千万两也行。可是，伊藤博文已经从情报部门获得清政府给李鸿章的电报内容，知道无论什么条件，李鸿章都必须答应。面对一个身体极度虚弱、枪伤未愈的七十二岁老朋友的苦苦哀求，伊藤博文的冷酷与无耻丝毫没有改变。仅以占领台湾的日期为例，日本限定一个月内，李鸿章要求宽限时日。他对伊藤博文说，这已经是你们口中之物，又何必太急？可伊藤博文说，台湾虽是我口中之物，但未到肚中，难以解饥。

7. 归国，归国

九月十七日晨，自西京西村旅舍出发，八点钟到神户，直接上了日本轮船博爱丸，吴汝纶来到船头远眺良久，想到自己到日本来的日日夜夜，所经历的人和事，心情颇不宁静。晚饭后，什么也不想，不久就睡了。

吴汝纶在日记中记载：自东游以来，白天闲适无事，无如昨十六日在西京，夜睡之酣畅，无如十七日夜在船上。

十九日博爱丸轮船抵达长崎，四点钟开行。

吴汝纶居留日本整整四个月，九月十九日从长崎回上海，好在归途顺畅，两天即到上海。

回国后，国内形势不对，吴汝纶决定暂时不回京城。

由于张百熙在筹办京师大学堂的过程中，重用了一些比较开明和进步的知识分子，引起了以慈禧太后为首的顽固守旧势力的仇恨和反对，他们对京师大学堂进行了恶意攻击和造谣诽谤，张百熙则首当其冲。清廷终以张百熙“喜用新进”，有改良主义思想，不够可靠为由，便加派了满人荣庆为管学大臣，对他进行监督。学生闹着要“伏阙上书”，慈禧太后马上把张痛骂一顿，并派满人荣庆（此人极昏）来会办学务。

吴汝纶虽迭遭猜忌中伤，但终于胜利完成任务回国。他回国途经上海时，京师大学堂副总教习张鹤龄正在上海购书。张鹤龄得知京师对吴汝纶不利，劝吴汝纶不要去了。秉性刚直的吴汝纶说：“我不愿去的地方，旁人强迫也不行；我要去的地方，旁人阻拦也不行。”但此时，吴汝纶决定便道先回家乡祭先祖之墓，即先将全部书稿材料托副使先呈管学大臣。

吴汝纶感觉自己此时似乎倒有一种“事了拂衣去，深藏功与名”的洒脱。

吴汝纶从日本返回上海后，没有直接北上京城，而是回到了桐城老家。他并非躲避危难之人，也非不守自己承诺之人，返回桐城虽有暂避“群疑众谤”的因素，也出于管学大臣张百熙的安排，但他仍计划等老家事情安排完毕，即回京复命。

吴汝纶认为自己在日本考察后，所肩负的已经不是个人的荣辱，而事关国家的荣誉。他在回复儿子吴闿生的信中说：

> 吾此次东游日本，君臣上下期望如此，今若径归不出，使邻国轻吾朝廷，于义不可，吾归家小住，解冻北上，若不用而后归，未晚也。①

吴汝纶虽早有归隐之意，就任京师大学堂总教习、出访日本原本都是无奈之举，但当他一旦承诺之后，就有始有终，敢于承担责任，由此也可看出吴汝纶身上的人格魅力。

光绪二十八年（1902 年）五月初三日，吴汝纶从北京出发，率团赴日考察学制，至九月二十一日返抵上海，前后历时四个月又十三天。吴汝纶这次访日，对我国近代教育所作的贡献巨大。

晚清到日本考察教育的有多人的，最有成就的就是吴汝纶。这位桐城派的后期代表继张裕钊主持保定莲池书院多年，提倡新学，尤重外语教育，在晚清教育界享有很高的声誉。

① 施培毅、徐寿凯校点：《吴汝纶全集》（四），黄山书社 2002 年版，第 1130 页。

吴汝纶历尽人世沧桑，对于人生有很多独特而深刻的思考。他在晚年曾作《百字铭》，从中亦可略窥其心境：

远观山色，年年依旧如新，近视人情，渐渐不同往日。

诗朋酒友，日会三千，知己心人，百无一二。

花开兮，蝴蝶至，人困兮，亲戚疏。

时来，谁不来；时不来，谁来。

自跌倒，自爬起，靠人扶，都是假。

亲戚朋友，说的是隔山话。且挨过三冬四夏，暂受些此痛苦，雪尽后再看梅花。①

这《百字铭》，读来虽句句在理，却总有一份消沉之感氤氲心头，使人不免有灰心于世事之感。但细细思量，这百字，明说世人世事，实则谈的是自我的处世为人。

人处于世，总会结交“诗朋酒友”，推杯换盏，把酒言欢，何等畅快淋漓。但，“弱水三千”，知心之人呢？“百无一二”。这“一二”，是稀少，是珍贵，更是难得，是可遇不可求，那么是否要孜孜以求呢？殊不知，素来执着之心令人敬佩，唯有感情之事不可执拗。得之，甚好，不得，亦莫挂于心怀，此可谓：自定。

人生在世，“花开”“人困”的时运往往难料，而“蝴蝶”“亲朋”之来与不来，也是莫要强求的。“自跌倒”之时，也许那“百中一二”，或可得，或未得，此时无论想得开与不开，终要懂得“自爬起”的道理。此可谓：自力。

人久于世，“雪后再看梅花”，是最体面从容的。无论“三冬四夏”如何“挨”得苦不堪言，也畅想着雪后梅花的芬芳。可知，此时的看花人，已和梅花一样的冷艳绝伦了。即便并非人人看得见，看得懂！这时

① 转摘自古诗文网。

便需：自强。

吴汝纶活得明白，说得通透。这《百字铭》，明明说世人，实则句句谈自己，今人能否参透？

第六章　创办学堂

吴汝纶创办桐城学堂的动机就是教育救国，“东西合璧”，培养经世济变人才，实现振兴国家理想。排除困难，凝聚各方之力，筹办桐城学堂，功莫大焉。开创的事业还未起步，就溘然长逝，后继者赓续学堂，告慰在天之灵。

1. 欲救国，惟有先办学堂

光绪二十八年（1902 年）九月二十一日早晨，六十三岁的吴汝纶乘日本轮船博爱丸顺利抵达上海。

吴汝纶到达上海，第二天便开始会见友人。

二十二日，张謇、罗振玉先后来谈，老朋友相见格外高兴。张謇是晚清的状元，也是吴汝纶非常欣赏之人，罗振玉则是学问家，早期甲骨文研究的学者，都是当时一等一的大家。

二十三日，桐城老乡萧敬甫来谈。二十五日，毛实君送菜，于是留下来小酌，晚上与日本人阿多广介同赴蔡元培之招。在上海与朋友们把酒言欢，尽叙别后之情，以及此次在日本的所见所闻。

吴汝纶的大女儿嫁给了无锡的丝茧世家薛南溟，此次过上海听说大女婿生病了，因此吴汝纶决定顺便探视一下。二十六日上船赴无锡，探视薛南溟病，二十七日晚四点钟到无锡，南溟病已痊愈。吴汝纶因为心中有事，女儿家虽是多方挽留，在无锡也只短暂逗留，十月三日早晨便又回到上海。

十月五日早晨四点钟，船从上海开行，七日到安庆。在回安庆的轮船上和了一首早川新次的诗。

船中次韵和早川先生

廿年不问楚江船，北塞南云各一天。

久别名山如旧识，近乡归信喜先传。

五湖一舸真堪老，蠖屈龙伸定孰贤。
大帝那能长此醉，后来狂狷已翘然。[①]

十月七日到达安庆。方守彝、金子纯、潘瑨华都在趸船迎候。方守彝昨晚就宿趸船中，吴汝纶与早川先生、李光炯下船，都住在方守彝安庆小二郎巷家宅。余寿平、王少谷、邓绳侯、胡渊如皆来访。各位老友见面，皆有大慰慕望之意，对吴汝纶期待很大。

八日，方守彝设宴接风，邓绳侯、鲁梦霆均在座，他们都是怀宁贤俊。

根据目前的形势，吴汝纶知悉自身的处境险恶，决定暂不入京师。

他在十二月二十七日谕儿书中说：此次从日本考察学制回国，京师未有书信相问候，说张尚书盼我尽快回京等语，只是中岛的传话，日本人哪里懂得中国的人情世故。常济生来信告知，袁世凯到京城，说大学堂请我是错误的决定，又说大学堂请的赵从蕃主张革命，沈小沂是票匪，袁世凯和张之洞还上奏折参学堂学生皆革命党人。今赵从蕃已告假，沈小沂亦出京赴沪，常济生劝我宜于此时致函管学大臣辞职。

吴闿生也劝父亲在此种情势之下，明春不要北上。

于此，吴汝纶真切地感受到人心的险恶。去年袁世凯上任时，留吴汝纶态度非常坚决，甚至设宴挽留，吴汝纶坚辞不就，所以其此时即挟嫌报复。吴汝纶说：“此公叛今上，叛李文忠，何论老夫。”朝廷之所以恨吴汝纶，是因为他所参与创办的报纸《经济丛编》所言皆民权革命，“此局吴某所开，其议论皆吴某宗旨也”。吴汝纶说：“此语盖不独倾我，且又挤华北译局，此等人皆腹有鳞甲，不可近也。”[②]

但是，吴汝纶思来想去，还是要去北方一趟，因为在北边的家人眷口和书籍，无人打理运送回来。

---

① 施培毅、徐寿凯校点：《吴汝纶全集》(一)，黄山书社2002年版，第472页。
② 郭立志撰：《桐城吴先生年谱》，雍睦堂丛书，卷二，第49页。

寓居省城安庆，开始着手筹划桐城学堂。

在日本考察学制的过程中，吴汝纶与伊藤博文有一番谈话，就深切地感受到，中国再不奋起改变，将有亡国灭种之忧，所以他说，“其言绝痛”。

吴汝纶在保定莲池书院创办东西文学堂后，曾致信方守彝，感叹“转恨故乡至今尚无闻见，子弟斤斤于小讲半篇，欲求一游泮水。一朝时局改变，无处求食，即恐黄种难存，此最伤心事也”。对于兴建学堂，吴汝纶感觉“南中无人”，兴西学之议“屡成画饼”，这也是其回国后，坚持回乡亲自创办桐城学堂的原因之一。

桐城学堂，是在清末实施教育新政的大潮之下顺势而生的。吴汝纶创办桐城学堂的动机之一是教育救国，而倡导教育救国的核心理论支撑则是“东西合璧”，教育目标则是通过培养经世济变的人才，以实现振兴国家的理想。

早在光绪二十四年（1898年），吴汝纶就在与桐城南乡绅士李与仙、柏松如的信中写道：

> 科举改制，国家注意西学，策论取士，亦决不能久。昨读上谕，天下书院尽改学堂，民间社学、义塾，一律讲习西学。风气大变，吾皖尚沾沾守旧，不能作新人才，此大患也。智者谋事，当先机独断，若至众人同见，则已措手不及，今天下已汲汲谋新，岂可墨守故见。①

同年，他在与萧穆的信中再次强调举办新学、学习西学的重要：

> 时文既废，科举用策论，亦恐不能久。将来后生，非西学不能自立于世。吾乡尤未开风气，皖中大吏亦无以此事自任者。

① 施培毅、徐寿凯校点：《吴汝纶全集》（三），黄山书社2002年版，第196页。

三五年后，吾皖竟无一人可以出而问世，亦吾辈之责也。[①]

吴汝纶决定办桐城学堂，绝不是心血来潮，或者是日本考察学制之后的想法。早在北方时就已经有此想法，且是父亲、兄长的夙愿。

在日本未归国之前就已经筹划学堂。七月二十六日与姚叔节书信中说道：

桐城学堂，闻已筹有款项。鄙意欲在此聘一东士，往教后进稍明西洋公学，时不可失。日本现用德国教育之法，以团结国民为主，谓之国民教育。其法务使人人读书识字，程度不必高，而为教普遍，即能强国。今吾国尚难骤几，然欲自立于世界，则必以国民教育为的。必行国民教育，先须开师范学堂。师范又分寻常、高等二级，今欲请一寻常师范教习，约需束脩每月百金，连伙食在内，少则每岁八百金，再少则本领不足为师矣。执事如以鄙见为是，望速寄复示，即当在此议定，并欲酌买书籍携归。[②]

十二月二十二日在与李季皋的信中谈到办学救国，是因为在日本与伊藤博文的一席话。“其言绝痛”的原因是“国势危殆”，国家情况非常危急，有亡国灭种之患，一天也不能等了。

夏秋在日本考察学制，稍有见闻，知吾国各行省学堂，大率强不知以为知，行之数十年，不能收效。曾见伊藤博文，彼谓吾国事势岌岌，即从今实力兴学，五年速成，已有鞭长莫及

① 施培毅、徐寿凯校点：《吴汝纶全集》（三），黄山书社 2002 年版，第 209 页。
② 施培毅、徐寿凯校点：《吴汝纶全集》（三），黄山书社 2002 年版，第 418—419 页。

之势，其言极为危切，闻之心悸。故尤望绅捐一学，尽力造育通才，或冀缓急足恃，以免波兰、印度之危，此尤急何能择之日。①

在安庆，为筹划桐城学堂，吴汝纶的日程排得满满的。

十月十一日，准备与早川新次一起拜谒聂中丞，没有想到聂中丞上午先来拜访了吴汝纶，接着出谒联方伯。十二日，拜客，见毓廉访，及巡抚幕僚江叔海。

江叔海即江瀚，是吴汝纶的文友，对于桐城学堂的开办，做了很多有益的工作，尤其是说服聂中丞，借旧武备学堂的场地办学，解决了桐城学堂初办时期很大的困难。

江瀚（1857—1935），江怀廷第三子，字叔海，号石翁。早年当过东川书院山长，也曾游幕四方，清宣统年间曾官至学部参事、河南布政使，民国初担任过总统府顾问、京师图书馆馆长、故宫博物院理事长等职务，在清末民初的政坛上有过浓墨重彩的一笔。但终其一生来看，江瀚终归还是一个学者文人，尤其在教育和社会文化事业上成就斐然。他不仅通经史，还擅诗文，一生著述颇丰。

十四日，李仲仙中丞过谈，出访余寿平。

十六日，午后赴聂中丞之招。

二十一日，作书寄江叔海，请其向聂中丞借安庆巡抚衙门南院旧武备学堂，作为桐城学堂的开办之所。

二十三日，得到消息，聂中丞与联方伯经过商议，答应出借安庆旧武备学堂，于是吴汝纶与姚叔节、李光炯、早川新次等同至武备学堂实地探察一番。

办学之地确定了，接下来就是学校机构的设立。

吴汝纶当仁不让，自任堂长。他表示："吾辈此次办学堂，有进无

---

① 郭立志撰：《桐城吴先生年谱》，雍睦堂丛书，卷二，第49页。

退，人不善换人，法不善换法，决无止息之期。”他为学堂亲自撰写了楹联和匾额，楹联为“后十百年人才奋兴胚胎于此，合东西国学问精粹陶冶而成”，匾额为“勉成国器”。

二十五日，开会讨论学堂斋长人选，史恕卿、吴受益、房秩吾等在讨论中，都自愿为学堂斋长，其时未到会的，会议公议姚慎思、宋垆初、张翰臣为斋长，由吴汝纶与马其昶出面定请。

在《与桐城绅士书》中，吴汝纶说得极为明白：

> 窃念中国危亡呼吸，妇孺尽知。而黄炎苗裔，始而奴仆，继而断灭，世界中绝痛心之事，无大于此者。欲救此厄，必在培才。但培才亦正不易言。此次招考出题，不必过难，但阅卷最宜认真。此事望通伯弟即在县毛遂自荐。往年戴存庄办理桐乡书院，即是如此，绝不辞让，鄙人至今佩仰之。桐城后辈人材振兴与否，其命脉全系在吾辈数人。
>
> 但在今日，科第已是弩末，小儿欲试，吾毅然不许。此次招考取入学堂之诸生，将来荣誉，不止过于科第，即一邑盛衰，其胎于此，无任般盼。其学堂将来管理经费，必求廉洁而明智、能以公事为私事者，乃为胜任。
>
> 吾辈此次办理学堂，期于有进无退，人不善换人，法不善换法，决无止息之期，并时时求同志者预备接替。
>
> 现在考取学徒，专讲新学，不宜复以中国旧学分其日力。[①]

吴汝纶在安庆筹谋办学期间，有武备学堂日本教习佐久间浩仰慕中国文化，赠先生日本刀并绝句一首，吴汝纶次韵答之：

> 铜柱扶桑旧百寻，风涛万里恐难禁。

---

① 施培毅、徐寿凯校点：《吴汝纶全集》（三），黄山书社2002年版，第456—458页。

赠刀不是封公意，为有屠鲸碧海心。[①]

注：吴闿生按：此诗，先公绝笔也。

2. 肖店：寻访嬉子湖西岸风水之地暨张宰相祖坟之行

从日本回国，吴汝纶为筹办学堂，一直在省城安庆，等学堂事务稍有起色，他决定回家一趟。

光绪二十八年（1902年）十一月九日，吴汝纶从枞阳归家，路过官埠桥，汪伯祥夫人八十岁了，听说吴汝纶回来了，从梅庄步行到官埠来相见。到家时天都已经黑了，存儿及诸侄孙都来到轿子前迎候。

第二天，亲族都来相见，简直应接不暇，多少年都没有能够归家，吴汝纶多年来没有这么开心过。吴牛庄的吴宅又是欢声笑语，喜乐一片。

吴汝纶是一个极重家族情感的人，他父亲是远近闻名的孝悌之人。对于祖坟的祭祀，尤其对于风水，吴汝纶是极其重视，而且也颇感兴趣。

归家的第三天，吴汝纶就开始拜山。

首先是祭拜马家冲的父母亲坟墓，直到傍晚才回来。接着便是去五里拐祭拜祖父母坟墓，顺道祭拜了九叔，于是同堂兄燊甫至伍庄吃中饭，午饭后，过夫人汪淑贞厝基地一视，汪夫人棺木保管完好，要寻找合适的墓地下葬。途中遇雨，后至柿园冲，傍晚回到吴牛庄。

冒着大雨，祭拜安葬在黄公山的曾祖父母坟墓。中途雨止，山险峻巍峨，没有人行走的道路，年轻的时候，不觉其险峻，现在上山已觉腿脚不便，由侄子家聪扶掖，仍然喘息不宁，途中多次休息，才上到山岭。听说山中有老虎，时不时出来吃人，大家都很有戒心。下山换了一条路，还是险峻，吴汝纶感觉自己真的老了。为了今后扫墓的方便，准备让石匠从守墓人家至墓域修一条石阶。

---

① 施培毅、徐寿凯校点：《吴汝纶全集》（一），黄山书社2002年版，第479页。

十九日，雨雪交加，吴汝纶与绍伯同往全庄，康伯也来了，大家坐下来商议为堂兄吴康之立继子的事。吴康之就是民国名媛吴芝瑛的父亲，曾任山东宁阳、禹城等地知县。吴康之无子，只有吴芝瑛一个女儿，早已出嫁，为他从族人中过继一位后人，亦是吴汝纶本次回乡应办之事。

吴康之是吴汝纶大伯的儿子，幼年父母即去世，跟随吴汝纶父母生活，比吴汝纶大两岁，兄弟二人同床起卧，游玩相处都是一道，如同胞兄弟。后来都在北方做官，吴康之在山东武城，吴汝纶在河北冀州，武城与冀州枝县邻接，两人月聚会一次，兄弟相聚会饮，说文谈艺，山南地北，好不开心。及至后来，吴康之官山东郓城，二弟吴汝绳（诒甫）任山东汶上县令，两地又相邻接，两人“行县会饮”如同在武城时的样子。

吴汝纶在《从兄郓城知县吴君墓表》中回忆道：

> 光绪十四年，余乞病自免去，君亦弃郓城南归，余送之济南郭外。君谓余曰：“弟用科举起易耳，吾始出绝艰阻，幸多偶合，然困殆者屡矣。近世士夫多竞进，独吾兄弟仕方得意，皆自引去，此可自慰荐者。”①

吴康之从济南归家三日就去世了，卒年五十二岁。妻子是丰县张氏，为吴康之生有一子，名叫吴馥孙，在吴康之辞官前一年夭折。也许是幼子夭亡，再加上看透官场，促使吴康之毅然决然离开官场，回归故乡。育有一女，名吴芝瑛，嫁给了无锡举人廉泉，官户部主事。因为没有儿子承继香火，所以葬未有期，必须有承继之子，才可完成安葬事宜。这个事情让吴汝纶颇费周折。

无奈，这是封建宗族教条，其实吴康之这个女儿吴芝瑛比男儿强，

---

① 施培毅、徐寿凯校点：《吴汝纶全集》(一)，黄山书社2002年版，第119页。

巾帼不让须眉。

吴芝瑛（1867—1933），女，字紫英，别号万柳夫人，著名女书法家。夫为无锡名士廉泉，号南湖。光绪二十四年（1898年），芝瑛随夫移居北京。以诗、文、书法闻名京师，慈禧太后曾召芝瑛入宫，对其书法、文才甚为赞赏。

1892年，廉泉北上赴任，吴芝瑛随夫进京。廉泉因有功名，就担任了清廷度支部郎中，度支部相当于现今的中央财政部。

1902年，秋瑾随丈夫王廷钧进京。王廷钧也在清廷度支部郎中任上，两家又是近邻，芝瑛和秋瑾又都是才女，在文学上都有很深的造诣，两人的兴趣和素质又极其相近，故而她们两人一见如故。吴芝瑛居京时，与女侠秋瑾，唱和频繁，共斥清廷腐败，同抒报国情怀。在一次万柳堂的聚会中，吴芝瑛挥毫题写了一副对联赠给秋瑾：

今日何年，共诸君几许头颅，来此一堂痛饮；
万方多难，与四海同胞手足，竞雄世纪新元。

后来，吴芝瑛力劝丈夫不要再屈事清廷，廉泉遂以病为由，辞去度支部郎中之职，和吴芝瑛南下，在上海曹家渡建造了小万柳堂，开始过隐居生活。

秋瑾去日本，旅费多赖芝瑛资助。秋瑾于绍兴被害，尸体在绍兴街头曝晒数日，因为如领尸体便被视作同党，芝瑛闻讯，悲痛欲绝。秋瑾死后旬日，芝瑛冒死将秋瑾尸体“偷”回，并埋葬在西湖边。

吴芝瑛将其父原籍之田地、房产，约值银万两，悉数捐出，于浮山西麓创立鞠隐小学堂。此前，吴族中有恶痞贿通府县，图谋霸占此笔财产，阻挠芝瑛义举，然芝瑛不畏恶痞恫吓，呈文拜谒两江总督周玉帅，周批示“披览来牍，深堪嘉尚”，支持芝瑛义举，使学堂得以创立。按照程序，吴芝瑛应该先向地方官提出办学申请，然后再由地方官上报。但是，吴芝瑛此前在向县里申报时，吴氏族人中觊觎吴康之遗产者疏通县衙，从中作梗，吴芝瑛两番呈报，县衙均以“出嫁女儿无权输捐父产”为由而驳回。在此情况下，吴芝瑛才决定向两江总督府呈文。吴芝瑛这种自上而下的方式又引起了地方官的反感。当周玉帅的批文下达到安徽省巡抚衙门时，巡抚恩铭强烈不满，不再将两江总督同意吴芝瑛办学的呈文下行到县。此时，吴氏族人中不赞成办学的人也呈文到巡抚衙门。这样，恩铭扣压吴芝瑛的呈文就更有了借口，吴芝瑛的办学计划遭到搁浅。第二年，吴芝瑛陈情当时的两江总督端方，由其出面斡旋，办学一事终于得到地方官的同意。

袁世凯专权称帝时，吴芝瑛致袁氏万言书：“总统者，为吾民服务之首领，文言之总统，质言一服役之头耶，服役之头儿之位，何篡？”“公朝去，而吾民早安；公夕去，而吾民晚息；公不去，而吾民永无宁日。”她面对着生杀大权在握、骄横无比的袁世凯直言不讳地要他下台。袁氏之子袁克俊是吴芝瑛小女儿的未婚夫，有人问她女儿还要不要嫁给袁家，她说：“一诺千金，绝不食言。”

有人说：“吴芝瑛，侠肝义胆奇女也。”岂止如此，她更是一位女中豪杰。

这些当然都是后话。

关于为堂兄吴康之立继子的事，早在 1901 年十月，吴芝瑛母亲张宜人就写信给吴芝瑛，说近亲欺凌，想给吴康之早定继子，吴芝瑛就请吴汝纶出面，拟定其第二孙为父母嗣孙。吴汝纶觉得不妥，认为应该用阿驹第二子，不然垄断郓城公田产，族人近支会心理不平衡。

二十日一早起来，祭扫吴康之坟墓，早饭后，祭拜高祖父母坟墓以及五世祖近里公坟墓，祭祀完毕回家，客人挤了一屋子，大家一直聊到深夜才散。

二十一日，祭扫六世祖聪四公、七世祖尔昌公坟墓，便道一视亡弟诒甫浮厝地。又看了一下康乐所葬新坟，回来的路上下雪。经过洪庄，康伯准备了小食，等雪停了才回来。

二十三日，上午下雨，午后到祠堂，人非常多，祠堂屋子都容不下。因为是子夜祭祖，吴汝纶晚上就住在祠堂里。

族人立议修谱，并且把此事托付给吴汝纶，吴汝纶让各房头先自己开稿，汇齐送来一起编排，等谱修成后再分摊印刷费用。吴汝纶唯一担心的是自己年老体衰，精力不济。

光绪二十八年（1902 年）十一月二十四日，吴汝纶启程赴保庆股新祠祭祖，与康伯同行。吴汝纶所属的一支是荣华股，另一支是保庆股，今年刚刚新祠堂落成。在参加完新祠堂落成典礼之后，吴汝纶还有一个任务，就是为还未入土为安的亲人寻找墓地。

吴汝纶赴河西查视风水先生张璞生为其所买各山。

由车伽岭过河，随从的人陷入泥水中，车尤其难以前行，只好乘小舟，前挽后推，才得以通过泥淖。进入冬季枯水季节，河水虽不大，但到处都是陷阱，通过非常不容易。

东乡现在很难找到好的墓地，他就把目光投向了仅一河之隔的西乡，嬉子湖西河沿一带。委托的地匠张璞生，喜欢夸口，吴汝纶对他所说的话将信将疑，必须到达现场，亲自看过才能认可。

到松山，吴汝纶到张宰相祖坟观览，就是天峰庵所对的河西岸落凤窝之地。张氏祖茔，背依雄山，形似凤凰，松山为“笔架”，松湖作“砚池”，湖中有一大一小水岛，称之为“印墩”。“落凤窝”地处菜子湖滨，白天渔船舟楫往来，如同打躬作揖，夜晚渔火闪烁，星罗棋布，犹如万盏明灯，因此有“日有千人唱喏，夜有万盏明灯”之胜。

在落凤窝斜对面就是有名的鲢鱼地，据传，这也是一块风水宝地。

民间流传着鲶鱼地的传说。

话说旧时，倾家圩里的鲶鱼和圩对面的松山都已经修炼成精，各自都认为自身法力更为强大，彼此均不服对方。鲶鱼精说自己可以随着大水增涨，大水涨多高，它就长多大，它的法力最强大，到大水淹过山顶，它就可以跳过山岗把松山踩在脚下。松山则说，水涨我也长！所以即使风浪再大，都无法漫过山顶，你鲶鱼再怎么跳也跳不过山岗，只能被我踩在脚下。

两边都很不服，于是就开始斗法，以此来证明自身法力——各自利用法力兴风作浪，兴起的风浪太急太大，掀翻了渔船，农民的田地也被淹没，闹了饥荒。它们年年斗法，兴风作浪，民众苦不堪言。

天上的雷公实在看不下去，为主持公道，就从空中劈下一个响雷。雷公的法力才真正强大，松山顿时被劈得跪下来，鲶鱼则被劈得趴在水里。从此之后，“倾家圩”周边的民众才得以安宁，享受平安。而那跪下的松山由于被雷劈失去法力，从此再也长不高；那趴下的鲶鱼也因为失去法力，久而久之，就变成了倾家圩中的一个小岛，人称鲶鱼地。

《鲶鱼地的传说》（民谣）：

“倾家圩”里鲶鱼地，松山鲶鱼斗法会。
“倾家圩”前好水场，鲶鱼松山斗法长。
鲶鱼长三尺，松山长三丈。
松山长三丈，鲶鱼跳山岗。
连连斗法掀恶浪，若得雷公天上看。
大浪掀翻打渔船，四海良田都遭殃。
雷公怒气冲冲上，一阵响雷劈天下。
鲶鱼趴下松山跪，自此大圩享平安。①

这天晚上，吴汝纶住在肖店街旅舍。

第二天早晨起来，大雾漫天，日出后至周村看风水先生张璞生所买山，不敢深信。早饭后启行，路途中遇方子惠、方镇南，相携一阅方氏二世祖墓，世称“老鹰窠”风水宝地。方子惠已经七十多了，康健如少年。分别后再从水路走，过两渡，达姥山，到罗家岭，宿于张氏店铺。

① 此传说文字由金中先生提供，其为深圳市秋田科技有限公司、安徽桐城市嬉子湖镇嬉湖印象董事长。口述：渔民金师傅，记录：桐城市作家协会主席江觉迟。

二十六日，晨起，一游张氏祖墓所谓“梁上燕”的风水之地。早饭后启程，到金家湾，看张璞生所买山，似不空，但嫌峡寒冷。张璞生为买四处，独此山稍可用，而张欲留为自己用，吴汝纶准备向他儿子索取。下山再行，到夫子冈，看张所代买处，亦不敢认。

二十七日，吴汝纶与康伯分手，康伯归家，吴汝纶去省城安庆。

桐城学堂的诸多事务还在等着他去操办。

3. 为学堂筹资多方谋求帮助

十一月三日，吴汝纶拟《白鹤峰洲案说帖》，下午往学堂。

八日，自省城安庆搭小轮到枞阳，一视白鹤峰书院，房屋多暗，正屋皆供神像，若做课堂，特别不适用。本拟看看能否做学堂之用。

回吴牛庄。年关将近，祭扫家人坟墓。

十五日，去桐城县城，居马其昶家，县令蒋少由来谈办学事宜等。这天约了桐城县各乡绅士来结算公局账目，吴汝纶等了一天也没有一个人前来。

桐城学堂办事之艰难，就从这一件小事可以想见。

第二天仍然没有人来，吴汝纶决定不等了，约了诸友人明天结账，不等候未来的人。

十七日，乡中各位士绅都来了。午后结算公账，存银二千零五元，钱二千二百四十串，大家商议，提孙捐三千租归入学堂，有此常年用款不担心短缺了。

吴汝纶知道，办学堂第一要务是筹措经费，无钱难倒英雄汉。为筹集经费、商借校舍，他逐一拜访各级官员，调动一切力量支持办学，事事亲力亲为，呕心沥血。

为了让学堂经费有一个固定的来源，好长期开办下去，吴汝纶想尽一切办法，多方寻求帮助。乡里诸公绅，欲请求一无主洲田野鸭洲归入书院，争执多年未果。以前曾经请李鸿章写过信，李鸿章知道吴汝纶的为人，是锐意兴学，绝不是为自己私利。可惜李鸿章已经去世，现在无人相帮，这次吴汝纶请江叔海出面，向安庆聂中丞陈情，希望野鸭洲、柳条二洲田地能够归入学堂，经费便可稍宽裕。

在桐城各乡寻求捐助的绅士贤达。

在寻求南乡老友柏松如出钱帮助的信中，吴汝纶说：为学堂请到了一个学兼东西的日本名师早川先生，来为县学教习。希望老兄在家乡广泛动员南乡诸公，多派子弟往就名师。现在最重要的便是筹款接待新师，至少需一二百金。而且各位聚集省城公议章程，也要有款项开销。出钱的事，只有仰仗老兄台了。

吴汝纶还说：别君数十年，今成两翁，希望早点谋面。至于将来学堂常年经费，始终望公主持。这是一县的公事，人各出其所长，以成众擎之美。南乡应该有一人维持其间，兄台老成硕望，万勿推辞，辞也辞不掉哦。

反正不管怎么说，出钱都是必须的。

听说张竺生家有捐助学堂的意思，吴汝纶赶紧给老友张竺生写信：

> 闻执事家书，极以开办学堂为喜，有捐助之意，具见贤者意量与庸俗不同。现经县长老诸公议定，尽提书院及废庵田等租归入学堂，迅谋开办。拟先考选六十人，给予伙食，以示招徕。通计所入不过四千金，其出款极省亦须五千金。仆今年无入款，借钱度日，然以身亲倡办，勉捐一百金。叶玉虚假归，捐助三百金，以便开办。其明年上春，无款接济，众议尊甫为一县硕望，欲求捐助千金，于明正解到，即可不至受窘。务求老弟于家禀中婉商此事，以得请为要。县城无房，暂借省城旧武备学堂开学，将来建造学舍，仍望贤乔梓竭力倡办。[1]

十月十一日，吴汝纶再次写信给县令蒋少由，争取桐城县令的支持

---

① 施培毅、徐寿凯校点：《吴汝纶全集》（三），黄山书社2002年版，第469页。

很重要，呈上拟定的《开办学堂章程十七条》，并且告诉蒋县令，拟照议章考取正额六十名，学堂给予伙食，额外附取六十名，另讲汉文、算学，本生自备伙食。告诉他考试录取的办法，请县令代为督考。

在筹办学堂的过程中，吴汝纶得到了很多人的帮助。

经多方努力，正在筹办的桐城学堂，共筹得资金七千余元。眼见学堂得以开办，吴汝纶是既喜又忧。喜的是学堂经费有了着落，忧的是本小利薄，银价年年下跌，学堂难以持久。正在犯愁之际，吴汝纶想到了此刻正在南方经营实业的晚清状元张謇。张謇与吴汝纶的交情非同一般，吴汝纶对其十分欣赏。听说此君创办大生纱厂，资本雄厚，何不向其求援，吴汝纶立即给张修书一封，说道："弟在此经营桐城学堂，有一事还望我兄从中力助。学堂创办伊始，本小利薄，深恐难以持久，现有本金七千元，欲折合墨西哥洋元，放入我兄大生纱厂生息，不致因银价下跌，使学堂年年坐耗，想我兄必能扫除商家故习，以墨洋起利，成此兴学美举。"张謇在收到吴汝纶的来信后，当即一口允诺。正是在张的大力相助下，桐城学堂得以在年底顺利开办。

4. 亲手拟定学堂办学文稿

吴汝纶创办桐城学堂的动机就是教育救国。

十二月二十一日，吴汝纶拟定《桐城兴学呈稿》，迅即联名马其昶、姚永朴、姚永概、方守彝、李光炯、叶玉澄等以及朝野的桐城籍名流共七十七人上书安徽巡抚聂缉椝，要求创办桐城学堂。

下面是呈稿全文：

呈为开办学堂，恳请批饬遵照事，伏查近年迭奉上谕，饬各行省府县兴办学堂，现经京师管学大臣奏定大中小学章程，颁行天下，乡曲后生，自废革时文，不知应学何等，五洲列强又复蚁附中国，风潮绝大，自非通晓欧美公学，不足并立于万国之间。应诏兴学，刻难延缓，惟中国风气未开，师资难得，求师欧美，所费不赀，非一县一邑力所能逮。独日本维新三十年余，教育规制不亚欧美，其学校卒业人员最多，与中国临近，招延甚易，职等公同筹议，业由日本聘到教习一人，拟即招考生徒，刻日开学。民力凋玈（guì 精疲力竭——笔者注），经费难筹，遵旨将书院改为学堂，书院所入甚微，万难敷用，此外旧有查归公用之废庵田，及崇文洲业，向设五乡公局承办要工，现经公议，裁撤此局，以租入并归学堂，其文庙考棚各田租，亦一律归并，文庙岁修及考试卷费桌凳，由学堂支付，其一切浮费，悉数裁除。近日加垦崇文洲地，与省学堂中分利入，合此数项，岁收中稔，约可得四千金，一有灾歉，即难如数。开办之初，止延得一师，又无宽敞校舍，止能收生徒六十名，仍须给与伙食，以广招徕，别延中国教习，以崇德育，以稔年计算，出入仅仅相抵，所有各项租入，系属民捐民办，应请俯允批饬立案，免其造册报销，此只肇开端绪，俟将来别筹经费，仍应设法拓充，庀（pǐ 具备——笔者注）材相地，建筑学舍，增延数师，推广学徒名额，乃能仰称诏书，投合程度，学校为一县大政，经理虽由绅民，主持必赖官长，拟请饬派县主为学堂监督，庶冀维持扶植，有所依仗，所拟定章程十七条，理合随禀上呈，伏乞批示只遵。某等谨呈。

救亡图存是吴汝纶兴办教育的根本目的。

他还针对当时安徽特别是桐城风气未开的状况，亲自撰写了《学堂招考说帖》，热切鼓励县内学子“倘蹶然奋起，不甘为人奴隶，请自今日来考学堂为始，入学之后，稍窥新学藩篱，即保全人种之心，必日加甚，非学至与外国竞胜不止”。这份言辞恳切、振聋发聩、洋溢着爱国热忱的“招考说帖”，道出了吴汝纶把振兴教育、振兴国家之希望寄托于创办新式学堂以培植人才的强烈愿望。

在筹办桐城学堂的过程中，吴汝纶亲自起草了一系列办学文稿。在曾是吴汝纶秘书的殷训夫所辑《办学公文稿》手抄本里，收录了桐城学堂办学重要的文献资料，包括《禀请开办学堂公呈》《公立议字章程》《续修议字》《禀请桐城学堂裁留冬款立案公呈》《本学堂学规》《吴挚甫创设学堂说帖》《吴挚甫先生招考说帖》等。这些文稿是桐城学堂最根本性的文件，是管理学堂的基本遵循和指南。

这些办学文稿，包含了桐城学堂的办学宗旨、科目设置、规章制度等等。时任各级巡抚、布政使、按察使、署理道台、县令等批文对吴汝纶所起草的《公文稿》评价甚高，“所拟章程纲举目张，了如指掌，具见擘画详明”，“所拟各条妥善周详，具见谊笃桑梓，讲求实学，殊堪嘉尚”。

桐城学堂是在清末实施教育新政的大潮之下顺势而生的。吴汝纶把理性视点专注于教育，正是在甲午战败之后，国运维艰、民族危亡之时。这时，洋务运动宣告彻底破产，如何救亡图存，成为每一个关心国家命运的中国人所面临和思考的问题。改革教育是人们救亡图存的一种选择，也是吴汝纶的选择。

在日本的真切感受，使他认识到全民教育对于振兴国家的重要性，认为中国的当务之急不是大学阶段的高等教育，而是全民普及小学阶段义务教育，今天看来，仍具有相当的前瞻性。

5. 溘然而逝天亦悲

光绪二十八年（1902 年）9 月，从日本考察回国后的吴汝纶在安徽省城安庆创办了桐城学堂。当年底，他决定回老家过春节，因为他已经有二十余年未在老家过春节了。吴汝纶兄弟四人，其他三人均已谢世，他在吴牛庄的老家唯剩亲友和族人。

吴汝纶十一月九日从安庆乘船至枞阳，然后经陆路回到老家。

十日，“亲族闻吾归，皆来相见，极欢，应接不暇。”吴汝纶回乡未歇一日。从十一日开始，他冒着雨雪，翻山越岭地祭扫先人墓地，并到县城以及附近杨树湾等地拜见亲朋故友，并与族中老人商谈其堂兄吴康之立嗣之事。

十二月二十七日，因创办桐城学堂，学堂有急事需要处理，他又返回省城安庆。

十二月二十八日，除夕将至，尽管风雪交加，吴汝纶还是由安庆乘船至枞阳。

“二十九日，风雪益甚，自枞阳启行，过官埠桥，抵暮到家。”

由于连日劳累，加上他从枞阳至会宫这一路坐的是两人抬的竹轿，没有挡风工具，一路风吹。就是这一天，先生感染了风寒。

光绪二十九年（1903 年）大年初一，“正月元旦丁巳，祭先祖后，家人争持茶点相奉。下午身体不适。”这里的“茶点”不是指普通的点心。枞阳民间对客人向有“敬茶”习俗，这里的“茶”指鸡肉、鸡蛋、猪肉以及面条等物，烧熟后盛一海碗，名曰“敬茶”。吴汝纶是族中长辈，又二十余年未在家过春节，族中人自然将他当贵客看待，争相献茶完全在情理之中。每家献来的“茶”多少要吃一点，否则会让主人感到没有面子。吴汝纶可能吃油腻食物过度，造成积渍，消化不良。

“二日，体中仍不适。先约今日往全庄，竟不能赴约。”吴汝纶赴全庄就是为吴康之立嗣之事。

正月初五，吴汝纶感觉身体稍好一点，即赶到全庄，“五日，召集族姻为郓城君议继，用君昂次子超为郓城嗣孙。”君昂名千里，二弟熙甫的儿子，小名驹。

吴汝纶为吴康之立嗣孙一事并不顺利。

吴汝纶是因为过于生气而导致病情进一步加剧。为吴康之立嗣孙起争端的原因，估计是因为遗产问题。早在吴康之去世时，其女吴芝瑛奉命将家产约值万银全部捐出，在家乡办了一所鞠隐小学。吴汝纶为吴康之立嗣孙，这个孩子的父母或监护人很可能提出了吴康之的遗产继承问题，而遗产早已捐尽。这又是吴汝纶一时所无法解决的矛盾，他由此而大生闷气。

六日，吴汝纶此生最后一则日记："六日壬戌，摘抄户部则例勘丈事宜……"这是一则未完成的日记。当时，吴汝纶病情已很严重，但他仍然挂念学堂筹资一事，摘抄户部公文，安排下一步工作，但已无力继续举笔，遂止。

吴闿生记述：

> 先公自元日得病至五日益健，能进饭矣。以立继议定，家人之拧愚者，妄起争衅，先公愤不能制，病乃加甚，疝气大作，痛剧不能食，至十二日晨朝遂以不起。六日病已剧矣，犹欲筹增县学堂资本，查丈洲田归公，摘抄户部则例至九行，疾作不能举笔，遂止。呜呼痛哉。

吴汝纶病中一直拒绝延请中医看病，拖至正月初九，族人见他病情严重，赶紧派人到安庆，向吴汝纶聘请的日本教员早川新次报告病情，让他速请西医去给吴汝纶看病。

十日夜半，早川新次带着从教堂请来的西医来到吴牛庄，可这名西医的专长是外科，他望着腹鼓如石并伴随发热的吴汝纶一筹莫展，束手无策。

十二日，先生遂与世长辞，从发病至去世，不到半个月时间，真令人扼腕长叹。

从吴汝纶的发病原因来看，他患的应是风寒、积渍、气郁、疝气复发等综合之症，而这些病症恰恰是中医所长，要是先生在发病初期延请中医看治，也许几剂中药就解决了问题，断不会如此匆匆谢世。[①]

---

① 吴汝纶死因探求。据称吴汝纶是因积劳引发疝气而去世的。徐寿凯曾将吴汝纶去世前侍候在侧的日本弟子早川新次所述的病状记录，请安徽省立医院主任医师王韵文诊断，王诊断为：嵌顿性疝气引起腹膜炎、肠坏死，全身衰竭死亡。徐寿凯：《吴汝纶与我国近代教育二题》，《江淮论坛》1998 年第 3 期。吴汝纶儿子吴闿生也认为父亲是"疝气大作"而去世，《日记卷第十一·制行》，《吴汝纶全集》（四），黄山书社 2002 年版，第 765 页。

吴汝纶去世后，日人早川新次在安庆写有《寄邦人书》，向在日本的友人详细讲述了吴汝纶溘然长逝的经过。

小生之遗憾，殆无可喻，兼又不通言语，真有断肠切齿之思。

先生一生超逸势利之外，气节高洁而精悍之气象见于日用常行之间，一有愤激，则声如鸣鞭，贯人心脏，足见英豪之性格。

且先生方今中国儒林中最有开化之思想者，去岁游我国数月，考察我国学校制度，财政卫生军事商工业等，蓄满腔之经纬，归来务振乡里之教育，来月将到北京大学，考察所得，逐一报告，且伸己之素志，不用则毅然勇退，以归乡里，从事南方之教育，今后十年二十年之事业，胸中具有规划，不谓疾病之魔力遽促先生于死，盖先生一身之遗憾，比之小生等，不知几百倍也。①

光绪二十九年（1903 年）正月十二日，吴汝纶卒于桐城南乡吴牛庄，享年六十四岁。

莲池书院诸生公祭。由李刚己撰祭文云：维年月日为桐城先生既卒之十有八日，门下士李刚己等，设位于保定莲池校士馆，先生旧时莅讲之堂，哭而致祭曰：

呜呼，昭代盛文，方刘滥觞，降姚迤曾，斯道亦光，我公后起，遂天对者，排汤百川，日夜东泻，日代东泻，万代茫茫，镕于一冶。……②

① 郭立志撰：《桐城吴先生年谱》，雍睦堂丛书，卷二，第 50—52 页。
② 郭立志撰：《桐城吴先生年谱》，雍睦堂丛书，卷二，第 52 页。

《清史本传》摘录：

先生远绍旁搜，好学不倦，实总古今百代之学而集其大成，俾真理日出，新学旧学得以转相发明，引而益上，由是措之政治施之教化，皆能有益于人类，以臻郅治之极轨。所著《尚书》《易说》，自太史公扬子云外，盖莫与并，其文章高视千载，诗则兼综诸家之长而一范之以文律，四言诗上追雅颂，而尤多经世闳指，虽孟子所谓圣人复起不易吾言。何以尚兹，斯盖千古学术废兴绝续之枢机，非独一代人文之所系已也。①

二月十日，范当世得讣。二十二日，与夫人姚蕴素启程赴桐城吊唁。无奈此时他已病不可支，“十旬病腰脚，长路舆支离”（《金陵病中寄内子桐城以代家信》），行至江宁，举步维艰，只能遣夫人代吊。

范当世的挽联：

君今安往乎，吾末之也已；无不善画者，莫能图何哉？

上联出自《论语》。对于被挽者逝去有一种猝不及防的茫然，回忆中带着哀伤。“安往乎”之问横空而来，没有一点矫揉造作，直接又深沉，之后叹惋自己也没地方去啊，因为作者也是一个“关心国家大事，不满黑暗吏治，仇恨异邦侵凌”的人。作者的情怀和伤挽，个中滋味，后人很难从自己的想法去推断。

下联典出《史记》。田横节操高尚，宾客崇敬其高义愿随死去。作者用在这里颇有深意，在那个特定时局中，吴汝纶的逝世，让作者内心沉郁，无尽地伤怀。“叹画人不知画此也”，叹惋之情自是让人动容。

① 郭立志撰：《桐城吴先生年谱》，雍睦堂丛书，卷二，第53页。

范当世与吴汝纶亦师亦友二十年，风雨沧桑。至交凋零，生死悬隔，无限沉痛寓于至淡之语，挽联中流露出他对故人的崇敬和追怀。

严复的挽联：

平生风义兼师友，天下英雄惟使君。

吴汝纶长眠在安徽枞阳义津镇五里拐村朱家湾东侧的吴牛山上。

从桐枞公路义津段的一个路口向里走，走过一段山路，再穿过几条田间小路，就看见一片林木繁茂的山地，墓地就在这里。墓是合葬墓，右冢葬吴汝纶和其兄吴汝经肫甫，左冢葬汪夫人和侧室欧夫人。墓前是两块白石墓碑，吴汝纶墓碑碑文为：

清故晋赠资政大夫诰授中宪大夫五品卿衔京师大学堂总教习吴公挚甫府君之墓。

6. 桐溪塥，清流潺湲

吴汝纶去世后，好友们满怀悲痛，在悲痛之余立志要继承先生的遗愿，把桐城学堂办好，以慰先生在天之灵。

招考、阅卷、录取，一系列的开学工作，有条不紊地进行。学堂同人化悲痛为前行的力量，沿着吴汝纶先生确立的路径，创出一片崭新的天地。

由于吴汝纶的多方努力和家乡士绅的积极响应，报考者达千人之多，远远超过正取六十人，附取六十人的学额。

1903 年春天，桐城学堂如期开学，从安庆旧武备学堂教室里，传出了朗朗的读书声。

吴汝纶自任桐城学堂第一任堂长。

因堂长逝世，设总监八人，为阮强、方守彝、叶锡祺、姚永概、柏廷桢、方涛、马其昶、李光炯。

李光炯为桐城学堂第二任堂长。

李光炯（1870—1941），名德膏，晚号晦庐老人，桐城南乡（今属枞阳县李兰庄）人。幼承父教，聪明好学，才思过人。光绪二十三年中乡试，为丁酉科举人。中举后师从吴汝纶学国学，为吴汝纶所器重。1902年，随京师大学堂总教习吴汝纶，奉清廷之命，赴日本考察教育。回国后，李光炯力助吴汝纶创办桐城学堂。吴汝纶病逝，李光炯遂与桐城绅士阮强、姚永概、马其昶等继续倾心办学，并任桐城中学第二任堂长。

马其昶为桐城学堂第三任堂长。

马其昶（1855—1930），字通伯，晚号抱润翁，桐城人，清末民初著名作家、学者。少时从学于吴山、姚思赞等先生，他聪明且发愤好学。稍长，受业于方东树、戴钧衡，师事桐城作家方宗诚、吴汝纶。力助吴汝纶办学，出任桐城学堂第三任堂长，秉承学校创始人吴汝纶先生办学宗旨，以“培养济世人才”为己任。

吴汝纶逝世后，方守彝与阮强等八人任总监，协理校务。虽未亲执教鞭，其襄助创业，功不可没。方守彝与吴汝纶交谊甚厚，吴先生远在京城，常与其互通近况，商讨桑梓学校兴革事宜。吴先生创办桐城学堂，赖其鼎力相助，诸如创建、筹款、延师、招生等均积极参与，不遗余力。

李光炯深知吴汝纶办学的良苦用心，在学堂开学演讲时慷慨陈词：“诸君诸君！亦知吾辈所生者何时乎？所处者何国乎？所当者何事乎？君父危难，迫在旦夕，不可忘也，同胞四万万将为鱼肉，不可忘也，吴先生年逾六十，远涉异国，挥汗查学，冒寒致病，不惜牺牲其身以为吾辈，此意安在，不可忘也。”

早川在桐城学堂开学典礼上也明确希望接受新学教育的学生“或为政治家，或为理财家，或为教育家，或为文官，或为武官，或为医术家，或为农业家，或为工业家，或为商业家，各由职业以开成国家之盛运，增进社会之文明”。

在为桐城学堂所制订的《本学堂学规》中，吴汝纶亲自依据人才培养目标拟定课程体系及聘定授课教师。开设的主要课程有：东文、法律、经济（理财）、中文、翻译、体操等。东文、法律、经济（理财）皆由早川先生教授，中文由姚叔节先生教授，翻译、体操由杨众先先生教授。吴汝纶原来设想开设国文、东文、算学、中外史、中外地理、博学、化学、体操、图画等课程，后来因教师缺乏难以聘请，许多课程无法照常开设，实际上先只开设了国文、日文、法学、经济、算学五种。历史、体操等课程“间或课之”。后来又聘请浙江夏次岩、湖南刘时皆、怀宁葛温仲、寿州裴书田、颍州杨希悦等名师来校任教，保障了桐城学堂的教学水平和办学质量。

依据桐城学堂章程，学堂的管理人员设总理一人，“主持堂中大纲”；分理二人，“一人管理支款、接待教习、约束学生、督察夫役，一人管理收款、负责田租”，“各有职司，无相侵越”；管理人员的产生由公共议请，依据办事能力和品行择定；学堂实行财务公开，“堂中进出各项，十日一小结，一月一大结，每月出入总数，张榜门侧。每届年终，有总理、分理核结，编造四柱清单，刊印征信录，分散各乡，以期共见共闻，大昭公信。”

对学堂管理人员的遴选、职责、待遇，以及财务的预算、会计和监督都有明确的规定。学堂的教学管理和学生管理按《学堂学规》严格执行，内容体现了尊师重教、严禁不良行为、严戒慵惰散漫、严明考核奖赏，督促学生勤于学习、敏于求知。《学堂学规》完全依据教学规律设定，摈弃封建礼教的束缚，体现了近代学校教学管理和学生管理的新观念。

光绪二十八年（1902 年），在省城安庆巡抚衙门后院暂借武备学堂一隅，创办“桐城学堂”，同时在桐城县衙旧地动工兴建校舍。1904 年学校迁回桐城，改名为“桐城县公立中学堂”，此为安徽省第一所中学堂。早年教育物力贫乏，在安庆借房办学，所用教具也一并租借。迁回桐城后，又借用方氏“勺园”作短暂过渡，一边在借来的房舍里正常教学，一边校园各项工程紧锣密鼓推进，两年时间，校园落成。

新校园由日本教习早川东明先生一手设计，有礼堂、教室、自修室、寝室、饭厅、教职员室、办公室、厨房、厕所，还有操场等。校园虽然不大，但散发着全新的时代气息，其中，半山阁藏书楼，飞檐翘角，造型独特美观。

据《皖政辑要》记载："桐城县中学堂，在北门城内，光绪二十九年由绅士吴汝纶等开办。原名高等小学堂，光绪三十年更为中学堂。以文庙培文书院考棚田租为常年经费。学生一百十二名。"这是清末的官方记载，对比其它各府、县的中学堂，学生数多不上百人，而桐城中学堂的规模（学生人数）仅次于安庆府中学堂，列全省各中学堂第二位，甚至大大超过多数府级中学堂。

1904年，桐城学堂将首批招生的两个班合并，根据学生年龄、学业情况、个人意愿等情况，从中选取二十余人编成师范班。1906年，经各方公议，学堂在师范班的基础上再创设师范学校，为学校教育培养师资。无论是法学、经济还是师范，桐城学堂始终以社会需求为导向，培养学以致用、富国强民的实学之才。

在吴汝纶所开列的桐城学堂课程目录中，与传统教育有联系的课程，只有中文和中国史，经学已经没有位置，完全打破传统以经史子诗为主的课程内容。教材内容由教师自编，教学方法以讲演式和注入式为主。

1904年至1906年，桐城学堂先后选派十九人到日本留学，以充实本校师资或服务社会所需，这些学生，归国后大都成了兴办新学的骨干。

短短几个月时间之内，这所著名的新式学堂就初具规模，很多有志青年闻名而至。此后，数十年间，很多青年从这所学堂中脱颖而出，成为国家的栋梁之材。

桐溪塥，溪水清澈，长流不息。

明洪武末年（1398年前后），胡俨来桐城任知县，开凿桐渠，引桐溪（今龙眠河）之水灌溉城西之田，该渠又称"桐溪塥"，在流经县衙（今桐城中学）前一分为二，往西为明沟，往南为暗渠。

堨宽约五尺四寸，两岸用河石、古青砖错落砌成，立面平整，十分考究，沿口用一块块同宽的麻石条压面，石条与石条之间棱角对接，天衣无缝，宛如两条长长的石龙，静静地躺在堨岸沿口，大气淳朴。在没有自来水的年代，桐溪堨，静静地陪伴着桐中师生，桐中师生离不开桐溪堨，洗菜淘米、洗脸刷牙全在桐溪堨。

清澈的桐溪堨水从半山阁东面流过，沿堨是有立柱的走廊，铺着青砖。堨东有一排四柱落地的房屋，名为“五斋”。走廊隔离了一段光亮，让人走着，仿若走过一段旧时光。走过了走廊，不远处，便是教室了。

清晨，同学们鱼贯而出，拾级而下，在微波碧透的溪流中，拥抱玉带，清心明目。有时兴起，瞅着老师不在，互相洒水取乐，聊抒被压抑的少年狂。清澈见底、溪水淙淙的桐溪堨，滋润着桐中人心田，以其灵性陶冶着桐中学子的情操。

附录

差点“满分”的殿试考卷：《对制科策》

臣闻古者圣王之治天下也，必先自治其身心性命之微，不使有一毫不合于道。盖以百官之众，万民之远，国势之安危强弱，欲使各就其理，必不能以不学之身治也。学既成矣，于是有三考六计之法以驭其臣，有比闾族党之制以联其民，有搜苗狝狩之典以振其势，故其时化成而政饬，民和而兵强。后世人主，不尚实学，而一切使臣之道，临民之方，治兵之策，亦皆苟且因循之，为张皇补苴（jū 弥补）之事。其本不端，其要不举，此汉唐之所以异于三代也。

钦惟皇帝陛下潜心典学，勤求吏治，而又当民生未安、边陲未靖之时，用是临轩发策，破格求言，猥以崇学察吏、安民讲武询及臣等。臣虽愚昧，窃自揆拜献先资之义，有不容自已于言者。顾不能为谐媚之辞，以希冀荣宠。幸当圣主广开言路之时，宽其罪戾，导之使言，敢惟是拘格式，较字画，掇拾陈言，虚为颂祷，将何以仰副陛下之意乎！

伏读制策有曰：执中之训，为道统所自开，而因溯理学源流之正。臣谨按：执中之旨，先儒言之甚详。尧、禹、汤、文、武所守，止此一道。虽言理亦或兼数二者，究未尝相离。周秦以后，正学不明，董仲舒、王通、韩愈之徒，皆未能得其奥。宋诸儒出，阐明心性，至精至微。逮乎元明，许衡、吴澄、许谦、薛瑄、蔡清、胡居仁辈，出处成就，章章可考，皆宋儒遗泽也。然王守仁论学异于朱子，而功烈冠乎前明。若口谈心性而行污名辱者，盖亦往往而有。臣窃以为当今为学之患，在好为高论而实行不敦。听其言皆程朱复生，措之事则毫无实用。不知程朱教人，未尝躐（liè 越级）等，亦非遗日用伦常之实而高语精微，其所以阐明心性者，皆以著吾道之大源而非以为下学用功之始也。盖生乎宋儒之前，于道患不能知；生乎宋儒之后，则不患不能知，惟患不能行。今陛下方在圣功养正之初，危微精一之辨似不必遽求。第程子对哲宗所谓防未萌之欲，与朱子对孝宗所谓为学莫先求放心者，诚宜豫养其端。而“穷理之要在于读书”之言，尤不可不加之意也。抑又有请者，陛下欲崇正学，莫若首重太学，选诸臣能如宋胡瑗者以为之师，仿其经义治事之例而实行之，其立教之本，则以朱子《白鹿洞规》为法，勿第较时艺工拙，此亦敷教明伦之旨也。

制策又以安民必先察吏，而因求汉代委寄守令之法。臣维自古循吏，惟汉为盛。推求其故，盖由汉世进取之途，多由郡县吏。朝廷独择郡守，守得自置令长，刺史位守下，得举劾守，守以上无大吏。县令而下，乃有丞、有尉。其在乡里者，又有三老、啬夫、游徼，皆以佐县令为治，详于下而略于上。详于下则佐理有人，略于上则无虞牵制，此居官者所以能行法外之意，而为唐宋所不逮也。今取士之途，出于科举，一旦释褐，即令膺民社之寄所用非所习，所习非所用，如是而求称职，势必不能；而其由他途进者，更无论矣。此源之不清一也。考察之法，责在大吏，大吏以私喜怒为举劾，则善恶莫辨，而进退失宜。此源之不清二也。而其尤病者，则在官俸之太薄，法令之太繁，与佐贰之不任事。俸薄而无以自给，势必展转以取偿于民；法繁则贤者欲有所为往往触法，而不肖者巧文避罪，上之人亦无由进退之；至于佐贰之不任事，则县令亦安能以一人治之。臣请令催科专责之丞，捕盗专责之尉，驿传专责之驿丞，而又有巡检以主古者三老、啬夫之职，庶使县令之贤者得以尽心教养，而不肖者亦无所藉口。县令于民，视守为最亲，县令治则守无不治矣。今纵不能如汉之委任郡守，而县令而下有属官者独不能仿汉法而变之乎？

制策又以保甲权舆（yú 开始）周官，而核其扰民安民之异。臣窃谓三代而上，治天下在井田，三代而下，治天下在保甲。井田治地，保甲治人，其义一也。今之议者，辄欲复井田，不知井田不可复。而所谓

“出入相友、守望相助、疾病相扶持”，其义悉具于保甲。是故有保甲而井田未尝亡也。周治有里宰、酇长、鄙师之官，实保甲所由昉（fǎng起始），而汉乡亭之制因之。其时充斯任者，皆士大夫，后世以为贱役，而为之者皆舆台皂吏之人，而周汉之制亡矣。夫保甲之法，首在弭盗，而其效不止于弭盗已也。凡经界之正，田产之制，赋役之均，讼狱之息，乡校之兴，社仓之修，武备之习，无不以保甲为之。经我朝列圣谆谆谕旨，无不以力行保甲为急务。顾或以王安石行之扰民为戒，不知安石特借保甲为聚敛，而无安民弭盗之功，是非保甲之扰民，乃安石之扰民耳。不然，王守仁何以行之而利哉？此亦如青苗社仓，立意无殊，而朱子与安石行之各异。盖有治人，无法治，实古今不易之论也。陛下诚择一二贤守，令专委以保甲之任，使之巡行乡野，董率劝导，而又访求耆老，斟酌利弊，选择贤能，以为之长，不假手胥吏，不虚征图策，如是而犹有不行，臣不信也。

制策又以整饬营伍，鼓励戎行，必使兵归实用，饷不虚糜。此杨时所谓仁义之师，不外节制之说也。陛下及此言也，臣以为四方盗贼，不足平矣。夫饷之虚糜，以老弱惰窳（yǔ懒惰）之卒多，而精锐之卒少也。向使天下兵额尽皆精锐，则边陲宜久肃清，何至仍廑圣虑哉！然而将臣不加淘汰者，以为足以壮声威耳，不知羸卒之所耗者，皆精卒之饷也。以羸卒耗精卒之饷，转使精者亦羸矣。夫兵贵精不贵多，此至论也。然欲悉选精锐，其道不外乎训练。唐李靖、明王骥、戚继光等言练兵之法甚详，斟酌行之，在乎将得其人而已。夫当国用匮乏馈饷莫继之时，所为养兵之法，不可不急为筹画也。古者兵寓于农，无糜饷之兵。自管子以国为军，鄙为农，已开以农养兵之始。嗣后惟唐之府兵，得三代农兵之遗意。夫兵以卫民，今聚数百万游手无用之徒，皆仰给于农是以兵厉农也。无已，则有淘汰之一法，而其责则操乎将臣。陛下诚欲兵归实用，饷不虚糜，舍任将其何由？虽然，臣尤虑此已汰之卒，既不归兵，又不能骤使之归农，难散易聚，其将何以处？此臣窃见北方地旷而荒，其民好惰，南方当凋敝之余，四野污莱，田畴不辟，其有田无主者，盖亦不可胜数，意者屯田之法，或可施行，庶兵食益足，而又以弭患于无形欤！亦筹国计民瘼者所不废也。

臣仰承清问，谨效其愚昧之见，敢胪列而敬陈之。抑臣窃以为此四者之中，尤以崇学为本。陛下春秋鼎盛，诚能日就月将，缉熙光明，将见吏治民生，可不劳而理，而所以壮皇灵而致升平之福，皆于是乎在矣。至于边陲未靖，臣尤愿陛下时廑戒慎，毋忘艰难，天下幸甚！

➲点评：

这是吴汝纶在科举考试最后一阶——殿试的考场作文。

这篇殿试文洋洋洒洒两千四百余字，一气呵成，今天读之，仍然振聋发聩。

吴汝纶从皇帝拟定的诸多问题中，选择“崇学、安民、保甲、营伍”四个方面的问题作答，引经据典，深入浅出，远溯尧禹、汉唐、宋明之古典古训，揭示当前弊病，指出要害，提出解决方案。

虽然只是应试之作，但并非书生泛泛而论，有理据，有实际生活见识，且能“直抒己见”，符合桐城古文的“经世致用”。

整篇文章，分析鞭辟入里，论据充分有力，文辞平实而简洁。

郭立志在《桐城吴先生年谱》中的按语是：“先生廷对策，典实充沛，非科场所有。”

“文端公倭仁见其廷试策而奇之，拔置一甲”，就是这篇策论，让吴汝纶差点成为状元。

自喻之文：《矮栝说》

曩吾伯父手植矮栝（guā 桧树）一株，垂卅余年，大且十围，高不逾丈。树故在墙以内，而适与墙并。吾父甚爱之，以名吾居。后经兵乱，环吾居栝柏十余树为一空，而是栝以势不甚高，又为墙所隐蔽，孑然独存。前年，吾叔父斧其下枝之轮囷者，又纵其上枝之萌蘖者，逾年而是栝且高于墙丈余矣。然以其故矮也，仍名之矮栝，而吾居犹曰矮栝居。夫以是栝之始高不逾墙也，立乎墙以外，不知其十围之大也，今则未至吾居，而是栝已显然在人目矣。岂是栝也前处其晦，而后乃自致于显耶？将显晦有时，而是栝适遭其会耶？抑亦屈辱既久，终不能自秘其奇者耶？虽然，栝之为物，固所谓劲直坚贞、贯四时而不改柯易叶者也。方其始之矮也，有使之屈焉者也，而其所为参天而拔地者固在也。及其后之翘然而高也，又有使之伸焉者也，而其所为傲风霜、凌冰雪者亦自在也。显晦屈伸之间，又奚足加损于毫末也哉！

➲点评：

此文作于1864年（同治三年），吴汝纶二十四岁，此年考取秀才。“兵乱”，指1860年、1861年这两年，“桐城被寇最甚”。矮栝因为其矮，躲过了战争的劫难，幸运的“孑然独存”。战乱之后，经过叔父的修枝整理，“高于墙丈余”。前“晦”后“显”，引出议论。

写的是树，其实说的是人。矮栝的“显晦屈伸”，犹如人生，自有其存在，不能“加损于毫末”。这篇文章缘物说理，以精辟的语言来阐发对人与事的独特参悟。尽管篇幅短小，但小中见大、平中见奇，有桐城古文的遒劲。

吴闿生给这篇文章的按语是："此文公盖以自喻。"

乡曲儒生的“自得”与“气类相感”：《跋〈蒋湘帆尺牍〉》

余过长崎，知事荒川君一见如故交。荒川有旧藏中国人《蒋湘帆尺牍》一册，视余属为题记。湘帆名衡，自署拙老人，在吾国未甚知名，而书甚工，竟流传海外，为识者所藏弆（jǔ 收藏），似有天幸者。乡曲儒生老死翰墨，名不出闾巷者，何可胜道！其事至可悲而为者不止，前后相望不绝也。一艺之成，彼皆有以自得，不能执市人而共喻之，传不传岂足道哉！得其遗迹者，虽旷世殊域，皆流连慨慕不能已，亦气类之相感者然也。观西士之艺术，争新炫异，日襮（bó 暴露）之五都之市以论定良窳（yǔ 劣），又别一风教矣。

点评：

此文写于1903年7月6日。

吴汝纶在日本考察教育学制时撰写的这篇《跋＜蒋湘帆尺牍＞》，在国人“有眼不识泰山”的慨叹中，流露出对洋人重视进步的科技和艺术的倾慕。他应邀为此海内“拙作”、海外珍品书写题记，联系当时形势和作者心境，发出“艺术之流传在于气类相感”的论断，是很有见地的艺术观。乡曲儒生，埋头翰墨，矻矻穷年，直至头童齿豁不改其志，而“名不出闾巷”，这似乎是个悲剧。吴汝纶认为，对于艺术作品，只要艺术家有“自得”，“传不传岂足道哉！”这种强调学养与性灵的有机结合，正得书道之真谛。

这篇跋文，感情真挚质朴，文笔清新自然，说理平实老练，言近旨远，突出地表现出吴汝纶谨严、淳厚、雅洁的为文境界，同时，也体现了桐城古文的应有风貌。